KB115184

조선의 2인자들

조선의 2인자들

그들은 어떻게 권력자가 되었는가

조민기 지음

책

『조선의 2인자들』이 세상에 나온 지 4년이 흘렀다. 이번에 새로이 개정판을 준비하게 되어 손볼 곳을 꼼꼼히 살펴보면서 새삼 독자분들과 선조들에게 감사한 마음이 들었다. 역사가 승자의 기록인 것처럼 역사책도 승자만이 살아남는다. 『조선의 2인자들』이 개정판을 낼 수 있는 것은 독자들의 사랑을 받았다는 증거이다. 기쁘고 감사하다.

늘 역사책의 독자로 살아오다가 처음으로 저자가 되어 쓴 역사책이 『조선 임금 잔혹사』였다. 『조선 임금 잔혹사』는 과분할 만큼 독자분들의 많은 사랑을 받았다. 왕의 이야기를 쓰면서 가장 많이 접한 자료는 바로 〈조선왕조실록〉이었다. 〈조선왕조실록〉은 시대의 기록인 동시에 임금의 평전이기도 했다. 누구나 쉽게 〈조선왕조실록〉을 읽을 수 있게 되면서 조선의 임금들은 서릿발처럼 냉정한 비판의 대상이 되었다. 실록은 임금이 승하한 후 제작되었기에 왕은 자신이 어떤 평가를 받게 될지 살아서는 결코 알 수 없었다. 임금이 실록을 열람하는 것은 법으로 금지되었기 때문에 그 내용을 알 수도, 관여할 수도 없었다. 그래서 임금의 행적을 기록한 방대한 정보가 들어 있는 〈조선왕조실록〉 안에서 정작 임금의 마음을 들여

다보기란 쉽지 않았다.

사관의 붓에 의해 기록된 〈조선왕조실록〉에만 의지해서는 임금의 마음을 알 수가 없었기에 오늘날 학자와 작가들의 생각을 담은 다양한 역사 서적을 참고했다. 그리고 한 가지 공통점을 발견했다. 신하들은 지나치게 미화되어 있고, 임금은 지나치게 비판적인 평가를 받고 있다는 것이었다. 사람들은 세종이나 정조 같은 성군에게도 가혹하리만큼 엄격한 잣대를 들이대며 작은 흠집을 찾으면 세상에 알렸다. 반면 임금을 보필했던 신하들에 대한 평가는 놀랍도록 후했다. 역적이나 간신에 대한 기록은 축소되었고, 평범한 신하들에 대한 업적은 부풀려진 경우가 많았다. 그 이유는 도대체 무엇일까?

신하들의 행적은 대개 직계 자손이나 친했던 사람들에 의해 기록되었다. 사대부가의 양반 중 학자나 관리가 세상을 떠나면 자식들은 아버지가 교류하던 사람 중 가장 평판과 명성이 좋고 벼슬이 높은 이를 찾아가 행장이나 묘갈문 작성을 부탁했다. 행장[1]과 묘갈문[2]은 고인이 얼마나 훌륭한 인물이었는지를 증명할 수 있는 최고의 증거였다. 행장과 묘갈문에는 고인의 명예를 위해서라도 아름다운 이야기들이 주로 기록되었다. 잘못을 저질렀거나 실수했던 내용은 굳이 싣지 않았고, 상소문을 올리는 등 절개 있는 행동을 했거나 왕에게 총애를 받았던 일은 부풀려서 기록되었으며, 미화는 선택이 아닌 필수였다.

---

1 죽은 사람이 평생 살아온 일을 적은 글.
2 죽은 사람의 행적과 인적 사항에 대해 무덤 앞의 비석에 새긴 글.

따라서 당대에 쓰인 '기록'을 토대로 오늘날 임금과 신하를 평가하자면 임금이 일방적으로 불리할 수밖에 없었다. 참으로 공평하지 못했다. 『조선의 2인자들』은 바로 여기서 출발하였다. 전제 왕조국가였던 조선에는 과연 '왕조차 함부로 대할 수 없었던' 서슬 퍼런 충신과 '왕의 총기를 어지럽혔던' 흉악한 간신, 이렇게 극단적인 두 종류의 세력밖에 없었을까? '왕조차 함부로 대할 수 없었던' 인물이라면 과연 어떻게 그런 힘을 가지게 된 것일까? 그 힘을 어떻게 발휘했기에 왕조차 눈치를 보았을까? 그것이 과연 옳은 일일까? 당대의 평가와 오늘날의 평가는 어떻게 다를까? 소수의 몇 명에게 집중된 '간신'의 진짜 실체는 무엇일까? 궁금한 것은 끝도 없이 많았다.

권력을 형성하고 유지하는 방법은 지금과 크게 다르지 않았다. 혼인으로 강력한 권력 유대를 형성했고 혈육으로 맺어진 친인척들을 관직에 올려 권세를 확장했다. 어느 정도 힘이 생기면 조정의 실세와 결탁하여 각종 이권 사업을 차지했다. 재력을 확보하면 더 좋은 가문 혹은 왕실과 혼인을 맺었다. 그러면 능력이나 실력이 없어도 수월하게 관직에 진출하는 것이 가능했고 승진도 순조로웠다. 이 혜택은 아들과 손자에게까지 이어졌기에 권력자의 후손으로 태어나면 금수저로 살아갈 수 있었다.

조선을 풍미했던 2인자들의 행적을 따라가면서 가장 놀란 것은 거미줄처럼 촘촘하게 얽히고설킨 '인맥'이었다. 왕에게 바른말한 것을 가문의 영광처럼 기록해놓은 인물들이 사실 왕실과 얼마나 긴밀한 친인척 관계를 맺어왔는지를 확인하는 과정은 정말 흥미진진했다. 학연, 지연, 혈연에 이어 혼인으로 맺어진 뜻밖의 '관계'를 발견할 때면 마치 X파일을 엿본 것 같은 흥분에 사로잡히곤 했다.

반대로 오직 학문과 실력으로 피라미드보다 견고한 유리천장을 뚫고 들어가 임금을 바른길로 인도하고 백성의 삶을 편안케 하고자 노력했던 인물들을 만날 때면 존경과 감탄을 금할 수가 없었다. 가장 놀랐던 것은 '진정으로 후세에 모범이 될 만한 선비와 관리'들은 오히려 윤리와 도덕, 의리와 충심이 땅에 떨어져 간신들이 조정을 장악하고 임금을 허수아비로 만들었던, 아무 희망을 찾을 수 없는 시대에 출현했다는 사실이었다.

당대 최고의, 정교하게 발달한 관료 제도를 자랑하던 조선왕조 500년 동안 1인자의 자리에 앉았던 임금은 26명이었지만 2인자의 자리를 거쳐 갔던 인물은 셀 수 없이 많았다. 무난하고 보편적인 방법으로 2인자의 자리에 오른 인물도 물론 있었으나 자신만의 특별한 이야기를 가진 인물도 많았다. 역사 속에서 너무나 잘 알려진 이름이지만 정작 우리가 잘 알지 못했던 인물들의 이야기를 따라가며 지금 당장 참고해도 좋을 '처세술'에 몇 번이나 감탄했는지 모른다. 사적인 이익을 위해 사건을 조작하고 여론을 형성하여 국익을 망쳤으면서도 후세에 욕 한마디 듣지 않은 인물들도 많았다. 왜 이런 일이 일어나고 있는 것일까? 그 답은 바로 지금 우리의 모습을 통해 찾을 수 있다.

우리는 권력사에게 비난을 퍼부으면서도 다른 한편으로 권력자를 동경하는 이중적인 마음을 가지고 있다. 권력자와 아무 관계가 없을 때는 마음 편하게 비난을 퍼붓는다. 하지만 막상 권력자와 어떤 '관계'가 형성되고 그것이 나의 이익과 관련이 되면 권력자를 옹호하게 되고, 나아가 그를 동경하며 닮고자 한다. 유혹에 쉽게 흔들리고 권력에 취해 타락하는 모습은 조선시대와 오늘날이 크게 다르지 않다. 그렇기에 역사 속 권력자들의 삶은 출세와 부귀영화를 원하는 우리에게 마치 '미리 보기'나 스포일러 역할을 한다. 권력을 추구하는 욕망은 우리 사회를 움직이는 가장 커다란 동력인 동시에 우리 사회를 부패시키는 원인이기도 하며, 우리 사회를 더 나은 방향으로 변하게 할 수도 있기 때문이다.

조민기

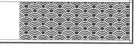

1장

나라를 세우는 것은 천명인가, 운명인가, 아니면 인간의 의지인가?
새로운 나라 조선을 꿈꾼 '정도전'과 조선의 첫 번째 임금이 된 '이성계'!
반역을 혁명으로 바꾼 사람들의 뜨거운 이야기가 펼쳐진다.

역성혁명

건국편

이성계

"고려의 2인자에서
조선의 건국 시조가 되다"

이름 **이성계**

국적 **원나라, 고려, 조선**

직업 **백전불패의 장군, 초보 정치가, 왕(조선 건국 시조)**

정치 노선 **역성혁명파**

인생을 바꾼 순간 **1388년(우왕 14년), 위화도회군(당시 54세)**

결정적 실수 **사랑에 눈이 멀어 신덕왕후 강씨 소생의 막내아들을 세자로 세운 것.**

애증의 대상 **이방원**

이방원에게 하고 싶은 말 **"너도 꼭 너 닮은 아들을 낳아보거라! 그러면 내 마음을 조금은 알게 될 것이다."**

이 성계는 만류하는 이지란을 뿌리치고 말에 올랐다. 취기가 도는지 얼굴은 벌겋게 달아올라 있었다. 이성계가 끝내 말 위에 앉자 이지란은 말고삐를 굳게 잡고 그의 앞을 가로막았다.

"성님, 그러다 말에서 떨어지기라도 하면 어쩌시려고 그러시오."

"하 참! 이놈아, 나 이성계다. 그래, 술 몇 잔 걸쳤다고 말에서 떨어질 것 같으냐?"

지란은 그래도 고삐를 놓지 않았다.

"아, 글쎄! 세자저하 맞겠다고 나오셨다는 분이 공무를 제쳐놓고 술만 퍼마시다가 사냥을 하겠다고 하니 말리는 게 정상이지 안 말리는 게 정상이겠소?"

"언제부터 그렇게 공무를 걱정했냐? 아주 청산유수로구나."

"차라리 속 시원하게 말을 좀 해보시오! 뭐가 그렇게 걱정이시오? 정몽주 때문에 그러시오?"

이성계는 갑자기 말문이 막혔다. 정곡을 찔린 이성계는 이지란의 얼굴을 차마 똑바로 보지 못한 채 채찍으로 말을 세게 내리쳤다. 맞은 자리가 아팠는지 말은 쏜살같이 내달렸다.

"성님!"

이지란의 우렁찬 외침이 이성계의 뒤통수를 따라왔다. 지금 이지란이 자신을 얼마나 걱정하고 있는지 이성계는 누구보다 잘 알고 있었다. 하지만 이렇게라도 하지 않으면 답답함으로 숨이 막혀 죽을 것 같았다. 정몽주의 얼굴이 눈앞에 아른거렸다. 그와 함께한 세월이 벌써 30년이 넘었다. 아파하는 백성을 위해 고려를 개혁하자며 두 손을 맞잡았던 기억이 아직도 생생했다. 위험천만한 생사의 고비를 함께 넘긴 적은 또 얼마나 많았던가.

정몽주의 머릿속은 이성계가 한 번도 생각해본 적 없던 지혜와 지식의 보고였다. 젊은 유생들과 사대부들처럼 이성계도 정몽주를 늘 존경했다. 조정에서는 더 말할 것도 없었다. 한 치의 빈틈을 허용하지 않으면서도 유려한 문장으로 작성된 정몽주의 상소문은 언제나 화제였다. 기라성 같은 대신들도 정몽주가 의견을 말할 때면 늘 경청하며 그를 존중했다. 이성계는 그런 정몽주가 자신의 벗이자 동지라는 사실이 너무나 자랑스러웠다.

'왜 이렇게 되어버린 것일까?'

지금 그 정몽주는 이성계와 정도전을 제거하기 위해 혈안이 되어 있었다. 혁명을 이끌어온 정도전은 이미 정몽주의 탄핵으로 유배에 처해졌다. 처벌이 추가되는 것은 시간문제였다. 어쩌면 지금쯤 무인도에 보내졌을지도 모른다. 그렇게 생각하자 가슴이 다시 답답해졌다. 자신의 욕심 때문에 결국 정몽주와 정도전을 모두 잃게 된 것이라는 데 생각이 미치자 후회가 솟구쳤다. 그때 말이 무언가에 놀란 듯 갑자기 다리를 들더니 몸을 흔들었다.

"엇!"

온갖 상념에 빠져 있던 이성계는 순식간에 말에서 떨어지고 말았다. 원숭이도 나무에서 떨어질 때가 있다더니 이성계가 말에서 떨어지는 날이 왔는가 싶어 실소가 나왔다. 몸을 일으키려는 순간 종아리에 극심한 통증이 느껴졌다. 벌써부터 퉁퉁 부어오른 것이 아무래도 부러진 것 같았다.

"성님!"

그제야 놀란 목소리로 그를 부르며 달려오는 이지란의 모습이 눈에 들어왔다.

"하아…… 이제 어쩐다."

이성계는 길게 한숨을 내쉬었다.

조선이 건국되기 전, 멀리는 고조선부터 고구려, 백제, 가야, 신라, 고려에 이르기까지 나라를 세운 인물들은 하나같이 신화적 서사를 타고났다는 공통점이 있다. 천제의 손자이거나 하늘에서 내려왔거나 알에서 태어났거나 심지어는 용왕의 핏줄이기도 했다. 하지만 조선의 건국 과정에는 신화적 요소가 전혀 없었고, 조선을 건국한 태조 이성계는 신화적 영웅과는 거리가 멀었다. 물론 이성계는 탁월한 무장이었고 어진 성품과 뛰어난 리더십을 갖춘 인물이었지만 건국 시조 중에서 '하늘의 선택'을 받지 못한 유일한 인물이다.

　　전주 지방 향리였던 이성계의 고조할아버지 '이안사'는 전주 관아에 소속된 기생과 스캔들을 일으킨 뒤 처벌을 피해 강원도로 야반도주하였다. 몇 년 뒤 전주감사가 강원도로 부임하자 이안사는 다시 짐을 꾸려 가솔들과 함께 고려와 원나라의 국경 지역인 동북면으로 터전을 옮겼다. 이안사의 아들 '이행리'는 원나라에 귀화하였고, 이행리의 아들 '이춘'은 원나라로부터 '천호(千戶)' 벼슬을 받아 관리가 되었으며, 이춘의 아들 '이자춘'은 아버지의 벼슬을 계승했다. 당시 고려는 원나라의 속국이었으니 고려가 아닌 원나라의 백성이 되길 자청한 이성계의 조상들은 애국충정보다는 현실을 더 중시한 셈이다. 훗날 이성계는 고려를 위해 많은 공을 세웠으나 선조들의 행적은 어떤 각색 작업을 거치더라도 결코 미화되기 어려웠다.

쌍성총관부의 회복과
이자춘의 귀화

이자춘의 아들 이성계는 선택의 여지 없이 원나라의 백성으로 태어났다. 17세가 되던 해, 혼인 적령기를 맞은 이성계는 함경도 안변의 지방호족이었던 '한경'의 딸과 혼인하였다(이성계의 집안은 한경의 집안과 돈독한 사이였다). 이성계보다 두 살 아래의 아내 한씨는 고향에 터전을 잡고 6남 2녀를 낳아 키웠다. 전쟁터를 오가는 이성계를 조용히 내조하며 8남매를 키운 한씨는 현모양처였다. 당시의 풍습에 따라 고향에서 이성계와 혼인한 그녀를 '향처'라 부른다.

이성계가 한씨와 혼인한 지 5년째 되던 1355년(공민왕 4년), 이자춘은 공민왕과 은밀한 만남을 가졌다. 공민왕이 이자춘을 만난 이유는 동북면의 실력자인 그가 쌍성총관부[1]의 회복을 도와주길 바랐기 때문이다. 시대의 흐름을 읽은 이자춘은 공민왕을 선택하였고 고려군이 쌍성총관부를 공격하자 성문을 열고 고려군의 편에 섰다. 원나라로서는 생각지도 못한 배신이었다.

1356년(공민왕 5년) 고려는 100년 가까이 원나라에 강제로 빼앗겼던 쌍성총관부와 동북 지역을 되찾았고, 이자춘은 지난날 원나라의 관리로 지냈던 과거를 용서받았다. 공민왕은 이자춘에게 벼슬과 개경(개성)에 있는 집을 하사하였다. 이사춘과 이성계는 원나라를 배신하고 공민왕의 손을 잡음으로써 다시 고려의 백성이 되었다.

---

[1] 고려 후기 원나라가 고려의 화주(지금의 함경남도 영흥) 이북을 직접 통치하기 위해 설치했던 관부.

태어나서 처음으로 고려의 수도 개경에 입성했을 때 이성계의 나이는 23세였다. 동북면에서는 제법 이름을 날린 젊은 군인이었지만 세련된 권문세족들과 귀족 자제들이 넘쳐나는 개경에서 이성계의 존재감은 '변방의 촌뜨기' 그 이상도 이하도 아니었다. 다만 그들도 이성계의 무예만큼은 인정할 수밖에 없었다. 변방에 비하여 전쟁의 긴장감이 상대적으로 약한 개경에서 무예는 귀족들의 허영심을 뽐내는 고급 오락이자 스포츠였다. 이성계는 개경에서 지내며 격구 대회 등에 출전하여 실전에서 갈고닦아온 신기에 가까운 승마 솜씨를 뽐내기도 했다. 하지만 이성계가 진정으로 빛을 발한 장소는 개경이 아니라 전쟁터였다.

고려의 명장, 이성계의 탄생

1361년(공민왕 10년) 이성계는 삭방도(지금의 강원도 북부) 만호[2] 겸 병마사로 부임한 아버지 이자춘을 따라 다시 고향으로 돌아왔다. 그러나 이자춘은 얼마 뒤 세상을 떠났고 27세의 이성계가 아버지의 지위를 물려받았다. 적장자가 아버지의 지위와 벼슬을 세습하는 것은 원나라와 고려 귀족 사회의 전통이었다.

그해 겨울, 원나라 군사에게 쫓기며 빈번하게 고려의 변방에서

---

2 몽골의 병사 제도를 모방하여 외침 방어를 목적으로 설치된 고려·조선시대의 무관직이다. 원래는 통솔하여 디스리는 가구의 수에 따라 만(萬)호·천(千)호·백(百)호 등으로 불리다가 차차 민호의 수와 관계없이 품계와 직책 등으로 변하였다.

노략질을 일삼던 홍건적[3]이 개경을 함락시키는 일이 일어났다. 다급해진 공민왕은 수도를 비우고 전라도 광주를 거쳐 복주(지금의 경상북도 안동)까지 피난을 갔다. 잠시 숨을 고른 공민왕은 이듬해 1월, 대대적인 반격을 시작했다. 이때 이성계는 정예병을 이끌고 개경 탈환에 참여하였고 가장 먼저 동대문을 돌파하는 공을 세우며 두각을 드러냈다. 개경 탈환 전투로 이성계는 이름을 크게 떨쳤고, 공민왕도 이 젊은 무장을 눈여겨보기 시작했다.

얼마 지나지 않은 1362년(공민왕 11년) 2월, 쌍성총관부의 옛 총독 조소생[4]이 나하추[5]와 손을 잡고 쌍성총관부를 탈환하겠다며 동북면을 공격했다. 이에 공민왕은 이성계에게 이들을 진압하도록 명했다. 이성계는 다양한 전술을 구사하며 나하추의 군대를 대파하였다. 이 전투로 원나라와 손을 잡았던 쌍성총관부의 잔여 세력은 완전히 몰락하였고, 나하추는 간신히 목숨만 건진 채 중원으로 도주하였다. 완벽한 대승이었다.

원나라의 잔여 세력과 홍건적, 왜구의 침략 등으로 어지러운 시대는 이성계의 능력을 최고치로 끌어올렸다. 전투할 때마다 카리스마 넘치는 지휘로 군대를 통솔하며 신기에 가까운 무공과 천재적인 전술로 승리를 이끈 이성계는 고려의 영웅으로 떠올랐다. 하지

---

3 중국 원나라 말기에 허베이성 일대에서 일어난 한족 반란군. 머리에 붉은 두건을 둘렀다고 해서 홍건적이라 불렸다.
4 한양 조씨의 시조 조지수의 고손으로, 증조부인 조휘가 몽고에 투항한 이후 대대로 그의 자손들이 쌍성총관부의 총관을 세습했는데 조소생은 4대 총관이었다. 원나라에 귀화하여 고려에 대항하였다.
5 대대로 요동 지방의 군 지휘관을 세습해온 원나라 장수 출신으로 원나라 말 여진부족을 끌어들여 심양 일대를 장악, 만주 지방에서 세력을 떨쳤다.

만 전쟁터와 정치의 세계는 달랐다. 전쟁은 승패가 명확했으나 정치의 세계는 이겼다고 하여 승자가 되는 것도 아니었고, 졌다고 하여 패자가 되는 것도 아니었다.

전투에서는 백전백승인 이성계도 정치의 수는 도무지 읽어낼 수가 없었다. 초보 정치가인 이성계는 직장인으로서의 처세술에 능하지 못했고, 권모술수나 암투에 미숙했으며, 무엇보다 그를 뒷받침해줄 든든한 배경이 없었다. 고려에서 출세를 위해 가장 필요한 덕목은 가문이었고, 그중에서도 권문세족이나 왕실과의 인맥이 가장 중요했다.

몰락한 권문세족의 막내딸을 두 번째 아내로 맞다

마흔을 앞둔 이성계는 정치가로서의 취약한 부분을 보완해줄, 일생에서 가장 중요한 동반자를 만난다. 몰락한 권문세족 출신의 두 번째 아내 강씨다. 강씨의 할아버지 '강서'와 그의 아들들은 충혜왕의 총신이자 심복이었다. 문제는 충혜왕이 주색에 빠져 방탕한 생활을 일삼아 재위와 폐위, 복위를 되풀이하며 조정을 어지럽힌 폭군이라는 점이었다. 아버지 충숙왕(고려 제27대 임금)의 후궁을 겁탈하고 신하를 함부로 죽이는 등 온갖 패륜과 포악을 저지른 충혜왕은 결국 왕위에서 쫓겨나 원나라로 압송되었고 유배지에서 죽음을 맞았다. 강씨 가문은 충혜왕의 총애를 받으며 부귀영화와 권세를 누린 집안이었다. 특히 강씨의 숙부 강윤충은 대단한 미남으

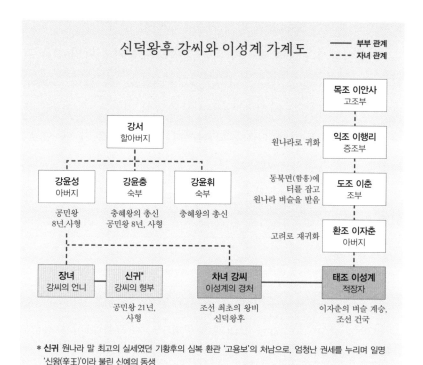

신덕왕후 강씨와 이성계 가계도

── 부부 관계
---- 자녀 관계

목조 이안사
고조부

익조 이행리
증조부

원나라로 귀화

강서
할아버지

도조 이춘
조부

동북면(함흥)에
터를 잡고
원나라 벼슬을 받음

강윤성
아버지

강윤충
숙부

강윤휘
숙부

환조 이자춘
아버지

고려로 재귀화

공민왕
8년,사형

충혜왕의 총신
공민왕 8년, 사형

충혜왕의 총신

장녀
강씨의 언니

신귀*
강씨의 형부

차녀 강씨
이성계의 경처

태조 이성계
적장자

공민왕 21년,
사형

조선 최초의 왕비
신덕왕후

이자춘의 벼슬 계승,
조선 건국

* **신귀** 원나라 말 최고의 실세였던 기황후의 심복 환관 '고용보'의 처남으로, 엄청난 권세를 누리며 일명
'신왕(辛王)'이라 불린 신예의 동생

로 여인들로부터 유혹을 받는 일이 많았는데, 이런 능력을 활용하
여 충혜왕의 주색잡기를 성심성의껏 보좌해 총애를 누렸다.

충혜왕이 폐위된 뒤 그의 심복들 대부분은 숙청되었다. 반면 강
윤충은 오히려 더 큰 권세를 얻었다. 원나라 황족 출신의 '대비' 덕
녕공주(충혜왕의 제1왕비)가 그를 총애했기 때문이다. 그렇게 영원할
것 같았던 곡산 강씨 가문의 영광은 공민왕이 즉위하면서 타격을
입게 된다. 즉위 직후부터 반원 정책을 펼친 공민왕이 친원 세력들
을 대거 숙청하면서 강윤충 형제들은 모반에 연루되어 수감되었다.
공민왕 즉위 뒤 이성계 가문이 신흥강자로 부각한 것과 반대로 권

문세족의 특권을 누려왔던 강씨 가문은 몰락한 것이다.

훗날 이성계의 둘째 부인이 되는 강씨는 가문이 쇠락의 길을 걷기 시작한 1356년(공민왕 5년) 강윤성의 막내딸로 태어났다. 1359년(공민왕 8년) 강윤성이 사형을 당하면서 강씨의 집안은 그야말로 풍비박산의 위기에 처했다. 강씨의 어머니는 이제 겨우 세 살 난 막내딸을 데리고 개경을 떠나 남편의 고향 곡산으로 내려갔다.

1365년(공민왕 14년) 2월, 노국공주가 승하하자 공민왕은 실의에 빠진 나머지 정치에 흥미를 잃었다. 공민왕은 승려인 왕사[6] 신돈에게 권력을 통째로 안겨주며 개혁을 맡겼다. 신돈은 권문세족을 견제하기 위해 성균관을 중건하고 신진사대부를 적극적으로 발탁하는 등 개혁을 추진했다. 하지만 신돈의 무리한 개혁은 권문세족들의 반발을 샀고, 지나치게 비대해진 권력은 공민왕의 의심을 샀다.

신돈의 시대는 5년 만에 끝이 났다. 1370년(공민왕 19년) 공민왕은 다시 정치 전면에 나섰고, 이듬해 신돈의 세력을 대거 숙청했다. 이때 강씨의 가문은 다시 한번 멸문의 위기를 겪는다. 강씨의 형부 '신귀'가 신돈의 집안사람이었기 때문이다. 하지만 한 줄기 희망이 찾아왔다. 그것은 바로 공민왕이 신임하는 실력파 신흥 무장 이성계와 강씨의 결혼이었다.

몰락한 권문세족의 막내딸 강씨는 변방 출신의 전쟁 영웅 이성계와 부부의 연을 맺었다. 비록 고향에 아내가 있긴 했으나 이성계는 강씨를 두 번째 정실부인으로 맞았다. 당시 고려는 처첩의 차별이 심하지 않았고 일부다처제가 자유로웠기 때문에 정식 혼례를

---

6   불교가 국교였던 고려시대에 임금의 스승 역할을 하였던 이름 높은 승려.

올리면 순서의 차이만 있을 뿐 정실부인으로 대접을 받았다. 즉, 강씨는 이성계의 첩이 아닌 두 번째 정실부인이었다.

두 사람의 나이 차이는 스무 살이 넘었다. 하지만 당시 강씨로서는 가문을 위한 방편으로 이성계보다 나은 혼처를 찾기 어려웠고, 이성계 또한 정치가로서 출세하기 위해서는 인맥을 두루 갖춘 가문과의 결합이 필요했다. 여러 가지로 정략적인 만남이었지만 두 사람은 이내 서로를 진심으로 사랑하게 되었다. 전쟁터를 오가며 거칠게 살아온 이성계는 고향에 있는 아내와는 전혀 다른 매력을 지닌, 나이는 어리지만 야심만만하면서도 강단 있는 강씨가 사랑스러웠고, 어린 나이에 아버지를 잃은 강씨는 성숙하고 늠름한 이성계에게 매력을 느꼈다.

황산대첩으로
국민장군의 반열에 오르다

친정을 선언하고 신돈을 숙청한 지 3년 만인 1374년, 공민왕은 측근인 홍륜, 최만생 등이 일으킨 쿠데타로 인해 목숨을 잃었다. 허무한 죽음이었다. 이어서 공민왕 시해 사건을 수습한 이인임이 우왕[7]을 즉위시킨 뒤 권력을 장악하자 조정은 다시 권문세족의 손에 들어갔다. 그러자 새로운 희망을 품었던 정몽주와 정도전 같은 신

7 　고려 제32대 임금. 공민왕의 아들로, 후계자로 지명되지 못했으나 이인임 등의 옹립으로 왕위에 올랐다. 즉위 당시 나이는 10세에 불과했다.

진사대부 세력의 불만이 높아졌다. 하지만 아직 주류 사회에 편입하지 못한 이성계와 강씨에게 이런 어수선한 시기는 곧 기회였다.

우왕의 시대에 가장 큰 골칫거리는 왜구들이었다. 기록에 따르면 우왕 때에만 왜구의 침입이 무려 378회에 이른다. 덕분에 이성계는 계속 전쟁터를 돌아다녀야만 했다. 1376년(우왕 2년), 최영 장군이 홍산(지금의 충남 부여 지역)에서 왜구를 크게 무찔렀다. 백성들은 이 승리를 '홍산대첩'이라 불렀다. 1380년(우왕 6년)에는 이성계가 전라도 남원에서 왜구를 격파하였다. 이 승리는 '황산대첩'이라 불렸고, 이성계는 마침내 최영과 나란히 '국민장군'의 반열에 올랐다.

불패의 명장으로서 국민장군의 인기를 누린 이성계는 전투가 없을 때는 강씨와 함께 개경에 머물렀다. 고향에 있는 이성계의 아내 한씨가 '향처(鄕妻, 고향 마님)'라고 불린 것처럼 개경에 있는 강씨는 '경처(京處, 서울 마님)'라고 불렸다. 이 무렵 이성계의 넷째 아들 이방간과 다섯째 아들 이방원도 개경으로 올라왔다. 강씨는 과거 공부를 하는 두 아이를 살뜰하게 보살피면서 이성계를 내조했다. 이방원과 강씨는 열 살 정도밖에 차이가 나지 않았지만 두 사람은 엄연히 모자(母子) 관계였다.

이성계가 황산대첩을 거두고 돌아온 이듬해 강씨의 첫아들 이방번이 태어났고, 1382년(우왕 8년) 곧바로 막내아들 이방석이 태어났다. 비슷한 시기 진사시에 합격한 이방원은 성균관에 입학하였고 1383년(우왕 9년) 문과에 급제하였다. 이방원의 합격 소식을 들은 이성계는 대궐을 향해 절하며 감격의 눈물을 흘렸다. 변방 출신의 무장 이성계에게 자신의 아들이 과거시험에 합격한 것은 무엇과도 바꿀 수 없는 기쁨이었다.

정도전, 명쾌한 비전으로
이성계의 마음을 사로잡다

사랑하는 아내 강씨에게서 두 아들이 연달아 태어나고 이방원은 과거시험에 합격하여 이성계의 한을 풀어주었다. 이처럼 더할 나위 없이 만족스러운 나날을 보내며 행복을 누리고 있을 때, 이성계는 그의 인생을 바꿔놓을 인물을 만나게 된다. 그가 바로 역성혁명을 계획하여 이성계를 왕으로 추대한 조선의 설계자 정도전이다.

당시 이성계는 역성혁명의 필요성을 그다지 느끼지 않았고 정도전이 필요한 것도 아니었다. 하지만 10년 가까이 유배와 유랑 생활을 하며 역성혁명을 구상한 정도전에게 이성계는 꼭 필요한 인물이었다. 그래서 정도전은 얼굴 한 번 본 적 없는 이성계를 만나기 위해 함흥으로 찾아갔다. 군사 훈련 중이던 이성계를 찾아간 정도전은 '정몽주'의 동문으로 자신을 소개한 덕분에 이성계의 호감을 얻을 수 있었다.

이성계가 정몽주를 처음 만난 것은 1364년(공민왕 13년) 여진 정벌을 위한 전쟁에서였다. 이때 종사관으로 참전했던 정몽주는 군사를 지원해주러 온 이성계와 만났다. 무장이었지만 학자들을 대단히 존중했던 이성계는 탁월한 지성과 빼어난 인품을 갖춘 정몽주에게 매료되었다.

그 후 이성계는 자신의 정치적 입지가 높아지자 기회가 닿을 때마다 정몽주를 힘껏 추천했다. 황산대첩에서도 함께했던 두 사람은 20년 넘도록 우정을 이어오고 있었다. 따라서 아무리 정도전이 적극적이고 뛰어난 지략을 갖추었다 하여도 그에게 정몽주라는 인맥이 없었더라면 이성계의 마음을 사로잡기란 어려웠을 것이다.

정도전은 신진사대부 중에서도 과격파로 소문이 자자했다. 그래서 당대의 권세가 이인임의 눈 밖에 나게 되었고 유배지를 전전하며 젊은 시절을 다 보내버린 상황이었다. 이성계가 가문이나 배경으로 사람을 판단하지 않는다는 점은 정도전에게 기회였다. 두 사람은 이내 의기투합하였다. 이성계는 인지도와 실력을 갖추었으나 여전히 노련한 정치가가 아니었고, 정도전에게는 이성계의 부족함을 채워줄 만한 풍부한 지략이 있었다. 이성계는 명쾌한 비전을 제시하며 정치의 중요성과 정치가로서 나아가야 할 방향에 대하여 성심성의를 다해 설명해주는 정도전이 마음에 들었다.

정치가 이성계의 성장 비결, 자식들의 정략결혼

정도전이 이성계와 가까워지는 것을 불안해하는 사람도 있었다. 바로 이성계의 경처 강씨였다. 그녀가 보기에 정도전은 이성계를 이용하여 출세하려는 욕망에 가득 찬 위험한 사기꾼 같았다. 강씨는 이성계가 당대의 실세 이인임에게 미운털이 박힌 정도전과 교류하는 것에 불만을 품었다.

강씨의 불만은 이내 현실로 드러났다. 정도전이 등장하자 이인임이 이성계를 경계하기 시작한 것이다. 고려의 국정을 좌우하고 있는 이인임의 눈 밖에 난다는 것은 정치가로서 성공하기 어렵다는 것을 의미했다. 강씨는 권문세가 출신다운 숙련된 방법으로 이

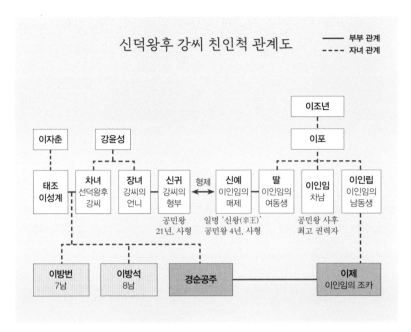

신덕왕후 강씨 친인척 관계도

—— 부부 관계
---- 자녀 관계

이조년

이포

이자춘 ｜ 강윤성

태조
이성계

차녀
선덕왕후
강씨

장녀
강씨의
언니

신귀
강씨의
형부

형제

신예
이인임의
매제

딸
이인임의
여동생

이인임
차남

이인립
이인임의
남동생

공민왕
21년, 사형

일명 '신왕(辛王)'
공민왕 4년, 사형

공민왕 사후
최고 권력자

이방번
7남

이방석
8남

경순공주

이제
이인임의 조카

위기를 극복했다. 당대의 실세인 이인임과 아예 인척 관계를 맺어
버린 것이다.

사실 이인임과 강씨 사이에는 '신돈'이라는 공통분모가 있었다.
강씨의 형부 '신귀'는 신돈의 집안사람이었고, 신귀의 형 신예[8]는
이인임의 매제였다. 즉, 강씨의 언니와 이인임의 여동생은 동서지
간이었다. 신돈이 숙청되면서 신귀도 함께 처형되었고 이때 이인임
도 삼시 한식으로 밀려난 적이 있었다. 이런 공통점과 인척 관계를
총동원하여 강씨는 이인임의 조카 이제와 자신의 딸을 결혼시켰다.

'정략결혼'이라는 고전적이고 확실한 방법을 통해 위기를 극복

---

8   신돈의 친척으로, 신돈이 집권했을 때 엄청난 권력을 누리며 일명 '신왕'이라고 불렀다.

한 강씨의 빛나는 내조 덕분에 당대의 권세가인 이인임과 사돈이
된 이성계는 조정에서도 무시할 수 없는 존재감을 발휘하기 시작
했다.

위화도회군과
추락하는 이성계의 위상

1387년(우왕 13년), 일흔이 넘은 이인임이 정계에서 은퇴하고 무
장 출신 최영이 부상하면서 이성계의 앞날은 더욱 탄탄해졌다. 하
지만 철령 이북 지방을 요구하는 명나라의 도발에 맞서 요동 정벌
을 주장한 최영과 전쟁불가론을 내세운 이성계는 팽팽하게 맞섰다.
총사령관 최영은 이성계를 우군통도사로 임명하고 왕명을 내세워
출병을 선언하였다. 뼛속까지 군인이었던 이성계는 전쟁을 반대하
면서도 끝내 총사령관인 최영의 군령을 어기지 못했고, 결국 10만
대군을 이끌고 요동을 향해 출발하였다. 그런데 정작 최영은 요동
으로 가지 못하고 우왕 곁에 남았다. 공민왕이 '시해'로 목숨을 잃
었던 것을 기억하는 우왕이 최영에게 자신의 호위를 부탁했기 때
문이다. 우왕의 호소에 마음이 약해진 최영은 소수의 병력과 함께
우왕 곁을 지켰다.

총사령관 최영의 부재 속에서 이성계는 압록강 근처의 작은 섬
위화도에 도착하였고 그곳에서 군사를 돌렸다. 그를 제어할 수 있
는 사람은 좌군통도사 조민수밖에 없었으나 조민수는 이성계의 회
군을 막지 않았다. 군사를 돌린 이성계는 최영을 제압하였고 그를

개경으로 압송하여 처형한 후 우왕을 폐위시켰다. 우왕의 폐위와 최영의 죽음으로 이성계는 고려의 2인자로 발돋움했다. 쿠데타는 완벽하게 성공했고, 막강한 군사력을 갖춘 이성계의 권력을 넘보는 사람은 감히 아무도 없었다.

이처럼 완벽한 성공에도 불구하고 이성계의 위상은 오히려 추락하였다. 개경의 백성들이 고려의 영웅이자 충신의 대명사였던 최영의 죽음에 큰 충격을 받았고 이성계에게 등을 돌린 것이다. 요동정벌을 반대했던 정몽주와 정도전, 조준 등의 사대부들은 위화도회군의 정당성을 주장하며 이성계에 대한 비난 여론을 잠재우기 위해 필사적으로 노력했으나 백성들의 반감은 점점 커졌다. 민심을 유독 경계했던 이성계는 괴로웠으나 역성혁명의 완수를 위해 이를 견뎌냈다.

우왕을 폐위시킨 이성계는 9세에 불과한 우왕의 아들 창왕을 즉위시킨 뒤 섭정을 하였다. 공민왕이 시해된 뒤 우왕을 즉위시킨 이인임이 권력을 장악한 방식을 똑같이 반복한 것이다. 창왕은 허수아비나 다름없었고 조정은 이성계의 손아귀에 있었다. 하지만 백성들은 여전히 왕건의 핏줄인 '왕씨 일족'에 대하여 뿌리 깊은 경외심을 가지고 있었고, 이성계의 급부상을 경계하는 세력도 적지 않았다. 다만 강력한 군대와 권력을 지닌 이성계가 두려워 대놓고 반감을 드러내지 못할 뿐이었다.

공양왕의 옹립과
정몽주의 반격

창왕을 임금으로 옹립한 지 얼마 되지 않아 강화도에서 유배 중이던 우왕이 이성계에게 자객을 보낸 것이 발각되었다. 게다가 창왕이 아버지 우왕을 복위시키려 했던 사실도 드러났다. 이 사건으로 창왕은 즉위 1년 만에 폐위되었다. 우왕과 창왕의 연이은 폐위로 왕위가 공석이 되자 이성계, 정도전, 조준, 정몽주 등 9명의 신하들이 흥국사에 모여 차기 임금을 결정했다. 이때 양양공[9]의 6대손 정창군 '왕요'가 왕으로 뽑혔다. 그가 바로 고려의 마지막 임금 공양왕이다.

공양왕을 옹립하면서 이성계는 '폐가입진'을 주장했다. '폐가'란 우왕은 공민왕이 아닌 신돈의 아들이니 가짜 임금이고 우왕의 아들 창왕 또한 가짜이기 때문에 폐위시켰다는 뜻이며, '입진'이란 태조 왕건의 진짜 혈통인 공양왕을 임금으로 세운다는 뜻이다. 혹시나 출생에 대한 오해가 있을까 싶어 우왕이 태어났을 때 서둘러 그를 왕자로 임명했던 공민왕의 염려는 결국 현실이 되고 말았다.

45세의 나이로 갑자기 임금이 된 공양왕은 눈물을 흘리며 왕위에 올랐다. 기쁨의 눈물이 아니라 자신이 500년을 지켜온 고려의 마지막 임금이 될지도 모른다는 두려움의 눈물이었다. 하지만 일단 자신을 옹립한 신하들에 대한 인사치레가 먼저였다. 이성계, 정도전, 정몽주를 비롯해 흥국사에 모여 공양왕의 옹립을 주도한 9명의

---

9   고려 제20대 신종의 차남.

신하는 공신으로 책봉되었다.

고려 말, 뜻있는 신진사대부와 귀족들은 개혁의 필요에 공감했고, 백성들은 전쟁, 약탈, 수탈의 고통 없이 안심할 수 있는 튼튼한 국가의 울타리 안에서 살고 싶다는 소망이 간절했다. 하지만 그 '국가'가 '고려'가 아닌 다른 나라이며, 왕건의 후손이 아닌 인물이 왕이 된다는 것은 감히 상상하지 못했다. 고려의 백성들은 자부심이 있었다. 국경 너머에서는 북송과 남송, 요(거란), 금(여진), 원(몽골제국) 등 많은 나라가 나타났다 사라지기를 반복했지만 고려는 500년을 버텨왔다. 이성계 또한 백성들의 마음을 잘 알고 있었다. 이성계는 수많은 위기 속에서도 끝내 무너지지 않았던 고려의 저력이 바로 왕실과 왕실을 향한 민심에 있다고 생각했다.

이성계는 백성에게 사랑받는 나라를 만들고 싶었고 백성들에게 존경받는 왕이 되고 싶었다. 이성계가 바라는 이상적인 건국은 경순왕이 왕건에게 양위하여 신라가 역사에서 사라지고 고려가 통일왕국이 된 것처럼 공양왕으로부터 양위를 받아 평화롭게 왕조를 교체하고 새 나라를 건국하는 것이었다. 이성계가 굳이 공양왕을 임금으로 세운 것은 그가 얼마 견디지 못하고 양위할 것이라 생각했기 때문이다. 공양왕으로부터 양위를 받아 왕위에 오른다면 등돌렸던 민심을 다시 회복할 수도 있었다.

그런데 생각지 못한 복병이 등장했다. 창왕의 폐위와 공양왕 옹립에는 적극적으로 참여했으나 고려의 멸망만큼은 결단코 막고자 했던 정몽주가 이성계와 대립한 것이다.

윤이·이초 사건과
이성계의 고민

　이성계가 실권을 장악한 조정에서 정몽주는 승진을 거듭했다. 하지만 최종 목표가 완전히 다른 두 사람의 밀월은 얼마 지나지 않아 파탄을 맞는다. 공양왕이 즉위한 지 반년쯤 지난 1390년(공양왕 2년) 5월, 명나라에 사신으로 간 조반이 놀라운 소식을 들고 귀국했다. 이성계의 독주에 반발한 '누군가'가 파평군 윤이와 중랑장[10] 이초를 명나라에 보냈고, 이들이 명나라의 황제 주원장에게 이성계를 공격하기 위한 군사를 요청했다는 것이다. 이는 조반이 명나라에서 들은 이야기를 그대로 전한 것으로, 문서가 없어 정확한 증거는 없었으나 조반의 입에서는 사건과 관련된 인물들의 이름이 술술 나왔다.

　조반이 들은 풍문은 고려의 조정을 긴장시켰다. 만약 명나라에서 이를 받아들인다면 전쟁이 일어날 수도 있었다. 이성계는 즉각 정도전을 사신으로 보내 윤이·이초의 고변이 거짓임을 명나라에 해명하였다. 정도전은 명나라에서 돌아오자마자 사건의 배후를 조사하였다.

　정도전이 사건의 배후로 지목한 사람은 이색, 우현보, 이종학, 권근, 이숭인, 하륜 등 역성혁명에 반대하는 사대부들이었다. 이들이 진짜 범인이라는 증거는 어디에도 없었다. 하지만 정도전의 주장으로 인하여 이들은 모두 청주로 유배되어 수감되었다. 그런데

10　고려와 조선시대의 무관직으로 고려시대에는 정5품 무관직이었다.

얼마 뒤 청주에서 큰 홍수가 나는 바람에 강물이 범람해 청주성 감옥에 갇혀 있던 죄수들이 나무에 매달려 간신히 목숨을 건진 사건이 발생했다. 이를 계기로 정몽주는 민심 수습 차원에서 죄상이 명백하지 않은 사건에 대해 사면을 요청하였고, 공양왕은 윤이·이초 사건에 대한 심문을 중단하고 혐의가 있는 관련자들을 모두 풀어주었다. 이는 정몽주와 이성계, 정도전의 동맹 관계가 끝났음을 의미했다.

이성계는 정몽주와 함께 역성혁명을 완성하고 싶었다. 하지만 동맹이 아닌 이상 정몽주는 반드시 제거해야 할 고려의 마지막 세력이었다. 30년 가까이 마음을 터놓고 함께했던 정몽주와 척을 지게 된 이성계는 마음을 잡지 못했다. 적과 아군이 명확한 전쟁터에서 이성계는 불패의 장군이었지만 적과 아군이 모호한 정치판에서 그는 갈 곳을 잃었다.

윤이·이초 사건이 일어난 이듬해, 이성계는 갑자기 정계 은퇴를 선언하고 고향으로 돌아가겠다고 밝혔다. 역성혁명을 포기하고 싶은 마음을 보인 것이다. 그만큼 정몽주와의 대립은 이성계에게 무척 괴로운 일이었다.

이성계와 역성혁명
세력의 위기

1391년(공양왕 3년) 7월 9일, '자발적 사직' 상태였던 이성계는 오랜만에 공양왕과 만났다. 바로 다음 날인 7월 10일, 공양왕이 이성계의 집을 찾아와 밤늦도록 술을 마시며 회포를 풀었다. 은퇴를 선언할 정도로 마음고생이 심했던 이성계를 위로하는 자리였다. 겉으로는 이성계를 위로한다고 했으나 공양왕과 이성계 사이에는 일촉즉발 팽팽한 긴장감이 흘렀다. 이때 이성계의 경처 강씨가 다시 한번 절묘한 방법으로 이를 해결했다. 이성계와 강씨의 아들 이방번과 공양왕의 조카딸을 혼인시키자는 이야기를 꺼낸 것이다. 결과는 대성공이었다. 이성계는 다시 정계에 복귀하였고, 그가 왕이 되려한다는 소문은 잠시 잦아들었다. 얼마 뒤 묵묵히 고향을 지켜왔던 이성계의 향처 한씨가 세상을 떠났다.

조정이 간신히 평온을 되찾자 혁명이 더 늦어지거나 아예 무산될까 초조해진 정도전은 이색, 이숭인 등을 강력하게 처벌하라는 상소를 올렸다. 윤이·이초 사건의 배후라는 이유였지만 증거도, 명분도 부족했다. 이에 정몽주는 이성계에게 반대하는 대간들을 움직여 역으로 정도전을 탄핵했다. 이색, 우현보 등에 대한 처벌을 사주했다는 주장과 함께 정도전에 대한 인신공격이 이어지면서 정도전은 위기에 몰렸다. 정도전에 대한 탄핵이 올라오자 공양왕은 기다렸다는 듯이 정도전의 공신녹권[11]을 박탈하고 그의 아들들을 서인으로 강등시켜 고향 봉화로 유배 보냈다.

정도전의 유배지는 얼마 뒤 봉화에서 나주로 옮겨졌다. 고향 봉화의 인맥을 활용하여 유배 중에 혹시라도 개경에 연락을 취할 것을 미연에 방지하기 위해서였다. 역성혁명 세력의 중심인 정도전의 위기는 곧 이성계의 위기였다. 정도전이 개경에서 쫓겨나자 이성계

---

11 공신으로 책봉된 사람의 직위, 이름, 공신 책봉 경위 및 이에 대한 특권이 기록된 문서.

는 혼란에 빠졌고, 눈앞에 잡힐 것 같았던 역성혁명의 가능성도 희박해졌다. 정몽주가 조정에 있는 한 정도전의 복귀는 불가능했기 때문이다.

이처럼 정도전이 막다른 길에 몰려 정치 생명을 위협받고 있을 때 이성계는 무엇을 하고 있었을까? 이성계는 고려의 신하라는 직분을 다 하고 있었다. 1392년(공양왕 4년) 3월, 이성계는 명나라에 사신으로 갔던 세자(공양왕의 아들)를 맞이하기 위해 개경을 떠났다. 며칠 뒤 이성계는 해주에서 사냥을 하다 낙마 사고를 당했다. 비록 나이가 들었다고는 하지만 신기에 가까운 기마 솜씨를 뽐내던 이성계가 사냥 중 말에서 떨어졌다는 것은 이해하기 어렵다. 게다가 이성계는 세자를 맞이하러 '가는' 중이었다. 세자 마중이라는 임무를 완수하기도 전에 이처럼 풀어진 모습을 보인 것은 무슨 이유였을까? 어쩌면 이성계는 자신이 왕이 되지 않으면 정도전이 죽게 될 것이고, 정도전을 살리려면 정몽주를 제거할 수밖에 없는 현실이 괴로웠을지도 모른다.

이성계가 부상을 입었다는 소식이 알려지자 조정은 긴박하게 돌아가기 시작했다. 정몽주는 곧바로 공양왕에게 정도전과 조준 등 이성계파의 핵심 인물들을 처형해야 한다는 강력한 상소를 올렸다. 그는 즉결 처형을 해서라도 고려의 존립에 위협이 되는 역성혁명 세력을 모두 제거할 생각이었다. 공양왕에게는 고려를 지킬 수 있는 마지막 기회였다.

하지만 결정적인 순간 공양왕은 망설였고 처형 대신 유배를 보내는 것으로 사건을 마무리하고자 했다. 하지만 정몽주가 더욱 거세게 몰아붙이며 처형을 허락해달라고 요청하자 마지못해 먼저 국문[12]하라고 명했다. 정몽주는 국문을 하면서 이들을 모두 제거하기로 결심했다. 기회가 주어졌을 때 혁명 세력의 뿌리를 완전히 없애버릴 생각이었다.

이방원의 〈하여가〉와 정몽주의 〈단심가〉

기세등등하던 역성혁명 세력은 정도전의 유배로 혼란에 빠졌고, 이성계의 낙마 소식이 알려지면서 '처형'의 주도권은 정몽주의 손에 들어갔다. 이성계와 정도전의 독주를 우려하던 사람들은 정몽주의 결단에 암묵적으로 동의하였다. 역성혁명을 결심한 이후 이성계에게 가장 큰 위기가 찾아온 것이다. 이때 반전이 일어났다. 고향에서 어머니(향처 한씨)의 초상을 치르며 시묘살이를 하던 이방원이 이성계에게 달려가 사태를 알리고 그날 밤 개경으로 함께 돌아왔다. 어머니의 초상을 치르던 이방원에게 개경의 소식을 전해준 사람은 누구였을까? 그것은 바로 이성계의 경처 강씨였다. 그녀는 사위 '이제'를 이방원에게 보내 위급함을 알려주었고, 그녀의 예상대로 이방원은 이성계와 개경으로 돌아옴으로써 위기를 극복해냈다.

부상으로 거동을 못한다던 이성계가 생각보다 멀쩡한 몸으로 개경에 돌아오자 공양왕은 다시 긴장했고 정몽주의 계획에는 차질이

---

12 반역이나 역모 등 중대한 죄인에게 자백을 받기 위해 임금의 명으로 형장을 설치, 고문을 가하는 심문을 의미한다. 임금이 직접 국문하는 것은 '친국(親鞫)'이라고 한다.

빚어졌다. 이방원은 바로 이때 정몽주를 제거해야 한다고 생각했고 경처 강씨도 적극 찬성하였다. 강씨의 동의로 용기를 얻은 이방원은 이성계에게 허락을 구했다. 하지만 정몽주를 제거하겠다는 말을 들은 이성계는 화를 내며 거절하였다. 정몽주에 대한 문제로 이방원과 이성계가 갈등을 빚고 있을 때 마침 당사자가 나타났다. 정몽주 혼자 이성계의 병문안을 온 것이다. 정몽주를 죽이려 했던 이방원은 당황하였으나 이성계는 웃으며 정몽주를 맞았고 두 사람은 사이좋게 담소를 나누었다. 정몽주의 방문은 순수한 병문안이 아니라 이성계의 상황을 염탐하려는 목적도 있었다. 하지만 두 사람은 정적이기 이전에 오랜 세월을 함께 보내온 동지이기도 했다. 서로 말은 하지 않았으나 이성계는 정몽주와 끝내 같은 길을 갈 수 없음이 아쉬웠고, 정몽주는 이성계를 설득할 수 없는 것이 아쉬웠다.

이성계가 정몽주와 담소를 나누는 사이, 이방원은 형제들과 이성계의 의형제 이지란[13]에게 정몽주 살해 계획을 이야기했다. 하지만 모두들 고개를 저었다. 특히 이지란은 정몽주를 죽이는 것은 결코 이성계의 뜻이 아니라며 반대하였다. 모두가 반대할수록 이방원의 마음은 굳어졌다. 야사에 따르면 이방원은 이날 이성계의 병문안을 마치고 돌아가려는 정몽주를 따로 불러 시조를 읊으며 그의 마음을 떠보았다고 한다. 이때 정몽주는 죽어도 고려를 지키겠다는 마음이 담긴 격조와 품위가 넘치는 〈단심가〉를 읊었다.

---

13 본명은 퉁두란. 여진족 출신으로 고려에 귀화한 뒤 '이두란'으로 이름을 바꿨다. 이성계와는 의형제 사이로 이성계의 경처 강씨의 조카딸을 아내로 맞기도 했다. 조선 개국공신에 임명되어 '청해 이씨' 성을 하사받은 뒤 '이지란'으로 이름을 바꿨다.

이 몸이 죽고 죽어 일백 번 고쳐 죽어

백골이 진토(塵土)되어 넋이라도 있고 없고

님 향한 일편단심이야 가실 줄이 있으랴

정몽주의 마음을 돌릴 수 없다고 생각한 이방원은 선죽교를 건너는 그를 무참하게 때려죽였다. 1392년 4월 26일, 백주대낮에 일어난 대담한 살인이었다.

마침내 피와 눈물로 얻은 왕위에 오르다

이방원이 정몽주를 살해했다는 이야기를 들은 이성계는 분노했다. 무력으로 역성혁명을 하고자 했다면 그 기회는 얼마든지 많았다. 하지만 이성계는 민심의 지지를 얻기 위해 참고 기다렸다. 그런데 이방원이 정몽주를 죽임으로써 이 모든 노력이 허사가 된 것이었다. 무엇보다 이성계는 정몽주를 좋아하고 존경했다. 동지에서 정적으로 입장이 바뀌었고 조선의 건국을 위해 정몽주는 반드시 넘어야 할 산이었지만 이성계는 어떻게든 그와 '함께' 역성혁명을 완성하고 싶어 망설이고 또 망설여왔다. 하지만 이제 정몽주는 아들 이방원의 손에 죽고 없었다. 정몽주의 죽음으로 민심은 다시 한 번 이성계에게 등을 돌렸고, 이성계에게 모든 비난이 쏟아졌다.

위화도회군 직후 이성계가 최영 장군을 처형했을 때 비난 여론을 무마하기 위해 발 벗고 뛰어준 이가 정몽주였다. 그만큼 정몽주의 죽음은 이성계에게 큰 충격이었다. 역성혁명의 완수가 눈앞으로 다가왔으나 이성계는 이방원을 용서하지 않았다. 이성계의 후계자를 노렸던 이방원은 정몽주를 제거하는 결정적 '공'을 세움으로써 오히려 이성계의 미움을 받게 되었다.

일단 이성계는 유배지에 있던 정도전과 조준 등을 불렀다. 죽음의 문턱까지 경험한 정도전은 곧바로 강경하게 나갔다. 정몽주의 죽음으로부터 3개월도 채 지나지 않은 7월 12일, 정도전의 측근인 배극렴은 대비를 압박하여 옥새를 먼저 손에 넣은 뒤 공양왕에게 강제로 양위를 받아냈다. 형식은 분명 '양위'였으나 공양왕은 상왕으로 물러나는 대신 폐위되어 강원도 원주로 보내졌다. 이제 남은 것은 이성계가 왕위에 오르는 것뿐이었다. 이성계는 새 왕조 창업은 하늘이 돕지 않으면 안 되며 자신은 덕이 없다는 이유를 들면서 극구 사양했다. 왕위에는 욕심이 없다는 것을 보이기 위한 형식적인 행동이었지만 이성계의 진심이기도 했다.

7월 16일, 문무백관들이 옥새를 들고 이성계의 집으로 몰려갔다. 경처 강씨와 함께 밥을 먹고 있던 이성계는 대문을 굳게 닫고 방으로 들어갔다. 그러자 이들은 대문을 부수고 들어가 옥새를 대청에 올려놓고 이성계가 나오기를 기다렸다. 잠시 망설인 뒤 방에서 나온 이성계는 몇 번 사양하였으나 결국 옥새를 받았고 왕위에 오르겠다고 승낙했다. 이성계가 바랐던 것처럼 본인은 사양했으나 여러 사람의 추대와 선왕의 양위라는 형식을 통해 역성혁명을 완성한 것이다.

7월 17일, 이성계는 공양왕이 즉위한 수강궁에서 즉위식을 가졌다. 경처 강씨는 왕비로 책봉되어 이성계와 나란히 즉위식을 치렀다. 새로운 왕조, 새로운 국가의 탄생이었다.

이성계의 처세술

탁월한 능력과 순수한 진심의 결합

변방의 무장에서 고려의 2인자로 우뚝 선 후 다시 역성혁명을 완성하여 조선을 건국한 이성계의 일생은 그 자체가 불가능을 가능으로 바꾼 혁명과도 같았다. 원나라에서 내려준 벼슬을 받아 동북면의 지방호족으로 지내왔던 이성계의 가문은 오랑캐라 불리는 여진족과도 혼인 관계를 맺고 있었다. 한마디로 이성계는 국적과 혈통에 대한 논란거리가 다분한, 건국 시조의 신성함이라고는 찾아볼 수 없는 인물이다. 변방의 촌뜨기라 놀림 받던 이성계는 가문이나 배경의 도움 없이 능력을 통해 고려에서 자신의 입지를 세워나갔고, 마침내 조선의 건국 시조가 되었다. 도대체 그에게는 어떤 능력이 있었던 것일까?

장군으로서 이성계는 카리스마와 온화함을 지닌 뛰어난 리더였다. 이성계는 수많은 전투를 승리로 이끌었고, 병사들은 한마음으로 그를 믿고 따랐다. 정치가로서 이성계는 드물게 추문이 없고 사생활도 깨끗했다. 권모술수와 암투가 끊이지 않는 조정에서는 이런 모범생다운 모습이 단점이었지만 이성계의 인품에 매료된 사람들도 생겨났다. 정치적으로는 '비주류'에 속했으나 개혁을 주장했던 신진사대부들이 바로 그들이었다. 이성계는 자신에게 다가오는 사람들을 품을 줄 알았고, 머릿속에 원대한 개혁의 구상만 담아온 낙

연표로 보는 조선 건국사

년도	주요 사건
1335년(충숙왕 4년)	이성계 탄생
1337년(충숙왕 6년)	정몽주 탄생
1342년(충혜왕 4년)	정도전 탄생
1351년	공민왕 즉위
1355년(공민왕 4년)	이자춘과 공민왕의 은밀한 만남(장소: 개경)
1356년(공민왕 5년)	쌍성총관부 수복, 이자춘·이성계 고려에 귀화
1361년(공민왕 10년)	이자춘 사망, 홍건적 개경 함락, 공민왕 안동으로 피난
1362년(공민왕 11년)	개경 탈환(총대장 최영), 이성계 나하추 격퇴
1364년(공민왕 13년)	이성계와 정몽주의 첫 만남
1365년(공민왕 14년)	왕비 노국대장공주 승하, 우왕 탄생
1367년(공민왕 16년)	이방원 탄생
1374년(공민왕 23년)	공민왕 시해(사망)
1375년(우왕 1년)	우왕(10세) 즉위
1376년(우왕 2년)	최영 홍산대첩 대승
1380년(우왕 6년)	이성계 황산대첩 대승
1383년(우왕 9년)	이방원(17세) 문과 급제, 이성계와 정도전의 첫 만남
1388년(우왕 14년)	위화도회군, 최영 사형, 우왕 폐위·유배, 창왕(9세) 즉위
1389년(공양왕 1년)	창왕 폐위·유배, 공양왕 즉위
1390년(공양왕 2년)	윤이·이초 사건
1392년(공양왕 4년)	정몽주 사망, 공양왕 유배, 이성계 임금으로 즉위

오자 몰골의 정도전을 받아주었다.

　이성계에게는 무시할 수 없는 규모의 병력이 있었으나 그가 건국의 대업을 이룰 수 있었던 것은 무력이 아니라 그가 가진 인품 때문이었다. 이성계는 비주류인 신진사대부 세력에 긍정적인 시선을 보냈고 그들의 지지를 얻었다. 또한 정도전의 가능성을 알아본 혜안과 정몽주를 끝까지 품고자 했던 포용력이 있었다. 그래서 정도전은 역성혁명으로 이성계를 왕으로 옹립하여 2인자가 되고 싶어 했고, 정몽주는 이성계와 함께 고려를 개혁하고 싶어 했다.

　정도전은 훗날 자신을 한고조 유방의 책사였던 장량에 비유하면서 "한고조가 장량을 이용한 것이 아니라 장량이 한고조를 이용한 것이다"라고 말했다. 즉, 뜻대로 천하를 개혁하기 위해 자신이 이성계를 선택했다는 뜻이었다. 정도전을 만나지 않았더라면 이성계는 조선을 건국하지 못했을 수도 있다. 만약 그랬다면 이성계는 정몽주와 함께 고려의 충신으로 남았을 것이다. 하지만 정도전이 이성계를 만나지 못했다면 그는 과연 역사에 이름을 남길 수 있었을까?

고려 최후의 권신,
이인임은 누구인가?

드라마 〈정도전〉에서 명언 제조기로 불리며 재조명을 받은 인물이 있다. 바로 고려 최후의 권신(權臣)이자 정치 9단 이인임이다. 실제로 그는 공민왕이 쿠데타로 시해되자 그 일파를 처형하고 공민왕의 아들인 우왕을 즉위시킨 뒤 10년 동안 섭정하며 고려를 좌지우지한 인물이다.

이인임은 고려 말 대표적인 권문세가에서 태어났다. 그의 할아버지는 고려 중기 문인이자 시인이었던 이조년이다. 이조년이 지은 시조는 조선 영조 때 편찬된 고시조집 〈청구영언[14]〉에 수록되어 있는데 〈다정가〉라는 제목으로 지금까지도 널리 잘 알려져 있다.

이화에 월백하고 은한이 삼경인제
일지 춘심을 자규야 알랴마는
다정도 병인양하여 잠 못 들어 하노라

이인임은 여섯 형제 중 둘째였는데 형세들 모두 권

---

14 김천택이 고려 말엽부터 편찬 당시(1728년, 영조 4년)까지 여러 사람의 시조를 모아 엮은 고시조집으로 〈해동가요〉, 〈가곡원류〉와 함께 3대 시조집 중 하나로 불린다. 〈청구영언〉의 '청구'는 본래 우리나라를 뜻하는 말이고, '영언'은 노래를 의미한다.

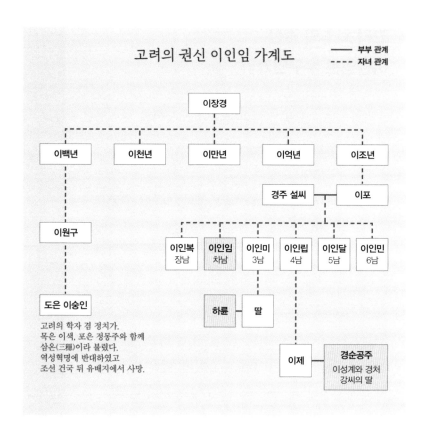

고려의 권신 이인임 가계도

—— 부부 관계
---- 자녀 관계

이장경

이백년 　 이천년 　 이만년 　 이억년 　 이조년

경주 설씨 ── 이포

이원구

이인복 장남 　 **이인임 차남** 　 이인미 3남 　 이인립 4남 　 이인달 5남 　 이인민 6남

도은 이숭인

고려의 학자 겸 정치가.
목은 이색, 포은 정몽주와 함께
삼은(三隱)이라 불렸다.
역성혁명에 반대하였고
조선 건국 뒤 유배지에서 사망.

하륜 ── 딸

이제 ── **경순공주** 이성계와 경처 강씨의 딸

력에 민감하고 처세술에 능하여 혼란한 시대에도 출세의 길을 걸었다. 첫째 이인복은 과거에 급제하여 정식으로 벼슬을 시작했다. 1316년(충숙왕 3년) 19세로 과거에 급제한 이인복은 공민왕 때 조일신[15]이 난을 일으키자 왕에게 법에 따라 처치할 것을 주장하였다. 또한 신돈으로 인해 변고가 날 것이라고 왕에게 간언했는데, 훗날

15　고려 제26대 충선왕 때의 공신 조인규의 손자로 공민왕이 원나라에서 세자의 신분으로 지낼 때 '숙위(근위병)' 벼슬을 하였다. 공민왕이 즉위하자 자신의 공을 내세워 온갖 횡포를 부렸고 결국 참수당했다.

신돈을 숙청한 공민왕은 이인복의 혜안에 감탄하기도 했다. 어느
해 과거시험을 감독하던 이인복은 한 응시생을 보고 한눈에 마음
에 들었다. 바로 19세의 하륜이었다.

이인복은 아직 미혼인 하륜을 사위로 삼으려 했으나 적당한 나
이의 미혼인 딸이 없었다. 이인복은 아쉬움을 삼킨 채 셋째 동생
이인미에게 하륜을 사위로 삼도록 했다. 이것이 바로 이색 문하에
서 정몽주, 정도전 등과 함께 수학하였던 신진사대부 하륜이 당대
의 권세가 이인임의 조카사위가 된 배경이다.

음직으로 관직에 오른 둘째 이인임은 정치 감각이 뛰어났고 능
력도 있었다. 1364년(공민왕 13년) 원나라의 사주를 받은 충선왕[16]의
서자 덕흥군이 고려에 쳐들어오자 이를 격퇴했고, 1368년(공민왕 17
년) 원나라 동녕부를 토벌하여 공을 세웠다. 또한 공민왕이 정치에
흥미를 잃고 신돈에게 권력을 주자 개혁의 실무를 앞장서서 담당
했다.

신돈이 숙청된 뒤 잠시 한직으로 밀려났던 것이 유일한 좌절이
었지만 1374년(공민왕 23년) 다시 복귀하여 수문하시중[17]으로 승진하
였다. 그해 공민왕이 쿠데타로 시해되자 진상을 파악했다. 한밤중
은밀하게 공민왕을 시해한 홍윤과 최만생 등은 처음에 역도들이
공민왕을 죽였다고 외쳤고, 관리들과 근위병들은 겁에 질려 아무도
나서서 사실을 확인하지 못했다. 이때 이인임은 최만생의 옷깃에
묻은 핏자국을 보고 그를 추궁하여 공민왕을 시해한 진짜 역도 홍

---

16 고려의 제26대 임금.
17 고려시대 중서문하성의 종1품 관직으로 실권을 담당한 최고의 관리다. 고려시대 수문하
    시중은 조선시대 좌의정, 우의정에 해당했고 문하시중은 조선시대 영의정에 해당했다.

륜과 최만생 등을 극형으로 다스리며 단숨에 조정의 주도권을 장악했다.

역도를 처형한 이인임은 더이상 왕위를 비워둘 수 없다며 공민왕의 아들 '우'를 왕으로 옹립했다. 왕을 대신하여 섭정하는 집정대신에 오른 이인임은 철저하게 권문세족 중심으로 돌아가 친원정책으로 일관했다. 이에 반발하는 신진사대부와 개혁 세력을 몰아내고 몰락해가는 원나라와 떠오르는 명나라 사이에서 노련한 줄타기 외교로 부귀영화와 권력을 누렸다.

1387년(우왕 13년), 일흔이 넘은 이인임이 노환을 이유로 은퇴하자 무장 출신 최영이 권력을 잡았다. 최영은 오랜 세월 국정을 어지럽힌 죄를 물어 이인임을 유배 보낸 뒤 그의 측근이었던 지윤, 임견미, 염흥방 등이 부정부패와 극악무도한 횡포를 일삼자 이들을 단호하게 숙청했다. 이때 최영의 곁에는 이성계가 있었다.

이성계는 이인임과 정치적으로 대립 관계이면서 사적으로는 사돈 관계였다. 위화도회군 이후 이성계에게 불만을 품은 윤이와 이초 등 권문세족 출신의 정적들은 명나라로 망명하여 주원장에게 이성계가 이인임의 아들이니 그를 토벌해달라고 요청하였다. 주원장이 친원파였던 이인임을 싫어하는 것을 알았기 때문이다. 이 고변 때문에 명나라 법전 및 역사서인 〈대명회통(大明會通)〉의 조선왕조 계보에 이인임이 이성계의 부친으로 기록되었다. 이로 인해 조선과 명나라 사이에는 오랫동안 외교적 마찰이 빚어졌는데, 이 문제가 완전히 해결된 것은 조선 건국으로부터 약 200년 뒤인 1584년(선조 17년)이다.

이인임에게는 네 명의 동생들이 있었는데 첫째 동생 이인미는 하륜의 장인이며, 둘째 동생 이인립은 이성계의 사돈으로 그의 아들 이제가 이성계의 사위이다. 넷째 동생 이인민의 아들 이직은 조선 건국에 일조하였고 개국공신 겸 좌명공신으로 봉해져 사후 성산부원군으로 추증되었다.

정 도 전

"성공한 혁명가와
실패한 정치가의 두 얼굴"

이름 **정도전**

국적 **고려, 조선**(고려에서 태어나 조선에서 죽었다)

직업 **유생**(신진사대부), **초보 관리, 백수**(10년), **이성계의 책사, 역성혁명의 수장, 조선의 재상**

정치 노선 **역성혁명파**

인생을 바꾼 순간 **1383년**(우왕 9년), **이성계와의 만남**(당시 42세)

결정적 실수 **과격한 성품으로 많은 사람들, 특히 이방원을 적으로 만들었다.**

애증의 대상 **정몽주**

정몽주에게 하고 싶은 말 **"개혁에서 한 발짝만 더 나아가면 혁명인 것을 왜 반대하는 것이오?"**

조선 건국의 설계자로 불리는 정도전의 인생은 유난히도 굴곡이 심했다. 고려 말 신진사대부였던 그는 과거에 급제하여 벼슬을 시작했으나 이내 문제적 인물로 낙인찍혀 긴 유배 생활을 해야 했다. 출세와 멀어진 정도전은 뜻을 펼칠 방법을 찾다가 이성계를 찾아간다. 그 후 정도전은 정치에 미숙한 이성계의 책사 역할을 자처하였고 이성계가 중앙 정계에서 두각을 나타내도록 도움을 주면서 마침내 조정에 복귀하는 데 성공한다.

하지만 정도전의 목표는 정계 복귀가 아닌 역성혁명이었다. 그는 새 나라를 구상하였고 이성계를 왕으로 세우고자 했다. 결국 정도전의 혁명은 성공했다. 이성계는 왕위에 올랐고 정도전은 새로운 나라 조선의 개국공신으로 임명되었다. 마침내 인생의 절정기를 맞은 것이다. 하지만 그는 세자의 자리를 빼앗기고 권력에서 밀려나 복수의 칼날을 갈던 이성계의 아들 이방원의 손에 죽음을 맞았다.

정도전이 죽은 뒤, 이방원은 그토록 원했던 권력을 거머쥐었고 2년 뒤 왕위에 올랐다. 임금이 된 이방원과 그의 측근들은 정도전에 대하여 폄하된 기록을 실록에 남겼고, 동시에 의도적으로 정몽주를 충신의 대명사로 높이는 작업을 펼쳤다. 그 후 정도전은 조선 왕조 내내 '간악한 신하'로 묘사되었다. 정도전의 신원이 회복되어 공신 칭호를 돌려받은 것은 건국으로부터 500년이 지난 제26대 고종 때였다.

정도전에게 진정한 전성기가 찾아온 것은 최근 수십 년 사이다. 정도전의 이미지는 비운의 혁명가이자 시대의 천재로 탈바꿈되었고, 그의 일대기를 다룬 드라마가 제작되면서 뜨거운 관심의 대상이 되기도 했다. 유배지를 전전하던 비주류 지식인에서 새로운 나라와 새로운 왕조를 일으키는 데 성공한 천재 혁명가 정도전. 그는 왜 자신이 설계한 나라 조선에서 비참한 죽음을 맞은 실패한 정치가가 되었을까?

스승 이색과
개혁 동지 정몽주와의 만남

정도전은 경상북도 영주에서 정운경의 장남으로 태어났다. 어린 시절을 영주에서 보낸 정도전은 아버지 정운경이 중앙 관리가 되면서 개경으로 올라왔다. 개경에서 지내는 동안 정운경은 '이곡[18]'과 만나 교류하였는데, 덕분에 정도전은 이곡의 아들인 목은 이색과 자연스럽게 가까이 지내면서 성리학에 눈을 뜨게 되었다. 동시에 목은 이색의 제자인 정몽주, 이숭인 등과 친분을 쌓았다. 특히 정도전은 부패를 척결하고 권문세족의 특권을 개혁해야 한다는 정몽주에게 깊은 감명을 받아 의기투합하였다.

1360년(공민왕 9년) 정도전은 성균시에 합격해 문과 응시 자격을 얻었고, 1362년(공민왕 11년) 문과에 급제하여 관리로서 첫발을 내딛었다. 이때 그는 먼저 과거에 급제한 정몽주와 함께 성균관에서 유

---

18 고려 말 문인이자 관료로, 목은 이색의 아버지이다. 고려 말 성리학자이자 관료였던 이제현과 함께 〈편년강목(고려 충숙왕 때 '민지'가 태조 왕건의 조상부터 제23대 고종까지의 역사를 기록한 총 42권의 책. 14세기에 사라진 것으로 추정)〉을 증수하였고, 충렬왕·충선왕·충숙왕의 실록 편찬에 참여했다. 문장에 뛰어나 가전체 소설 〈죽부인전〉을 지었다. 대나무를 의인화하여 여인의 절개를 칭송한 〈죽부인전〉은 당시의 퇴폐적인 풍조를 풍자한 내용을 담고 있다.

학생들을 가르치며 성리학을 깊이 연구하게 되었다.

하지만 정도전의 출세는 순탄하지 않았다. 유학자로서의 자존감이 강했던 정도전은 공민왕이 승려 출신 신돈을 기용하여 개혁을 추진하자 벼슬을 버리고 고향으로 내려갔다. 얼마 뒤 아버지 정운경과 어머니 우씨가 연이어 세상을 떠나자 그는 주자가례에 따라 삼년상을 치렀다. 백일탈상이 일반적인 관행이었던 당시에 삼년상을 치른 것은 유학자임을 증명하는 것이기도 했다.

삼년상을 마친 정도전은 1370년(공민왕 19년), 스승 이색과 정몽주의 천거로 성균관 박사에 임명되었다. 당시 이색은 성균관 수장인 대사성이었고 정몽주 또한 성균관 박사로 재직 중이었다. 정도전은 정몽주와 함께 성균관에서 성리학을 가르치며 신진사대부들을 길러냈고 고려의 개혁이라는 공동의 목표로 의기투합하였다. 정도전은 한층 깊어진 정몽주의 학문 세계를 존경하였고, 정몽주는 개혁에 대한 정도전의 뜨거운 의지를 지지했다.

공민왕의 죽음과
신진사대부의 위기

1372년(공민왕 21년) 반원 자주 개혁을 추진한 공민왕은 명나라에 사신을 보내 친교를 청했다. 이때 정몽주는 서장관[19]으로 임명되었

19　조선시대 중국이나 일본에 보내는 사행단의 직급 중 하나로 정사(正使)·부사(副使)와 함께 삼사(三使)로 불리며 사행 중의 사건을 기록해 임금에게 보고하는 임무를 담당하여 '기록관'이라고도 불린다.

는데 임무를 마치고 귀국하던 중 태풍에 배가 난파되는 사고를 당했다. 이 사고로 정사[20] 홍사범 등은 익사하였고 정몽주는 가까스로 바위섬에 표류하게 되었다. 굶주림과 갈증으로 생사를 헤매던 정몽주가 구조된 것은 무려 13일이 지나서였다. 이때 정몽주의 품에서 발견된 것은 물 한 방울 닿지 않은 채 완벽하게 보관된 황제(명태조 주원장)의 서신이었다. 이를 보고받은 주원장은 크게 감동하여 정몽주의 귀국을 도와주었다. 이 사건을 계기로 주원장의 신임을 받게 된 정몽주는 이후로도 명나라와의 외교를 담당하였는데, 힘겨운 사안일수록 탁월한 능력을 발휘해 잘 해결하였다.

하지만 1374년(공민왕 23년) 공민왕이 자제위[21] 홍륜 등에 의해 살해되면서 친명파에 속했던 신진사대부는 다시 정치적 위기를 겪게 된다. 공민왕의 죽음을 수습하고 우왕을 세운 뒤 조정을 장악한 이인임은 공민왕이 진행하던 개혁을 전면적으로 무산시키고 권문세족의 특권을 보장해주는 정책으로 지지를 얻었다. 무엇보다 이인임은 공민왕이 추진해온 반원 정책을 무시하고 다시 원나라의 속국을 자처하며 친원 정책을 펼쳤다. 이에 신진사대부들은 강력하게 반발하였는데 그 중심에 정도전이 있었다.

1375년(우왕 1년) 원나라 사신이 고려에 도착했다. 이때 원나라의 사신을 영접해야 한다는 이인임과 돌려보내야 한다는 신진사대부

---

20 조선시대에 중국이나 일본으로 보내던 사행의 우두머리.

21 1372년(공민왕 21년) 친정을 선언한 뒤 왕권을 강화하고 신변 호위 및 인재를 양성할 목적으로 공민왕이 왕궁에 설치한 관청이다. 공민왕은 공신과 고위 관직자의 자제 중 젊고 외모가 잘생긴 청년을 선발하여 임금의 시중을 들도록 하였다. 이들은 노국공주의 죽음 이후 변태적으로 성격이 변한 공민왕의 수족이 되어 왕의 뜻에 따라 후궁들을 겁탈하기도 했다.

들이 팽팽하게 맞섰다. 그러자 이인임은 가장 과격하게 반대의 목소리를 내던 정도전을 영접사로 임명하여 원나라 사신을 접대하게 하였다. 분노한 정도전은 사신 영접을 거부하였으나 그에게는 아무런 힘이 없었다. 결국 정도전은 유배에 처해졌고, 동시에 친원 정책에 반대하던 정몽주를 비롯한 신진사대부들이 대거 파직되거나 유배를 떠났다. 겨우 조정에서 미약하게나마 자리를 잡아가던 신진사대부 세력에게 위기가 찾아온 것이다.

유랑과 걸식의 삶 속에서 탄생한 혁명의 불씨

정몽주는 먼저 유배를 떠나는 후배 정도전의 손에 〈맹자[22]〉를 선물했고, 정도전은 언제 끝날지 알 수 없는 유배 생활을 하는 동안 〈맹자〉를 읽으며 혁명을 계획하였다.

3년 뒤, 정도전과 정몽주는 유배에서 풀려났다. 이때 곧바로 조정에 복귀한 정몽주와는 달리 정도전은 개경 출입이 허용되지 않아 조정으로 복귀하기는커녕 영주, 안동, 제천, 원주 등을 유랑하며 지냈다. 정몽주가 복귀한 이유는 바로 외교 문제 때문이었다. 유배에서 풀려난 직후 정몽주는 보빙사(외교 사절단)를 자원했다. 앞서 왜에 사신으로 갔던 관리들의 소식이 두절된 상황에서 정몽주를 보빙

---

22 중국 전국시대의 사상가이자 철학자였던 맹자(孟子)가 저술한 책으로 군주의 덕에 의한 정치, 즉 왕도정치를 주장하는 정치 철학서이다.

사로 보낸 이유는 만약 외교에 실패한 경우 책임을 추궁하기 위해서였다.

하지만 정몽주는 왜에 도착한 후 후한 대접을 받으며 지내다 훌륭한 협상으로 억류되었던 고려인 포로 수백 명을 데리고 귀국하였다. 권문세족들은 정몽주의 능력을 인정할 수밖에 없었다. 그 후 정몽주는 자연스럽게 신진사대부의 수장으로서 다시 활발하게 활동하게 되었다.

위기를 기회로 만든 정몽주가 조정에서 자리를 잡는 동안 정도전은 암흑의 시간을 보내야 했다. 신진사대부 중에서도 유독 급진적이었던 정도전은 '요주의 인물'로 찍혔고, 유배에서 풀려난 뒤에도 관직에 복귀하지 못한 채 가난에 시달리며 살아가야 했다. 가까스로 터전을 마련하여 자리를 잡아도 쫓겨나는 일이 다반사였다.

10년 가까이 계속된 유랑의 삶은 정도전의 사상을 완전히 바꿔 놓았다. 떠도는 삶이 길어지면서 정도전에게 넘쳐나는 것은 시간과 가난뿐이었다. 고려를 뒤집을 역성혁명을 구상하기에 최적의 조건이 갖춰진 셈이다. 시간이 흐를수록 혁명에 대한 구상은 점점 무르익었고 구체적인 계획도 세워졌다. 하지만 이 모든 것은 아직 그의 머릿속에만 머물러 있을 뿐이었다.

절박함 속에서 이루어진
이성계와의 만남과 정계 복귀

아무런 희망을 찾을 수 없었던 1383년(우왕 9년), 정도전은 실낱 같은 기대를 품고 이성계를 찾아갔다. 실력과 명성을 두루 갖춘 이성계는 어느 파벌에도 소속되지 않은 떠오르는 신흥 세력이었다. 다행히도 정도전은 이성계의 마음을 사로잡았고 비로소 자신의 꿈을 펼치기 시작했다. 이때 정도전의 나이는 42세, 이성계는 49세의 장년이었다.

이성계의 마음을 얻은 정도전은 1384년(우왕 10년) 드디어 정계에 복귀하였다. 유배에 처한 뒤 무려 10년 만의 복귀였다. 얼마 뒤 정도전은 명태조 주원장의 탄신을 축하하는 사절단으로 발탁되어 정몽주와 함께 명나라로 향했다. 그런데 한 가지 문제가 있었다. 황제의 탄신일은 60일밖에 남지 않았는데 당시 개경에서 명나라의 수도 금릉(지금의 난징)까지는 90일이 넘게 걸렸다. 어떻게 이런 일이 벌어졌을까.

사실 원래 사신으로 가기로 했던 사람은 '진평중'이라는 관리였다. 하지만 명태조 주원장의 성격이 포악하고 기분에 따라 사신을 죽이거나 억류한다는 이야기를 들은 진평중은 뇌물을 주고 부랴부랴 사신단에서 빠졌다. 그러자 이인임 등은 급히 친명파인 정몽주를 사신으로 임명했다. 명나라와의 외교적인 사안인 만큼 거절할 수 없을 것이라 생각했기 때문이다.

정사로 임명된 정몽주는 정도전을 서장관으로 발탁하였고 두 사람은 임명 당일 명나라를 향해 출발했다. 밤길을 재촉하며 달린 끝에 기한 안에 금릉에 도착한 정몽주와 정도전은 주원장을 설득하여 억류되어 있던 전임 사신들과 함께 고려로 돌아왔다. 가히 놀라운 외교 실력이 아닐 수 없었다. 정도전은 정몽주에게 큰 감명을 받은 동시에 주원장의 괴팍한 성격을 파악했다.

위화도회군과
드러나기 시작한 역성혁명의 야망

1387년(우왕 13년), 10년 넘게 '집정 대신'이란 이름으로 무소불위의 권력을 휘두르던 이인임이 정계에서 은퇴했다. 이인임의 빈자리를 차지한 것은 최영이었다. 권력을 잡은 최영은 즉시 부정부패와 권력 남용을 일삼던 임견미와 염흥방 등을 처형했다. 이들은 이인임의 측근이었기에 곧바로 이인임의 죄목도 속속 드러나기 시작했다. 다급해진 이인임은 아픈 몸을 이끌고 최영의 집을 찾아갔으나 문전박대를 당했다. 결국 이인임은 국정을 어지럽힌 죄로 유배에 처했고, 이인민(이인임의 동생)과 하륜(이인임의 조카사위) 등도 함께 유배에 처했다.

권력을 독점했던 이인임의 세력을 제거한 최영은 이성계를 정치적 동반자로 선택했다. 하지만 최영과 이성계의 연합은 그리 오래가지 않았다. 명나라에서 쌍성총관부가 있던 철령 이북의 땅을 요구한 것이다. 선전포고나 다름없는 일방적인 통보였으나 당시 명나라의 상황도 좋은 것만은 아니었다. 수도를 되찾고 중원을 차지하기는 했지만 북원 세력을 완전히 장악하지 못했고 여진족도 골치였다. 즉, 쌍성총관부를 빼앗기 위해 무리하게 고려와 전쟁을 한다면 이득보다 손실이 클 것이었고 승패를 점치기도 어려웠다. 그럼에도 명나라가 무리한 요구를 한 배경에는 고려가 아군이라는 확신이 필요했기 때문이다. 실제로 고려는 원나라와 명나라 사이에서 줄타기 외교를 하고 있었다. 만약 고려가 명나라를 배신하고 북원 세력과 손을 잡는다면 명나라가 입을 타격은 컸다. 이에 명나라는 가장 민감한 국경 지역을 요구하며 군사적인 협박을 한 것이었다.

만약 우왕과 최영이 정치적인 수완이 뛰어나고 노련한 인물이었다면 전쟁보다는 외교를 통해 문제를 해결하려고 노력했을 것이다. 하지만 고려의 백성과 영토를 지키기 위해 평생을 바쳐온 최영에게 이유 없이 국토를 빼앗긴다는 것은 있을 수 없는 일이었다. 최영은 명나라에 선제공격을 주장하며 요동 정벌을 선언하였고 이성계가 자신을 지지해줄 것이라 기대했다. 하지만 이때 이미 정도전과 함께 역성혁명을 구상 중이던 이성계는 '작은 나라(고려)가 큰 나라(명나라)를 치는 것이 옳지 못하고, 여름에 군사를 일으키는 것이 옳지 못하며, 대군이 요동으로 출병하면 왜구들에게 빈틈을 보이게 되고, 장마철이라 활의 상태에 문제가 생길 수 있고 전염병의 우려가 있다'는 네 가지 이유를 들며 전쟁에 반대했다. 너무나 논리 정연한 이성계의 전쟁불가론은 정도전이 알려준 것이었다.

하지만 이성계의 반대에도 불구하고 최영은 강경했고, 여기에 우왕의 왕명이 더해지면서 10만 대군이 요동으로 향했다. 우군통제사로 임명된 이성계는 좌군통제사 조민수와 함께 대군을 이끌었으나 장마로 발이 묶여 있던 위화도에서 군사를 돌렸다. 5월 22일, 위화도를 출발한 이성계는 6월 3일 개경을 함락했다. 저항하던 최영은 이성계에게 회유된 장수들에게 사로잡혀 처형되었다. 최영을 지지했던 우왕은 폐위되어 강화도로 유배되었다. 이로써 이성계의 반역은 성공한 쿠데타가 되었고, 역성혁명의 설계자 정도전의 야망은 구체적인 실체를 갖게 되었다. 위화도회군은 조선 건국의 서막이었다.

정몽주의 죽음과
이방원과의 대립

정도전은 이성계의 책사로서 위화도회군과 창왕의 폐위, 공양
왕의 옹립을 계획, 거사의 발판을 성공적으로 마련하며 역성혁명에
박차를 가했다. 위화도회군과 우왕의 폐위를 계획한 사람은 정도전
이었지만 모든 비난의 화살은 이성계에게 쏟아졌다. 다행히 이성계
는 이를 견뎠으나 이성계를 가장 괴롭힌 것은 정몽주와의 대립이
었다. 하지만 고려를 역사에서 사라지게 하려는 정도전과 고려를
유지하려는 정몽주는 결국 갈라설 수밖에 없었다.

정몽주가 이방원의 손에 목숨을 잃고 공양왕이 유배를 떠나자
역성혁명에 반대하던 세력들은 급속도로 무너졌다. 1392년 7월 17
일, 마침내 이성계가 왕위에 올랐다.

정도전은 조선 건국을 위한 모든 것을 직접 설계하고 계획했으
나 정몽주의 죽음은 예상 밖의 사건이었다. 왜냐하면 '정몽주 살해'
는 이방원이 단독으로 기획하여 저지른 일이기 때문이었다. 정도전
은 이방원의 대담함에 놀랐고 그를 경계하기 시작했다. 이방원과
정도전의 목표는 새로운 나라 조선의 2인자가 되는 것이었다. 하지
만 이방원과 정도전이 생각한 2인자의 자리는 달랐다. 이방원은 이
성계의 후계자로서 새로운 나라의 차기 임금이 되어 강력한 왕권
을 펼치고 싶었고, 정도전은 임금을 보필하며 이끄는 일인지상 만
인지하 재상이 되어 신하 중심의 정치를 펼치고 싶었다.

건국에 결정적인 공을 세워 인정받고 싶었던 이방원은 정몽주
를 직접 살해했다. 정몽주의 죽음은 조선 건국을 앞당겼으나 이방

원은 이성계의 신뢰를 완전히 잃고 말았다. 민심을 의식한 형식적인 애도였을지는 몰라도 이성계는 진심으로 이방원을 용서하지 않았다. 그렇다면 정도전은 정몽주의 죽음을 어떻게 받아들였을까?

두 얼굴의 사나이, 복수의 화신 정도전

바로 이 지점에 정도전의 숨은 야심이 드러난다. 조선 건국 후 권력을 손에 넣은 정도전은 자신과 대립했던 이들에게 철저하게 보복했다. 그는 역성혁명에 동참하지 않은 고려의 신하 56명에 대해 극형으로 다스려야 한다는 글을 올렸다. 정도전이 반드시 제거하고자 했던 인물은 이색과 우현보였다. 이색은 정도전의 스승이자 일흔을 바라보는 노인이었고, 우현보는 정몽주가 선죽교에서 피살되었을 때 죽음을 무릅쓰고 그 시신을 수습한 인물이기도 했다. 이성계는 '극형'이라는 말에 놀라 형벌을 가해서는 안 된다고 당부했으나 정도전의 생각은 달랐다.

이색과 우현보는 작첩[23]을 빼앗기고 섬으로 귀양 보내졌고 나머지 인물들은 등급에 따라 곤장이 추가되었다. 이때 정도전은 사고를 가장하여 이색을 익사시키려 했다. 그런데 떠나기 직전, 이성계의 배려로 이색의 유배지가 장흥으로 바뀌는 바람에 정도전의 계획은 실천에 옮겨지지 못했다. 하지만 유배지에 도착한 후 정도전

---

23 작위를 봉하는 사령장으로 관리 임명장을 뜻한다.

62

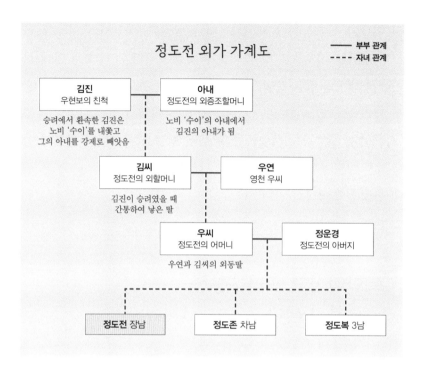

정도전 외가 가계도

— 부부 관계
---- 자녀 관계

김진
우현보의 친척

승려에서 환속한 김진은
노비 '수이'를 내쫓고
그의 아내를 강제로 빼앗음

아내
정도전의 외증조할머니

노비 '수이'의 아내에서
김진의 아내가 됨

김씨
정도전의 외할머니

김진이 승려였을 때
간통하여 낳은 딸

우연
영천 우씨

우씨
정도전의 어머니

우연과 김씨의 외동딸

정운경
정도전의 아버지

정도전 장남

정도존 차남

정도복 3남

과 동문수학한 이숭인, 이색의 아들 이종학, 우현보의 세 아들을 비
롯한 8명은 곤장을 맞다가 숨이 끊어졌다. 이 소식을 들은 이성계
는 곤장 1백 대 이하를 맞은 사람들이 모두 죽었으니 무슨 까닭이
냐며 화를 냈는데, 실록에서는 이를 정도전의 개인적인 보복이라
기록하고 있다. 하루아침에 세 아들을 잃은 우현보는 정도전과 어
떤 원한이 있었던 것일까?

우현보는 고려 최고의 성리학자로 칭송받은 우탁의 후손으로,
이색과 더불어 학문으로 이름이 높았다. 게다가 다섯 아들이 모두
과거에 급제하여 명성을 떨쳤다. 우현보의 친척 중에는 '김진'이라
는 승려가 있었는데, 그는 출가자의 신분으로 자신의 노비인 '수이'

의 아내와 간통하여 몰래 딸을 하나 낳았다. 훗날 환속한 김진은 노비 수이를 내쫓고 그의 아내를 빼앗았다. 김진과 수이의 아내 사이에서 태어난 딸은 선비 '우연'에게 시집을 갔고 김진의 재산을 모두 물려받았다. '우연'은 아내 김씨와의 사이에서 딸을 낳았는데 그녀가 바로 정도전의 어머니였다. 이런 상황을 알았던 우현보의 아들들은 정도전이 관리가 되자 은근히 그를 멸시했고 정도전은 이에 앙심을 품었다고 전해진다.

독단적이고 표리부동한 권력자가 되다

건국 한 달 뒤인 1392년 8월 20일, 개국공신 명단이 발표되었고 같은 날 세자가 정해졌다. 정도전은 개국공신 1등에 이름을 올렸고, 세자는 신덕왕후 강씨 소생의 막내아들 이방석으로 정해졌다. 적장자 계승을 원칙으로 하는 성리학의 이념에 따르자면 이성계의 장남 이방우가, 공을 따지자면 이방원이 세자가 되는 것이 당연했다. 하지만 성리학을 통치 이념으로 내세운 정도전은 이 모든 것을 무시한 채 이성계와 신덕왕후 강씨의 뜻을 지지했고 이방석이 세자가 되는 것에 동의했다. 그리고 정도전은 세자의 스승으로 임명되었다.

정도전은 신념이 투철하고 과격한 성품의 소유자였다. 타협을 모르는 정도전의 정의감은 혁명의 성공으로 이어졌다. 하지만 혁명가 정도전의 순수했던 열망은 혁명이 성공하자마자 사라졌다. 조선 건국 후 그는 권력을 이용해 반대파를 집요하게 숙청했고, 인재가 절실함에도 역성혁명에 반대하며 은거한 사람들을 품지 않았다. 정도전은 이성계에게 신하들의 말에 귀를 기울이고 백성을 위한 정치를 펼쳐야 한다고 간언했지만 정작 자신은 그 누구의 말도 듣지 않았고, 그와 의견이 다른 사람은 혁명 동지조차도 용서하지 않았다. 무엇보다 정도전은 자신이 사대의 예로 섬겨야 한다고 주장한 명나라 황제 주원장의 부름을 번번이 거부하며 외교 문제를 일으켰다.

표전문 사건과
요동 정벌

명나라를 건국한 주원장은 외국 사절을 함부로 대하는 것으로도 유명했다. 명나라에 대한 사대 외교를 내세워 전쟁의 위험을 원천 차단하고자 했던 조선은 주원장의 눈치를 볼 수밖에 없었다. 그러던 중 외교문서를 트집 잡아 조선 사신을 억류한 주원장이 정도전의 압송을 요구했다. 이른바 표전문 사건의 시작이었다.

1396년(태조 5년), 압송 대상으로 지목된 정도전은 각기병을 핑계로 황제의 압송 요구를 거부했다. 명나라를 거스를 수 없었던 이성계는 정도전 대신 다른 사신들을 보냈다. 조선으로 돌아오지 못한 사람도 있었으나 정도전은 그들의 희생을 무시했다. 이 사건으로 명나라와 조선의 외교 관계는 급속도로 악화되었고 책임을 회피한 정도전의 행동은 비난의 대상이 되었다. 오직 이성계만이 정도전을 향한 비난에 튼튼한 방패가 되어줄 뿐이었다.

정도전이 이성계의 보호에 의지하여 정치 생명을 이어가고 있을 무렵, 신덕왕후 강씨가 세상을 떠났다. 사랑하는 아내를 잃은 이성계는 정치에 흥미를 잃었고, 혁명의 이름으로 많은 이들을 숙청했던 지난날을 속죄하며 신덕왕후 강씨의 무덤을 짓는 것과 그녀의 극락왕생을 발원하는 불사에 몰두하였다.

정치적 후원자였던 신덕왕후 강씨의 죽음으로 더욱 궁지에 몰린 정도전은 갑자기 요동 정벌을 주장하며 사병혁파를 실시했다. 사병혁파란 종친들과 귀족들이 소유하고 있던 사병을 국가 중앙군에 소속시킨다는 뜻이었다. 표전문 사건으로 잠시 주춤했던 정도전이 명나라와의 전쟁을 주장하며 사병을 '내놓으라고' 요구하자 엄청난 반발이 일어났다. 명나라에서 압송을 요구했을 때는 '몸이 아프다'던 정도전이 갑옷을 입고 나와 군사훈련에 박차를 가하자 반발은 더욱 뜨거워졌다. 게다가 불과 10년 전, 이성계와 정도전은 전쟁불가론을 주장하며 요동 정벌을 반대하지 않았던가. 정도전이 사병혁파를 강행하자 지난날 정도전을 닮은 젊은 관리들은 전쟁에 반대하였고, 졸지에 사병을 빼앗기게 생긴 종친과 대신들은 이방원을 찾았다.

이방원과 하륜의
은밀한 움직임

정도전이 주장한 사병혁파는 종친과 대신들에게 엄청난 압박이었고, 요동 정벌은 일반 관리들에게 큰 반발을 샀다. 하지만 정도전은 굴하지 않고 요동 정벌을 내세워 사병혁파를 밀어붙였다. 당시 이성계는 신덕왕후 강씨를 잃은 슬픔 등이 겹쳐 병으로 자리보전을 하고 있어 조정은 정도전이 완전히 장악하고 있었다. 심지어 정도전은 세자 이방석을 제외한 왕자들이 이성계와 아예 만날 수 없도록 차단하기까지 했다.

그 무렵 이방원은 정도전의 노골적인 견제로 인해 개국공신에 이름을 올리지 못하고 관직도 받지 못한 채 사실상 백수로 지내고 있었다. 하지만 정도전의 견제를 받은 사람들과 정도전의 독주를 못마땅하게 생각하는 사람들, 그리고 정도전에게 원한이 있는 사람들이 자연스럽게 이방원에게로 모여들었다. '정치적 식견과 능력을 갖춘 백수', 이것은 유배지를 전전하던 정도전의 과거였고, 이방원의 현재였다. 이방원은 정도전에 대한 원한을 깊이 감춘 채 인내의 시간을 보내고 있었다.

이런 이방원 앞에 하륜이 등장했다. 하륜 또한 정도전의 견제로 출세가 순탄치 못한 상황이었다. 사실 정도전은 이 두 사람의 만남을 무척 경계해왔다. 그래서 하륜을 주로 외직으로 내보냈는데 이때도 역시나 하륜은 충청도 관찰사로 부임하기 직전이었다.

충청도로 내려가기 전날 밤, 하륜은 자신의 송별연에 참석한 이방원과 은밀하게 만나 정도전을 제거할 구체적인 계획을 논의했다. 이내 정도선과 하륜 두 사람의 머릿속에는 '이성계 이후의 조선'에 대한 구상이 있었다. 정도전의 생각은 세자 이방석이 왕위에 오르면 재상 중심의 신권정치를 펼치겠다는 것이었고, 하륜의 야망은 이방원을 임금으로 모시며 태평성세를 만드는 경세가가 되겠다는 것이었다.

정도전의 죽음과
제1차 왕자의 난

1398년(태조 7년) 늦은 밤, 이방원은 비밀스럽게 동원한 군사를 움직여 정도전을 공격했다. 하륜의 소개를 받은 안산군수 이숙번이 병사를 이끌고 한양에 당도하였고, 이성계의 이복동생 이화, 이성계의 의형제 이지란을 비롯하여 신의왕후 한씨 소생의 왕자들과 이방원의 처남들도 이방원의 편에 섰다. 이는 이성계와 세자(이방석)를 제외한 종친 대다수가 정도전에게 등을 돌렸음을 보여준다. 지나친 독선으로 인심을 잃은 정도전의 세력은 소수에 불과했다. 심효생, 남은 등과 무방비 상태로 술을 마시고 있었던 정도전은 순식간에 들이닥친 군사들에게 사로잡혔고 이방원의 손에 목숨을 잃었다. 이때 정도전의 나이는 57세였고, 하륜의 나이는 52세, 이방원의 나이는 32세였다. 정도전의 최측근이던 심효생(세자의 장인)과 남은도 그날 제거되었다.

정도전을 제거한 이방원은 궁으로 달려가 신덕왕후 강씨의 두 아들, 이방번과 세자 이방석의 목을 벴다. 정도전과 세자의 죽음을 확인한 이성계는 왕위를 차남 이방과에게 양위하였다. 이 사건을 '제1차 왕자의 난', '정도전의 난' 혹은 '무인난'이라고 한다.

실패한 정치가 정도전에 대한
실록의 기록

"예전에 공이 나를 살린 적이 있으니, 이번에도 살려주소서."

정안군이 대답했다.

"네가 조선의 봉화백이 되었음에도 만족하지 못한단 말이냐? 어떻게 이다지도 악한 짓을 한단 말이냐?"

이어 그의 목을 치게 했다.

— 〈태조실록〉 1398년(태조 7년)

그는 도량이 좁고 시기가 많았으며, 또한 겁이 많아서 반드시 자기보다 나은 사람들을 해쳐서 그 묵은 감정을 보복하고자 하여, 매양 임금에게 사람을 죽여 위엄을 세우기를 권고하였으나, 임금은 모두 듣지 않았다.

— 〈태조실록〉 정도전 졸기 중

정도전에 대한 실록의 평가는 박하기 그지없다. 실록은 승자의 기록이다. 〈태조실록〉은 이방원이 임금으로 즉위한 뒤 만들어졌고, 정도전을 비열하고 졸렬한 인물로 평한 이 기록에는 이방원의 시선이 반영되었을지도 모른다. 하지만 만약 정도전이 승리했다면 이방원이 과연 실록에 어떤 왕자로 기록되었을지 알 수 없다.

고려 청춘 지식인들의 핫이슈,
'성리학'이란 무엇인가?

고려 말 유생들과 학자들, 그리고 과거시험을 통해 정계에 진출한 젊은 관료들을 매료시킨 것은 원나라도 명나라도 아니었고, 황제도 임금도 아니었으며, 정치도 권력도 아니었다. 그들을 사로잡은 것은 뜻밖에도 새로운 학문 '성리학'이었다. 성리학은 고려의 개혁과 역성혁명, 조선의 건국을 함께하였고 조선의 새로운 통치 이념으로 '채택'되어 조선왕조 500년을 지배하게 된다. 그렇다면 도대체 이 성리학이란 무엇인가?

주자는 성리학을 만든 사람이다?

성리학이라는 단어의 의미는 '성명·의리지학(性命義理之學)'에서 '성명'의 '성'과 '의리'의 '리'를 합쳐 만든 줄임말이다. '도덕'이라는 커다란 개념이었던 유학이 점차 발전하면서 송나라 때에는 공자와 맹자의 유교 사상을 '성리(性理)·의리(義理)·이기(理氣)' 등의 체계를 가진 학문으로 해석하였는데 이를 줄여서 '성리학'이라 불렀다.

여러 학자들에 의해 계속해서 계승, 발전되어오던 성리학을 집대성한 사람은 '주희'라는 학자였다. 성리학의 또 다른 이름은 '주자학'이라고도 하는데, 이는 71세로 세상을 떠날 때까지 학문에 전념하며 많은 저서를 남긴 주희의 업적을 기리고 그의 사상을 계승한 학문을 의미한다. 주희가 집대성한 성리학은 그가 세상을 떠난 지 약 90년 뒤 고려의 한 학자에게 전해지면서 극동아시아의 청춘 지식인들을 열광시키게 된다. 주희는 자신의 학문이 고국이 아닌 타국에서 이토록 격렬한 환영을 받게 되라고는 꿈에도 생각하지 못했을 것이다.

고려 최초의 주자학자, 안향과 백이정

1298년 고려를 속국으로 삼은 원나라는 몽골 황녀 제국대장공주와 제25대 충렬왕 사이에서 태어난 아들을 고려의 왕으로 삼았다. 그가 바로 제26대 충선왕으로 원나라 황실의 피가 섞인 최초의 왕이다. 하지만 충선왕은 즉위 7개월 만에 폐위되어 원나라로 다시 불려갔다. '세자'의 신분으로 강등된 충선왕은 1308년 충렬왕(충선왕의 아버지)이 세상을 떠날 때까지 원나라의 수도 연경(지금의 북경)에 머물렀다. 이때 '안향'은 세자(충선왕)를 만나기 위해 개경과 연경을 오고 가면서 주자의 학문을 접하게 되었다. 주자의 학문에 매료된 안향은 주자의 저서를 직접 베껴 써서 고려에 들여왔고 제자를 길러내는 등 성리학 보급을 위해 노력하였다. 그래서 안향은 고려 최초의 '주자학자'로도 평가된다.

1306년 안향이 세상을 떠난 뒤 그의 학문을 계승하여 성리학과 주자의 사상을 고려에 널리 알린 인물은 '백이성'이다. 세자(충선왕)를 보좌하며 연경에서 10년 동안 머문 백이정은 성리학을 본격적으로 연구하며 그 체계를 파악하였고, 무엇보다 그의 학문을 계승할 훌륭한 제자를 키워냈다. 백이정이 평생 연구한 성리학과 주자의 사상은 이제현에게 계승되어 발전하였고, 이제현의 학문은 '이색'에게 전해졌다. 이색은 정몽주, 정도전, 이숭인, 권근 등의 기라성 같은 제자들을 키워냈고, '신진사대부' 세력의 수장이 되었다.

성리학과 주자의 사상이 고려 지식인들을 열광시킨 이유는?

고려의 지식인들이 주자의 사상과 학문에 열광한 이유는 역사·문화적 공감대가 있었기 때문이다. 송나라는 거란(요나라)과 여진(금나라) 등의 북방 유목 민족에게 압박을 당했고 결국 금나라에게 수도를 함락당했다. 그 후 항주의 임안으로 수도를 옮기고 새롭게 나라를 재건하였는데 이를 '남송'이라고 한다. 오랑캐라 천시했던 금나라와 화친하여 간신히 명맥을 유지하게 된 것이다. 성리학을 집대성한 주희는 오랑캐에게 주권을 빼앗긴 나라에서 살아가야 했던 남송의 지식인이었다. 원나라의 속국으로 전락한 나라에서 살아가야 했던 고려의 지식인들은 주희의 사상을 접하자 크게 감명을 받을 수밖에 없었다. 그리하여 주자학은 고려 신진사대부 탄생의 양수가 된 것이다.

2장

왕위의 주인을 결정하는 것은 하늘인가, 아니면 권력인가?
조선의 임금이 되기 위해 칼을 뽑았던 '이방원'의 서늘한 카리스마와
그를 보좌하며 2인자의 자리에 오른 '하륜'의 빛나는 처세술을 만난다.

왕권과 신권

창업 편

이방원

**"버림받은 왕자에서
조선의 창업 군주가 되다"**

이름 **이방원**

국적 **고려, 조선**(고려에서 태어나 조선의 세 번째 왕이 되었다)

직업 **성균관 유생, 초보 관리, 이성계의 아들**(왕자)

정치 노선 **역성혁명파**

결정적 실수 **1392년 이성계의 반대를 무릅쓰고 정몽주를 백주대낮에 때려죽였다.**

애증의 대상 **이성계의 두 번째 부인 강씨**(신덕왕후)

강씨에게 하고 싶은 말 **"어머니, 나에게 왜 그러셨습니까?"**

"형님……."

군사들에게 끌려 나온 방석의 목소리가 가늘게 떨렸다. 극도의 두려움 속에서도 끝까지 세자의 위엄을 지키려고 안간힘을 쓰던 방석은 피로 얼룩진 칼을 빼어 든 방원과 마주치는 순간 다리가 풀렸다. 어미 강비[1]를 닮은 곱상한 얼굴이 하얗게 질려 있었다. 문득 개경에서 강비를 처음 만난 날이 떠올랐다. '개경 어머니' 강비는 마치 다른 세상 사람처럼 아름다웠다. 아버지는 강비를 보자마자 활짝 웃었다. 근엄한 줄만 알았던 아버지에게 그런 얼굴도 있다는 것을 방원은 그때 처음 알았다.

"네가 내 아들이 아닌 것이 이 어미는 천추의 한이다."

과거시험을 준비하며 열심히 글공부하는 자신을 흐뭇한 표정으로 응원해주던 강비의 목소리가 들리는 것 같았다. 그때 방원은 그녀에게 자신의 마음을 들킨 것 같아 뜨끔했다. 고향에 계신 어머니에게 죄송스러웠으나 방원도 종종 강비가 진짜 어머니라면 얼마나 좋을까 상상하곤 했기 때문이다. 그때 강비는 방석을 임신 중이었다. 조카보다도 어린 방석이 훗날 세자가 될 줄은 꿈에도 몰랐다. 그 방석을 자신의 손으로 제거하게 되는 날이 오리라고는 더더욱 상상조차 해본 적이 없었다. 순진하게도 그때는 그랬다.

"내 뜻을 이루어줄 사람은 반드시 방원이 너일 것이다."

과거시험에 합격하던 날, 아버지가 눈물을 글썽이며 대궐을 향에 절을 올리던 모습도 생각났다. 오르지 못할 나무라면 꿈도 꾸지 못하게 할 것이지 온갖 달콤한 말을 속삭여놓고, 온갖 더럽고 추악한 뒤치다꺼리는 다 맡겨놓고 정작 세자를 책봉할 때는 야멸차게 등을 돌려버

---

1   이성계의 두 번째 부인인 신덕왕후 강씨.

린 아버지와 강비를 생각하자 새삼 가슴에서 불이 솟는 것 같았다. 방원의 눈에 살기가 돌자 방석은 한기를 느꼈다. 온몸에 소름이 돋았다.

"형님, 제발……."

두려움에 질린 방석이 애원하듯 방원을 바라보았다.

"베어라!"

방원은 아무 감정도 실리지 않은 건조한 말투로 한 치의 망설임도 없이 명령을 내렸다. 방석의 목이 떨어지면서 방원의 얼굴까지 피가 튀었다. 눈을 뜬 채 최후를 맞은 방석의 얼굴에는 공포가 가득했다. 머리가 잘린 방석의 목에서 흘러나온 뜨거운 피가 방원의 발을 적셨다. 물끄러미 그 모습을 바라보던 방원은 만감이 교차하는 얼굴로 잠시 눈을 감았다.

이방원은 왕권 중심의 중앙집권체제를 구축하여 조선왕조 500년의 기틀을 세운 제3대 태종의 이름이다. 이성계가 조선의 건국 시조라면 이방원은 제2의 창업 군주로 불린다. 하지만 그가 왕위에 오르기까지의 과정은 고난과 역경의 연속이었다. 이성계와 이방원은 부자 관계이자 정치적 경쟁자로서 서로를 사랑하고 증오하며 드라마 같은 역사를 만들어냈다.

아들 이방원은 아버지 이성계의 꿈을 이뤄준 자식이었다. 17세의 나이로 과거시험에 합격한 이방원은 변방의 무사였던 이성계의 콤플렉스와 한을 단박에 풀어주었다. 이성계의 여덟 아들 중 과거에 합격한 이는 이방원이 유일했다. 이성계는 궁궐을 향해 절을 하며 눈물을 흘릴 만큼 감격하였고 이방원의 합격을 자랑스러워했다. 게다가 이방원은 여흥 민 씨 가문의 실세이자 성균관 사성인 '민제'의 딸과 혼인하여 이성계의 어깨를 으쓱하게 해주었다.

이성계의 자랑이었던 이방원은 조선 건국을 앞둔 마지막 순간, 이성계와 멀어졌다. 고려의 충신이자 이성계의 오랜 동지였던 정몽주를 제거했기 때문이다. 이방원은 백주대낮에 많은 사람들이 오가는 다리 위에서 조선 건국의 가장 큰 걸림돌이었던 정몽주를 때려 죽였다. 덕분에 조선의 건국은 수월해졌으나 이성계는 민심을 잃었고, 이방원은 이성계의 사랑을 잃었다. 그 결과 조선 건국 뒤 이방원은 천덕꾸러기로 전락하여 세자는커녕 개국공신 명단에 이름을 올리지도 못했다. 하지만 그로부터 7년 뒤인 1398년, 이방원은 와신상담 끝에 정도전을 제거하고 권력을 잡았고 1400년, 마침내 조선의 제3대 임금으로 즉위하였다. 정치의 귀재라 불린 이방원은 과연 어떠한 과정을 통해 왕위에 오를 수 있었을까?

아버지의 꿈을 이뤄준
기특한 아들

1367년(공민왕 16년) 이성계의 다섯째 아들로 태어난 이방원은 10대 초반 무렵 세 살 위의 형 이방간과 함께 고향 함흥을 떠나 수도 개경으로 올라왔다. 개경에는 이성계와 그의 둘째 부인 경처 강씨가 있었다. 이방원과 이방간 형제가 상경한 이유는 과거 공부를 하기 위해서였다.

다른 형제를 제치고 아버지의 '선택'을 받아 개경으로 올라오게 된 이방원은 자신에게 주어진 시간과 기회를 소중하게 생각했다. 그는 아버지에게 특별한 아들이 되고 싶었다. 천성 때문인지 의지 때문인지 이방원과 이방간의 능력에는 확연한 차이가 있었다. 학문에 있어 이방간이 어중간한 정도였다면, 이방원은 노력도 했고 능력도 따라주었다. 실록에 따르면 이성계의 경처 강씨는 어린 이방원을 보며 그가 자신의 아들이 아님을 아쉬워했다고 한다. 이성계 역시 그에게 "내 뜻을 성취할 사람은 반드시 너일 것이다"라며 격려했다. 아버지의 기대를 받은 이방원은 더욱 학문에 정진하였고, 1382년(우왕 8년) 진사시에 2등으로 합격하여 성균관에 입학했다. 그리고 이듬해 병과[2] 7등, 즉 전체 10등이라는 우수한 성적으로 문과에 급제하였다.

고려에 귀화한 뒤 목숨을 걸고 전장을 누비며 오로지 실력과 노

---

2 고려시대 문과에 급제한 사람의 등급. 을과 3인, 병과 7인, 동진사 23인으로 을과 1등은 장원급제, 병과 1등은 전체 4등이다.

력으로 중앙 정계의 좁은 틈을 비집고 들어선 이성계는 이방원의 합격 소식을 듣고 감격하여 눈물을 흘리며 대궐을 향해 절을 올렸다. 마침내 그의 집안에서도 문신 관료가 배출된 것이었다. 갑옷이 아닌 관복을 입은 자식이 생겼다는 생각에 이성계는 새삼 감개무량했다.

일단 과거에 급제하고 나자 이방원의 앞에는 또 다른 길이 열렸다. 이방원을 눈여겨보던 성균관 사성 민제가 그를 자신의 사위로 삼은 것이다. 권문세족의 후손인 민제는 신진사대부의 사상인 주자학을 받아들인 학자로 명망이 높았다. 성균관 시절 민제의 제자였던 이방원은 혼인 뒤에도 장인 민제를 스스럼없이 '사부'라고 불렀다. 이때 이방원의 나이는 17세, 이방원의 부인인 민제의 딸은 그보다 두 살이 많은 19세였다.

고려의 관리가 아닌
조선의 왕자가 되고 싶었던 야심가

관직에 진출한 이방원은 다양한 인맥을 쌓았다. 인맥의 바탕에는 성균관 출신의 과거시험 동기들이 있었다. 과거시험에 함께 합격한 동기생들은 장원급제자를 회장으로 한 동년 모임을 만들어 결속을 다졌는데, 이들은 과거시험의 감독관을 '좌주'라 칭하고 스스로를 '문생'이라 부르며 끈끈한 유대감을 형성했다. 스승과 제자 같은, 이를테면 직장 생활의 멘토와 멘티 같은 좌주와 문생의 관계는 당시 성균관 출신 학자들 사이에서 유행을 넘어 전통이 되어가는 관습이었다.

이방원은 동기들과의 모임에 부지런히 나가는 한편 이성계가 부르는 자리에도 빠짐없이 참석하며 당대의 유력 인사들과 교류하였다. 그들 중 하륜이 있었다. 풍수지리와 관상에 능한 하륜은 이방원의 얼굴을 보고 그가 장차 큰 인물이 될 것이라 생각했고 훗날 이방원과 각별한 인연을 맺게 된다.

이방원은 기울어가는 고려의 관리가 아닌 역성혁명으로 눈을 돌렸다. 아버지 이성계가 새로운 왕조를 열고 새로운 나라를 세워 왕위에 오른다면 이방원은 왕자가 될 수 있었다. 이성계의 뒤를 이어 왕위에 오를 가능성도 적지 않았다. 이방원의 아내 민씨는 남편의 야망을 이해하는 단 한 명의 동지였다. 그녀는 관직 생활을 하면서도 마음은 늘 다른 곳에 있는 남편을 열심히 내조했다.

이방원이 민씨와 혼인하던 해, 이성계는 고향 함흥에서 자신을 찾아온 정도전과 만났다. 정도전은 순식간에 이성계의 측근으로 자리매김했다. 그럴수록 이방원은 더 열심히 아버지의 눈에 들고자 노력했다.

위화도회군을 성공시킨 숨은 주역

1388년(우왕 14년) 요동 정벌 당시 이성계의 장남 이방우와 차남 이방과는 최영에 의해 인질로 잡혀 있는 상황이었다. 이성계가 위화도에서 군사를 돌렸다는 소식을 들은 이방원은 친어머니 한씨와 계모 강씨를 모시고 고향으로 향했다. 우왕과 최영이 인질로 삼을 수 없도록 미리 손을 쓴 것이다. 덕분에 이성계는 가족의 안위를 걱정하지 않을 수 있었다. 최영을 사로잡은 이성계는 그를 개경으로 압송하여 처형하고 우왕을 폐위시켰다. 조정을 장악한 이성계는 9세에 불과한 우왕의 아들 '창'을 왕으로 옹립했다.

창왕을 보좌하여 고려를 지키고자 했던 이색은 창왕의 책봉 승인을 위해 명나라로 사신을 보냈다. 명나라의 승인을 받으면 이성계와 정도전이 쉽게 창왕을 제거할 수 없을 것이라 생각했기 때문이다. 이때 이성계의 장남 이방우가 사신단에 합류했다. 이방우는 역성혁명을 반역이라 생각하여 반대하고 있었다. 이방우은 절실한 마음으로 명태조 주원장을 찾아갔으나 주원장은 누가 고려의 임금이 되든 간섭하지 않겠다며 사신단을 만나주지조차 않았다. 황제의 책봉 승인을 받아오지 못한 이방우는 이성계가 창왕을 폐위하자 벼슬을 버리고 고향 함흥으로 내려갔다.

위화도회군 이후 이성계의 정치적 입지는 점점 높아졌으나 가족들에게는 불행이 잇따랐다. 이방원과 민씨 사이에서 태어난 아들들은 돌을 넘기지 못하고 요절하였고, 1391년(공양왕 3년) 이성계의 향처 한씨와 그녀의 막내아들 이방연이 세상을 떠났다. 이방원은 사직상소를 올리고 고향으로 돌아가 어머니의 초상을 치렀다. 먼저 고향에 내려가 있던 이방우는 아버지 이성계의 반역을 한탄하면서 독한 술을 마시며 세월을 보내고 있었다.

이성계의 위기와
강씨의 배신

1392년 3월, 이성계는 명나라에서 돌아오는 세자를 마중하기 위해 해주로 향했다. 개경을 벗어난 이성계는 사냥하던 중 낙마하여 중상을 입었고 몸조리를 위해 벽란도로 갔다. 이성계의 사고 소식을 들은 정몽주는 공양왕에게 상소를 올려 이성계의 수족을 잘라냈다. 1392년 4월 1일, 정몽주의 사주로 탄핵을 받은 정도전, 조준, 남은 등 역성혁명의 핵심 인물들이 유배를 떠났다. 상황의 긴박함을 알아챈 경처 강씨는 사위 '이제'를 보내 이방원에게 소식을 알렸다. 어머니의 무덤 옆에서 여막을 짓고 곡을 하던 이방원은 이야기를 듣자마자 벽란도로 달려갔고, 1392년 4월 2일 늦은 밤 이성계와 함께 개경으로 돌아왔다.

일련의 사건을 겪은 이방원과 경처 강씨는 혁명은 물론 이성계에게도 큰 위협이 되는 정몽주를 제거해야 한다는 데 의견이 일치했다. 이방원은 허락을 구하고자 했으나 이성계는 화를 내며 허락하지 않았다. 이성계의 반대에도 이방원은 가족들과 형제들에게 정몽주 제거 계획을 밝혔다. 경처 강씨와 그녀의 사위 '이제'는 찬성했으나 이방원의 형들과 이성계의 의형제 이지란은 반대했다. 일단 강씨의 허락을 얻은 이방원은 일을 추진하기로 결심했다. 만약 이성계가 이성을 잃고 화를 낸다 하여도 강씨가 설득할 수 있을 것이라 생각했기 때문이다.

1392년 4월 4일, 정몽주는 태연하게 홀로 말을 타고 이성계의 병문안을 왔다. 정몽주는 이성계와 웃으며 담소를 나눈 뒤 돌아갔다. 심복들과 함께 무기를 들고 따라간 이방원은 선죽교에서 정몽주를 때려죽였다. 집으로 돌아간 이방원은 이성계가 몸조리 중인 방으로 들어가 정몽주를 제거했다고 밝혔다. 이성계는 극도로 분노했다. 이방원은 강씨에게 도움을 청했으나 이성계의 살기등등한 눈빛을 본 강씨는 감히 아무 말도 하지 못했다. 견디다 못한 이방원이 소리쳤다.

"어머니께서는 왜 변명해주지 않으십니까!"

이방원의 말을 들은 강씨는 그때야 정신을 차렸다. 그녀는 즉시 노여운 기색을 드러내며 이성계에게 항변했다.

"공께서는 항상 대장군으로 자부하시더니 왜 이렇게 놀라고 두려워하십니까?"

강씨의 이 한마디에 이성계는 입을 다물었다. 하지만 이성계의 분노가 사라진 것은 아니었다. 사랑하는 아내 강씨에게 화를 낼 수 없었던 이성계는 이방원에게 모든 분노와 원망을 쏟았다. 이성계를 왕으로 만들기 위해 함께 노력하며 '정몽주 제거'를 함께 계획했던 강씨는 아무런 변명도 해주지 않았다. 강씨의 외면은 이방원에게 큰 상처였다. 그는 배신감에 치를 떨었고, 견고했던 이방원과 강씨의 연합은 이 사건으로 깨지게 된다.

소외당한 왕자,
이방원

1392년 7월 17일, 마침내 이성계가 왕으로 즉위했다. 불과 며칠

전까지 공양왕이 앉아 있던 수강궁에 입성했던 이성계는 감히 어좌에 앉지 못하고 서서 조회를 받았다. 그러기를 한 달, 드디어 어좌에 앉은 이성계는 8월 20일, 개국공신 명단을 발표했다. 이방원을 비롯한 향처 한씨가 낳은 아들들의 이름은 빠져 있었다. 이방원은 분노했다.

같은 날 이성계는 개국공신 정도전, 조준, 배극렴 등과 세자 책봉을 논의했다. 배극렴이 '적장자를 세우는 것이 고금의 통의'라고 말하자 이성계는 불쾌한 표정을 지었다. 역성혁명에 반대한 이성계의 장남 이방우는 여전히 고향에서 은거 중이었다. 이성계는 조준의 의견을 물었다. 조준은 "평상시에는 적장자가 우선이고 비상시에는 공이 있는 사람이 먼저이니 세 번을 생각하라"고 답했다. 이성계의 아들들 중 가장 큰 공이 있는 인물은 이방원이었지만 그는 개국공신 명단에서조차 빠져 있었다. 이때 대전을 엿보던 왕비 강씨의 통곡 소리가 들렸다. 그러자 이성계는 서둘러 조준에게 종이와 붓을 주며 이방번(무안대군, 이성계와 강씨의 장남)의 이름을 쓰라고 종용했다.

이성계의 마음을 눈치챈 공신들은 난감했다. 침묵이 흘렀다. 잠시 후 공신들은 굳이 강씨의 아들들 중 세자를 세워야 한다면 막내 이방석이 낫다고 입을 맞췄다. 장남도 아니고 공을 세워 능력을 입증한 적도 없는 11세의 이방석은 어머니 강씨의 입김 덕분에 세자로 책봉되었다. 이처럼 조선 최초의 세자는 명분이나 공론이 아닌 이성계의 '마음'대로 결정되었다. 군주답지 못한, 지극히 개인적인 감정이 반영된 결정이었다.

공신 명단에서 제명된 것에 이어 이방석이 세자로 책봉되었다는 소식을 들은 이방원은 분노를 넘어 좌절했고, 향처 한씨의 아들들은 분통을 터트렸다. 세자 책봉의 배후가 강씨라는 것을 안 이방원은 그녀를 향해 증오심을 품었다.

10월 26일, 이성계는 자신이 통솔하던 사병을 의흥친군위로 편성하고 영안군 이방과(이성계와 향처 한씨의 차남), 무안군 이방번(이성계와 경처 강씨의 장남), 흥안군 이제(이성계와 경처 강씨의 사위)를 절제사로, 정도전을 총책임자로 임명했다. 이방원의 이름은 또 빠져 있었다. 이방원에게 주어진 것은 왕자의 신분뿐이었다.

강씨는 강력한 권력을 손에 넣은 정도전과 손을 잡았고 그를 세자의 스승으로 임명했다. 이성계는 이방원을 냉대했고, 강씨는 이방원이 아닌 정도전과 손을 잡고 자신의 아들을 세자로 만들었다. 건국의 공을 세우며 이성계와 강씨의 사랑을 받고자 했던 이방원은 권력에서 완벽하게 밀려났다.

백수 왕자의
소박한 행복

이성계는 강씨가 왕비가 된 뒤 그녀를 더욱 각별히 아꼈다. 하지만 이성계의 총애를 받으면서도 강씨는 전전긍긍했다. 이방원이 언제 반격할지 모른다는 불안이 마음의 병을 키운 것이다. 하지만 정작 이방원은 담담했다. 강씨만 챙기는 이성계의 처사에 형제들이 울분을 토하고 아내와 처남들이 분노를 감추지 못할 때에도 그는 그저 가만히 있었다. 이방원은 정말로 권력을 포기한 것처럼 보였다.

조선이 건국되자 이방원은 완전히 소외되었고, 백수가 된 그에게 주어진 것은 넘쳐나는 시간뿐이었다. 이방원에게 이 시간은 장차 그가 정치가로, 군왕으로 성장하기 위해 꼭 필요한 시련이었다.

한 조각의 권력도 가질 수 없었던 이 시련의 시간을 이방원은 행복의 시간으로 바꿨다. 그는 조용히 지내면서 처음으로 '좋은 남편, 착한 사위, 성실한 아버지'의 역할에 충실히 집중하며 토끼 같은 자식들을 부지런히 만들었다. 경안공주(3녀), 양녕대군(장남), 효령대군(차남), 충녕대군(3남, 제4대 세종)이 태어난 것도 이때였다. 훗날 임금이 된 이방원은 이 시기를 회상하며 이렇게 말했다.

> 병자년(1396년, 태조 5년) 효령대군이 태어났는데 열흘도 되기 전에 병이 들어 홍영리의 집에 두었다. 정축년(1397년, 태조 6년) 지금의 주상(세종)이 태어났다. 그때는 정도전의 무리가 나를 꺼리며 용납하지 않던 형세였다. 나는 정말로 곧 죽임을 당할 것이라 생각하여 늘 심사가 울적하기도 했고 할 일이 없어 무료하기도 했다. 그래서 나는 대비(태종비, 원경왕후 민씨)와 번갈아 가며 갓난아기를 안기도 하고 업어주기도 하며 무릎에서 떼어 놓지 않았다. 이 때문에 그 아이를 다른 아이들과는 달리 끔찍이 사랑하게 되었다.
>
> — 〈세종실록〉 1419년(세종 1년) 2월 3일

먼저 태어난 아들들을 일찍 잃었던 이방원은 1394년(태조 3년) 양녕대군이 태어나자 외갓집에 맡겼다. 또한 1396년(태조 5년) 효령대군이 태어난 지 얼마 되지 않아 병을 앓자 서둘러 다른 집으로 보냈다. 당시에는 집을 옮기면 병 치료에 효과가 있다는 속설이 있었기 때문이다. 효령대군과 떼어놓자마자 민씨는 바로 임신했고, 1397년(태조 6년) 셋째 충녕대군이 태어났다. 충녕대군은 열 달을 채우지 못하고 태어났으나 몸이 약한 것을 제외하면 특별한 잔병이 없었다. 민씨와 이방원은 갓난 셋째 아들을 품 안에서 돌보며 근심을 잊었다. 이방원의 아들들 중 유일하게 그의 품에서 자란 이 아들이 바로 훗날의 세종이다.

사람들의
마음을 얻다

이성계가 이방원에게 준 것은 집안 대대로 내려오는 동북면(함흥 지역) 가별초[3] 500여 호가 전부였다. 이어서 이성계의 '본관'인 전라도 절제사로 임명된 이방원은 한양에서 멀어졌다. 전라도로 내려가기 전, 이방원은 세자 경쟁에서 밀려난 강씨의 장남 이방번에게 자신이 받은 가별초를 넘겨주었다. 세자 자리를 놓쳤다는 동병상련의 아픔이 있는 이방번에게 특별한 호의를 보인 것이다. 이처럼 이방원이 별다른 반발을 보이지 않자 그의 주변으로 사람들이 모였다. 정도전의 독주를 우려하던 이성계의 의형제 이지란도 이방원을 지지했다. 아버지와 계모에게 외면당하고 정도전에게 압박당했던 가장 가혹하고 힘들었던 시기, 26세의 이방원은 마침내 자신의 세

---

3 동북면에서 이성계를 따르던 사병 부대로, 민간 백성이었지만 수령들이 부리지 못했던 세력으로 일명 '가별치(加別赤)'라고도 불렸다. 1411년(태종 11년) 혁파하여 조선의 민호(民戶)로 편입되었다.

력을 하나씩 만들어갔다. 기회는 기다릴 줄 아는 자에게 오는 것이 아니던가. 이방원에게도 마침내 기회가 왔다.

1393년(태조 2년) 조선에 온 명나라 사신들은 조선이 명나라를 업신여기고 있다며 3년에 한 번씩만 사신을 보내라는 황제의 서신을 가져왔다. 당시 주원장이 갑자기 이런 서신을 보내 조선을 압박한 것은 조선의 해적[4]이 명나라 해안을 침범한 것과 요동[5] 정벌에 대한 의심 때문이었다. 주원장은 이성계의 장남이나 차남이 직접 해적 사건의 주동자를 압송해올 것을 요구했다. 그런데 문제가 있었다. 이성계의 장남 이방우는 이미 세상을 떠난 뒤였고 주원장에게 해명할 만한 능력을 지닌 왕자는 이방원밖에 없었다. 이방원은 위화도회군 직후인 1388년, 명나라에 사신으로 갔던 적이 있었기 때문에 주원장에 대한 경험도 있었다. 그동안 이방원을 철저하게 외면하며 정치에서 소외시켰던 이성계는 국가의 안위가 위급해지자 그를 불러 눈물을 글썽이면서 말했다.

"명나라 황제가 지금 우리에게 어려운 요구를 하고 있다. 네가 아니면 답할 사람이 없다."

위험하다는 신하들의 만류에도 불구하고 이방원은 조선과 이성계를 위해 사신으로 가기를 자청했다. 명나라에 간 이방원은 주원장에게 상황을 잘 설명하였고 외교 임무를 성공적으로 마친 뒤 귀국하였다. 이 사건으로 이방원은 정몽주를 살해했던 이미지를 벗고

---

4   조선을 거부한 고려인 중 도적이 된 무리.
5   지금의 요녕성(遼寧省) 동남부 일대를 일컫는 말로, 우리나라와 지리적으로 매우 가까워 각종 외교 사절과 상인들의 왕래가 빈번하게 이루어졌다. 오랜 세월 이 지역을 놓고 중국과 우리나라, 북방 유목민 간의 다툼이 치열하게 벌어졌다.

동정을 얻을 수 있게 되었다. 게다가 명나라와의 외교 문제를 잘 해결함으로써 자신의 능력을 다시 한번 증명했다. 모든 신하들 앞에서 '공'을 세운 것이다. 이때 사신을 자청한 이방원을 따라간 인물이 바로 남은의 형, 남재이다. 이 인연으로 훗날 제1차 왕자의 난이 일어났을 때 정도전을 따르던 남은은 숙청되었지만 남재는 무사할 수 있었다.

표전문 사건과
신덕왕후 강씨의 죽음

1396년(태조 5년) 2월, 황제에게 새해를 축하하기 위한 하정사[6]로서 명나라에 사신으로 갔던 대학사 유구와 한성부윤 정신의가 억류되어 돌아오지 못했다. 조선에서 가져간 표문[7]에 황실을 희롱하는 모욕적인 내용이 담겨 있다는 이유였다. 유구는 이미 표문을 작성한 사람이 정도전이라고 실토했으나 이 사실을 알지 못한 조선에서는 해명을 위해 김악향을 보냈다. 3월, 이성계의 국왕 승인을 요청하러 갔던 계품사[8] 정총이 억류되었다. 이번에는 표문에 황제

---

6   정월 초하루에 중국 임금에게 신년 하례를 드리기 위해 파견하는 사신. 그 외에 황제·황후·황태자의 생일을 축하하기 위해 보내던 사신으로 '성절사'가 있다.
7   조선 초기 명나라에 보내던 외교문서는 크게 두 가지로, 황제에게 바치는 '표문'과 황태자에게 바치는 '전문'이었다.
8   국왕이나 세자 책봉 승인을 요청하기 위해 황제에게 보내던 사신. 황제의 승인이 담긴 문서를 받으면 조선에서는 은혜에 감사한다는 뜻으로 '사은사'를 파견하는 것이 관례였다.

를 모독하는 내용이 있다는 이유였다. 조정은 발칵 뒤집혔다. 4월, 명나라는 억류된 사신들의 가족까지 요구하며 조선을 협박했다. 사실 명나라가 원하는 사람은 정도전이었지만 조선에서는 이번에도 정도전을 보내는 대신 정도전과 함께 표전문을 작성한 정탁을 보내 해명하게 했다. 6월, 분노한 주원장은 정도전의 압송을 요구했다. 이 사건을 '표전문 사건'이라고 한다.

이방원이 사신으로 가서 간신히 정상적으로 돌려놓은 외교 관계가 1년도 되지 않아 다시 험악해지자 조정의 분위기도 심상치 않았다. 이런 상황에서도 정도전은 끝까지 명나라에 가지 않겠다고 버텼고, 정도전이 직접 명나라에 가서 해명해야만 문제를 해결할 수 있다는 하륜의 주장은 묵살되었다. 7월, 결국 이성계는 정도전을 보호하기 위해 그를 잠시 관직에서 물러나 있도록 한 뒤 권근, 정탁 등과 함께 하륜을 사신으로 보내 사건을 해명하도록 했다. 9월, 권근, 정탁 등과 사신으로 간 하륜이 황제를 알현하고 사건을 소상하게 해명했다. 하륜과 정탁은 황제를 설득하여 억류했던 유구와 정신의를 석방하는 데 성공하였고 함께 귀국하였다. 하지만 권근은 귀국하지 못했고 먼저 억류되어 있던 정총, 김약향과 명나라에 남았다.

표전문 사건으로 인해 명나라와의 사이가 극도로 악화된 1396년(태조 5년) 9월, 왕비 강씨가 세상을 떠났다. 이성계는 열흘이나 조회를 하지 않을 정도로 슬퍼했고 국상 기간에 술과 고기를 먹은 신하들을 파면했다. 또한 경복궁에서 가까운 정동(지금의 덕수궁 부근)에 강씨의 능을 만들고 그녀의 명복을 빌기 위해 사찰(흥천사)을 지어 매일같이 능과 사찰을 오가며 슬퍼했다.

11월, 명나라에 억류되어 있던 권근, 정총, 김악향은 왕비가 승하했다는 소식을 듣게 되었다. 얼마 뒤 신년(1397년, 태조 6년) 정월, 세 사람은 황제를 알현하는 자리에 참석하였다. 이때 권근은 주원장이 하사한 새 옷을 입었고, 정총은 왕비 강씨에게 조의를 표하는 차원에서 흰색 상복을 입었다. 감히 황제의 은혜가 담긴 새 옷을 마다하고 신덕왕후를 애도하는 의미로 상복을 입은 정총을 본 주원장은 격노하여 그를 감옥에 가두었고, 두려움을 이기지 못한 정총은 도주하다가 발각되어 처형되었다. 이때 노인도와 김악향도 함께 목숨을 잃었다. 정도전이 끝까지 몸을 사리며 명나라에 가지 않고 버틴 바람에 그를 대신하여 사신으로 간 사람 중 세 명이 억울하게 목숨을 잃은 것이다.

사신으로 간 정총, 김악향, 노인도가 처형되었다는 소식을 들은 이성계는 자신의 귀를 의심했다. 조선이 사대[9]의 예로 섬기는 명나라에서 사신을 함부로 죽였다는 것을 믿을 수 없었던 것이다. 하지만 홀로 귀국한 권근이 이들의 죽음이 사실임을 확인시켜 주었다. 아버지의 부음을 알게 된 김악향의 아들은 통곡하다가 그만 미쳐 버렸다. 이 사건으로 정도전은 책임을 회피했다는 비난을 피할 수 없었고 많은 신하들에게 인심을 잃었다. 항상 정도전을 지지했던 왕비 강씨는 이제 세상에 없었다. 이방원의 오랜 기다림이 마침내 결실을 맺을 기회가 찾아온 것이다.

---

9 작은 나라가 큰 나라를 섬김.

이방원과
하륜의 만남

정도전은 자신에 대한 비난 여론이 크게 일어나자 요동 정벌을 주장했다. 명나라 황제 주원장이 조선의 사신들을 함부로 죽이는 것을 본 이성계는 정도전의 말에 흔들렸다. 하지만 다른 신하들은 결사적으로 반대했다. 반대의 명분과 논리는 최영 장군의 요동 정벌에 반대했던 이성계와 정도전의 주장과 한 치도 다르지 않았다. 개국한 지 얼마 되지 않은 조선은 안정되지 않았고, 무리하게 전쟁을 일으킨다면 백성의 삶이 더욱 피폐해질 수 있으며, 이런 시점에서 명나라를 도발하는 것은 옳지 않다는 논리였다.

우의정 조준의 강경한 반대로 인해 요동 정벌은 잠시 보류 상태로 접어들었다. 하지만 1398년(태조 7년), 정도전은 다시 요동 정벌을 주장하며 진법 훈련과 함께 사병[10]혁파를 건의한다. 왕자들이나 군관들이 소유한 사적인 병력을 모두 국가의 정규군으로 편입시키자는 주장이었다. 당시 왕자와 공신들은 각자 사병과 무기, 말 등을 보유하고 있었다. 통일 신라 때부터 이어진 사병은 고려시대 권력자들이 필수로 소유하고 있었고, 국가 위기나 역모 발생 시 가장 먼저 동원할 수 있는 병력이었다. 군인 출신이었던 이성계 또한 '가별초'라는 사병 집단을 바탕으로 역성혁명에 성공할 수 있었는데, 조선 건국 뒤 신변의 안전 또한 도모할 수 있었다. 따라서 생사고락을 함께해온 사병을 국가에 귀속시키는 것은 힘을 빼앗기는 것과 같았

---

10 국가가 아닌 특정한 개인 또는 집단에 사적으로 예속되어 있는 무력 집단.

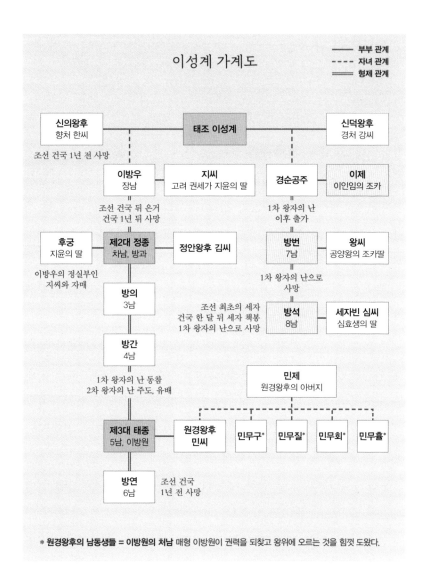

이성계 가계도

- 부부 관계
- - - 자녀 관계
- 형제 관계

신의왕후
향처 한씨

태조 이성계

신덕왕후
경처 강씨

조선 건국 1년 전 사망

이방우
장남

지씨
고려 권세가 지윤의 딸

경순공주

이제
이인임의 조카

조선 건국 뒤 은거
건국 1년 뒤 사망

1차 왕자의 난
이후 출가

후궁
지윤의 딸

제2대 정종
차남, 방과

정안왕후 김씨

방번
7남

왕씨
공양왕의 조카딸

이방우의 정실부인
지씨와 자매

방의
3남

1차 왕자의 난으로
사망

조선 최초의 세자
건국 한 달 뒤 세자 책봉
1차 왕자의 난으로 사망

방석
8남

세자빈 심씨
심효생의 딸

방간
4남

1차 왕자의 난 동참
2차 왕자의 난 주도, 유배

민제
원경왕후의 아버지

제3대 태종
5남, 이방원

원경왕후
민씨

민무구*

민무질*

민무회*

민무휼*

방연
6남

조선 건국
1년 전 사망

＊ **원경왕후의 남동생들 = 이방원의 처남** 매형 이방원이 권력을 되찾고 왕위에 오르는 것을 힘껏 도왔다.

다. 이방원을 비롯한 왕자들은 분노했으나 이성계에게 반발할 수는
없었다.

이 무렵 정도전은 갑자기 하륜을 충청도 관찰사로 발령했다. 자

신을 반대하는 인물에게 미리 손을 쓴 것이다. 우울한 분위기 속에서 하륜을 위한 송별연이 열렸고 이 자리에 이방원도 참석하였다. 이때 술이 몇 순배 돌자 하륜은 기지를 발휘하여 취한 척 횡설수설하며 이방원에게 술을 쏟았다. 왕자에게 술을 쏟은 것은 큰 결례였기에 분위기는 순식간에 어색하게 굳었다. 심기가 불편해진 이방원은 술자리에서 일찍 일어났다. 그러자 하륜은 아무래도 사과를 해야겠다며 이방원을 따라나섰다. 이방원과의 사적인 만남이 정도전의 귀에 들어가지 않도록 사람들이 보는 앞에서 명연기를 펼친 것이었다.

이윽고 이방원과 단둘만의 자리가 마련되자 하륜은 선수를 치는 것만이 살 길이라고 말했다. 정도전에 대한 선제공격이 최선이자 유일한 방어라는 뜻이었다. 이방원도 짐작하던 바였다. 하지만 이미 사병과 무기의 대부분을 빼앗긴 마당에 무슨 수로 선수를 칠 것인지가 막막했다. 그러자 하륜은 미리 연락을 취해둔 안산군수 이숙번과 300명의 군사가 이방원을 따를 것이라고 말했다. 요동 정벌을 내세워 사병혁파를 강행한 정도전의 공격에 속수무책으로 당하기만 하던 이방원에게는 천군만마와도 같은 지원이었다.

제1차 왕자의 난, 이방원의 역습

하륜의 말처럼 사병혁파에 대한 압박은 점점 강해졌다. 8월 4일, 사헌부는 진법을 익히지 않은 292명의 상장군, 대장군, 절제사, 군관 등을 탄핵했다. 이 중에는 이방원을 비롯한 다수의 종친들이 포함되어 있었다. 결국 이방원은 최후의 보루와도 같았던 소수의 병권마저 모두 빼앗겼다. 이때 이방원의 아내 민씨가 몰래 무기의 일부를 빼돌렸으나 정도전에게 맞서기에는 터무니없는 수준이었다. 이대로라면 모든 군사와 병력이 국가에, 즉 정도전의 손에 귀속될 것이 불 보듯 뻔했다. 그런데 변수가 발생했다. 이성계의 건강이 급격히 악화된 것이다. 8월 14일, 거동이 어려워진 이성계는 병석에 누웠다. 그러자 정도전은 세자 이방석을 제외한 다른 왕자들이 이성계를 만날 수 없게 막았다. 병문안조차 할 수 없게 된 것이다. 도를 넘어선 정도전의 행동에 왕자들과 종친들은 분노했다.

8월 26일, 이방원은 은밀하고 과감하게 군사를 일으켰다. 병력은 소수였고 아내 민씨가 빼돌린 무기들은 턱없이 부족했으나 대부분의 종친들과 이성계의 의형제 이지란, 이방원의 처남인 민무구와 민무질을 비롯한 '가족'들이 이방원에게 협력하였다. 무기가 없는 사람은 나무 몽둥이를 손에 들었다. 이들과 함께 이방원은 정도전이 있는, 남은의 첩이 사는 집에 들이닥쳤다. 술을 마시고 있던 정도전과 남은, 심효생은 무방비 상태로 죽음을 맞았다. 순식간에 일어난 일이었다. 정도전을 제거한 이방원은 이성계가 있는 경복궁으로 향했다. 이때 이숙번과 그의 군사 300명은 경복궁 주변을 에워싼 채 이방원의 '거사'를 도왔다.

이방원은 세자 이방석을 요구했다. 세자 이방석이 할 수 있는 것은 병석에 누운 아버지 이성계의 뒤에 숨어 있는 것이 전부였다. 결국 세자 이방석은 그날로 폐위되어 목숨을 잃었다. 동생을 돕지 않은 채 사태를 관망하던 이방번과 신덕왕후 강씨의 사위 이제도 목숨을 잃었다. 승자가 된 이방원은 변란의 책임을 패자인 세자와 정도전에게 돌렸다. 1398년(태조 7년) 무인년에 일어난 이 사건을 '무인난' 혹은 '제1차 왕자의 난'이라고 한다.

이성계의 양위와 이방과의 즉위

사랑하는 아내를 잃고 병석에 누워 두 아들과 사위 그리고 정도전까지 잃은 이성계는 왕위에 대한 미련을 깨끗하게 버렸다. 그에게 남은 것은 이방원에 대한 분노뿐이었다.

9월 5일, 이성계는 차남 이방과에게 왕위를 물려준다. 당시 이방과는 아버지 이성계의 쾌유를 위해 소격전[11]에서 기도를 하던 중이었다. 이성계는 이방원에게 협력하지 않은 아들에게 왕위를 물려주는 것으로 위안해야 했다. 이성계와 신의왕후 한씨의 장남 이방우는 이미 세상을 떠난 뒤였기 때문에 차남 이방과는 장남이나 다름없었고 '장자 계승'의 원칙에도 맞았다.

이방원은 이성계의 선택을 담담하게 받아들였다. 권력에서 밀려났던 7년의 세월은 성급한 청년이었던 그를 성숙한 정치가로 성장시켰다. 게다가 이방과와 정실부인 김씨 사이에서는 자식이 없었기에 이방원이 임금이 될 기회는 얼마든지 있었다. 오히려 이방과

---

11 조선시대에 심신을 청정히 하고 제단을 만들어 신에게 술과 음식을 바치는 제사를 지내던 도교식 사원으로, 1466년(세조 12년) 소격서로 이름을 바꿨다.

의 즉위는 이방원에게 왕위를 탐내어 동생을 죽였다는 세간의 비난을 피하고 이성계의 분노가 잠잠해질 수 있는 시간을 벌어준 셈이었다.

이방과(정종)는 왕위에 오른 뒤 곧바로 1차 왕자의 난에서 공을 세운 29명을 정사공신으로 임명했다. 이방원은 1등 공신에 이름을 올렸다. 그 외에 이화(이성계의 이복동생), 이방의(이성계의 3남), 이방간(이성계의 4남)을 비롯하여 난을 계획했던 하륜 등 총 12명이 1등 공신으로 임명되었고, 이지란과 민무구, 민무질 형제, 이숙번 등 17명은 2등 공신으로 임명되었다. 그해 12월, 정종은 개국공신으로 이방원, 이방의, 이방간을 추가 임명했다. 마침내 이방원의 이름이 개국공신 명단에 오른 것이다.

제2차 왕자의 난과 이방원의 즉위

정종은 왕위에 오르긴 했으나 위로는 아버지 이성계의 눈치가, 아래로는 동생 이방원의 눈치가 보였다. 형제간의 골육상잔이 벌어진 수도 한양도 낯설고 불편했다.

1399년(정종 1년) 3월, 정종은 고려의 옛 수도 개경으로 천도했다. 하지만 개경에서 또 한 번의 골육상잔이 일어났다. 제1차 왕자의 난 때 이방원의 편에 섰던 사람 중 '박포'라는 인물이 있었다. 그는 2등 공신으로 책봉된 것이 불만이었는데 자신과 비슷한 마음의 이방간을 부추겨 군사를 일으켰다. 난은 단 하루 만에 진압되었고 박포는 처형되었다. 이때 하륜은 정종에게 이방간을 회유하는 문서를 받아 진압 명분을 확보했다. 생포된 이방간은 눈물을 흘리며 반성했다. 정종과 이방원은 동복형제였던 이방간의 목숨을 빼앗는 대신 유배에 처했다. 1400년(정종 2년) 1월에 일어난 이 난을 '박포의 난' 혹은 '제2차 왕자의 난'이라고 한다.

제2차 왕자의 난을 진압한 그날, 남재는 대궐 뜰에 서서 정종이 있는 대전을 향해 이방원을 즉시 세자로 삼아야 한다고 소리쳤다. 바로 다음 날 하륜은 정종에게 '정몽주의 난', '정도전의 난(제1차 왕자의 난)', '박포의 난(제2차 왕자의 난)'을 진압한 이방원을 세자로 책봉하라는 협박에 가까운 상소를 올렸다.

1400년(정종 2년) 2월 4일, 정종은 이방원을 세자로 책봉했다. 이어서 하륜과 남재 그리고 권근이 세자 이방원의 최측근으로 임명되었다. 11월, 34세의 이방원은 정종으로부터 양위를 받았고 마침내 조선의 제3대 태종으로 즉위하였다. 이방원이 임금이 되자 제1차 왕자의 난과 제2차 왕자의 난에서 공을 세운 많은 공신들이 저마다 2인자를 자처했다. 공신들로 가득한 조정에서 이방원은 놀라운 정치력으로 왕권을 강화하였고, 오만함에 빠진 신하들을 충신으로 탈바꿈시켰다. 이방원의 조정은 위험천만한 위기와 드라마틱한 반전이 난무했고, 충신과 반역자의 판단 기준은 오직 이방원에게만 있었다. 총성 없는 전쟁터 같은 이방원의 조정에서 2인자의 자리를 차지한 것은 '섬김의 자세'를 갖춘 준비된 처세의 신, 하륜이었다.

하
륜

"탁월한 처세를 보여준
성공한 경세가"

이름 **하륜**

국적 **고려, 조선**(고려에서 태어나 조선에서 출세하였다)

직업 **관리, 정치가, 이방원의 책사, 조선의 재상**

정치 노선 **온건개혁파**

결정적 실수 **1396년**(태조 5년) 표전문 사건으로 정도전의 미움을 사게 된다.

애증의 대상 **정도전**

정도전에게 하고 싶은 말 "잘 가시오. 그대 손으로 죽인 스승님(목은 이색)과 도은(이숭인)이 그대를 기다리고 있을게요. 아, 포은(정몽주) 사형을 만나면 전해주시구려. 이 하륜이 포은 사형을 만고의 충신으로 만들어드릴 테니 지켜봐달라고 말이오."

'개혁은 정몽주처럼, 혁명은 정도전처럼, 인생은 하륜처럼'이라는 말이 있다. 정몽주와 정도전, 하륜은 모두 이색의 제자들로 고려 말과 조선 초를 함께한 선후배 사이다. 하지만 고려 말, 신진사대부로서 과거에 급제하여 관직 생활을 시작한 세 사람은 전혀 다른 인생을 살았다. 정몽주는 고려의 마지막 충신으로 장렬하게 눈을 감았고, 정도전은 이성계와 함께 조선을 건국했다. 그 과정에서 정도전은 자신에게 동조하지 않는 스승 이색을 집요하게 숙청하였고, 이성계의 부름을 받고 출사한 하륜, 권근 등의 후배들조차 경쟁 상대로 여겨 견제하였다. 또한 개국에 반대하며 은거한 고려의 선비와 유신들이 정계에 등장할 수 없도록 막았다. 결국 하륜이 정치 전반에 나서게 된 것은 정도전이 이방원의 손에 제거된 뒤였다. 하륜이 권력을 잡은 뒤 고려의 선비와 유신들은 비로소 조선에 출사할 수 있었다.

하륜은 이방원이 즉위한 뒤 16년 동안 영의정을 네 번 역임하였고 천수를 누리며 '성공한 인생'을 살았다. 관리로서 이는 정몽주도, 정도전도 이루지 못한 윤택하고 안정된 삶이었다. 그래서 '인생은 하륜처럼'이라는 말이 나왔다. 태종 16년 11월, 하륜이 70세의 나이로 세상을 떠났다는 소식이 전해지자 이방원(제3대 임금 태종)은 눈물을 흘리며 3일 동안 조회를 폐하고 7일 동안 고기를 먹지 않았으며 하륜의 가족에게 술을 내려 위로했다. 실로 아름다운, 한 나라의 정승다운 죽음이었다.

하륜이 성공한 관리가 될 수 있었던 것은 끝까지 '신하'의 본분을 지키며 순종적인 자세로 군주에게 충성을 다했기 때문이다. 이방원은 자신의 왕권을 위협할 만한 사람은 피도 눈물도 없이 제거한 임금이었지만 하륜만큼은 끝까지 곁에 두며 신뢰하였다. 자신보다 한참 어린 이방원을 선택한 하륜은 그를 군주로 섬기며 신하의 예를 다했다. 하륜은 왕권 강화를 원하는 이방원의 마음을 헤아렸고, 이방원을 위해 그가 가진 능력을 아낌없이 발휘했다. 절대 왕권을 확립한 이방원과 성공한 신하의 모범을 정립한 하륜, 두 사람은 과연 어떤 관계였을까?

성리학을 공부한 권세가의 사위, 처세를 배우다

하륜은 진주의 향리 집안 출신으로 그의 아버지는 지방의 하급 관리였다. 명문가 출신이었던 정몽주와 중앙 관리였던 아버지를 둔 정도전과 달리 출세에 도움이 될 만한 배경이나 연줄이 턱없이 부족했다. 그래서 하륜은 실력을 통해 자수성가를 이룬다. 그 첫 번째 기회가 바로 과거시험이었다. 유생이나 학자가 출세하려면 과거시험에서 우수한 성적을 거두어 임금의 눈에 드는 방법이 있었다. 하지만 하륜의 출세는 조금 다른 방향에서 이루어졌다는 점이 매우 흥미롭다.

국자감[12]의 유생이었던 하륜은 19세가 되던 1365년(공민왕 14년)

---

12 992년 개경에 설립된 고려의 국립고등교육기관으로 1362년(공민왕 11년)에 성균관으로 개칭되었다. 조선 개국 뒤 한양에도 성균관이 설립되었으나 개경의 성균관은 없애지 않았다. 문과에 응시하려면 먼저 '국자감시(성균시)'에 합격해야 했고, 합격하면 유생이 될 자격이 주어졌다.

문과에 급제하였다. 이때의 시험 감독이 이인복과 이색이었다. 고려의 권신 이인임의 형이었던 이인복은 응시생 하륜을 눈여겨보았고, 자신의 셋째 동생 이인미에게 하륜을 사위로 삼도록 권했다.

이 혼인으로 하륜은 두 가지를 얻게 된다. 하나는 이인복의 제자가 된 것이고, 다른 하나는 고려의 권신 이인임의 조카사위가 된 것이다. 정치적으로 정반대 노선을 걷고 있던 권문세족과 신진사대부 중간 위치에서 하륜의 처신은 노련했다. 하륜은 그의 스승 이색과 이인복, 그리고 동문수학한 정몽주, 정도전 등과 잘 어울리는 한편 이인임과도 친분을 유지했다. 훗날 하륜이 보여준, 대세를 미리 파악하여 움직이는 빼어난 처세술은 이러한 복잡한 배경 속에서 만들어졌다.

하륜은 미약한 우왕을 대신하여 섭정을 하는 이인임을 통해 비대해진 문벌귀족들의 비리와 특권, 또 그로 인한 폐해에 눈을 떴고 왕권의 중요성을 깨달았다. 개혁을 아무리 부르짖어도 임금의 지지가 없으면 무용지물이었다. 만약 임금의 지지를 받는다 하여도 그 임금에게 힘이 없다면 역시나 개혁은 완성할 수 없었다. 개혁을 주장한 정몽주, 혁명을 구상한 정도전과 달리 하륜은 '명분'을 위해 목숨을 걸 필요성을 느끼지 못했다. 그는 기득권 세력과 불필요한 마찰을 빚으며 희생하기보다 시대와 상황에 순응하며 그 속에서 재능을 발휘하고자 했다.

조선의 신하가 되다

하지만 하륜의 시대는 쉽게 오지 않았다. 1390년(공양왕 2년) 윤이·이초 사건이 일어나자 고려의 보전을 바탕으로 온건개혁을 주장하던 이색, 이숭인, 권근, 이종학(이색의 아들), 우현보 등은 정도전의 탄핵으로 청주에 유배되어 수감되었다. 이때 하륜도 함께 청주감옥에 갇혔다. 윤이·이초 사건을 사주했다는 이유였다. 증거는 없었으나 정도전은 끈질기게 탄핵을 계속했다.

이후 외직을 전전하던 하륜은 정몽주가 살해되고 이성계가 즉위하자 곧바로 벼슬을 버리고 고향으로 내려갔다. 다행히도 조선 건국에 아무런 역할을 하지 않은 덕분에 하륜은 정도전이 주도한 대대적인 숙청을 피할 수 있었다. 정도전이 부모 형제나 다름없는 스승과 동문 선후배를 잔혹하게 숙청했다는 소식을 들은 하륜은 경악했고, 정도전의 실체를 파악했다. 정도전은 처음부터 자신을 반대하는 인물들을 품을 생각이 없었다. 오히려 뜻있는 선비들이 등을 돌린 것을 안타까워한 사람은 이성계였다. 개국 이듬해 이성계는 이색의 제자인 하륜과 권근에게 간곡히 출사를 부탁했다.

1393년(태조 2년) 9월, 하륜은 후배 권근과 함께 출사를 선택한다. 당시 고려의 선비들은 두 왕조를 섬길 수 없다며 개경 근처의 두문동 골짜기에 모여서 은거하였는데, 이들을 흔히 '두문동 72현'이라고 부른다. 조선의 개국에 협조하지 않고 벼슬을 버렸던 하륜과 권근이 마음을 바꿔 출사하자 두 사람은 변절의 아이콘이 되었고 '배신자'라는 따가운 눈총을 받게 된다. 이를 알면서도 하륜이 출사한 것은 새로운 나라에서 뜻을 한번 펼쳐보고자 했기 때문이다.

새로운 나라 조선에서 하륜은 경기도 관찰사로 부임하며 관리로서의 첫발을 내딛었다. 그러나 출사한 뒤에도 하륜이 두각을 나타내기란 쉽지 않았다. 그를 시기하며 경계했던 정도전의 방해로 계속해서 지방관을 전전할 뿐 중앙 정계에 발을 붙이지 못했기 때문이다.

한양 천도와
정도전과의 대립

하륜은 정치가 바르게 서기 위해서는 무엇보다 부국강병이 가장 중요하며, 그중에서도 나라의 재정이 탄탄해지는 것이 우선이라고 판단했다. 나라의 재정이 탄탄해지려면 백성의 생계가 안정되어야 했다. 백성이 안심하고 생계를 꾸리고 세금을 잘 낼 수 있는 세상은 강력한 왕권에서 출발한다는 것이 하륜의 생각이었다. 이것은 임금이 아닌 재상이 중심이 되어야 한다는 정도전의 생각과 정반대였고, 그래서 하륜은 정도전의 견제를 받았다.

정도전의 경계는 비단 하륜만을 향한 것이 아니었다. 태조의 부름을 받고 출사한 권근 역시 정도전에게는 강력한 경계의 대상이었다. 다만 권근은 출사 이후 '학자'로서의 역할에 충실했기 때문에 다소 제재가 약했을 뿐이다. 정도전의 진짜 목적은 모든 권력을 본인이 차지하는 것이었다. 그는 다른 관리들이나 동료들과 권력을 나눌 생각이 추호도 없었다. 이처럼 정도전이 완벽하게 권력을 장악한 조정에서 하륜이 자신의 능력을 마음껏 발휘하기란 쉽지 않았다. 하지만 하륜은 이내 돌파구를 찾았다. 이성계가 그에게 '특별임무'를 내려주었기 때문이다.

하륜이 출사했을 무렵 조정에서 가장 뜨거운 쟁점은 바로 '천도' 문제였다. 이성계는 고려의 수도였던 개경 대신 공주의 계룡산 부근으로 수도를 옮기고 싶어 했다. 이때 하륜은 '수도는 나라의 한가운데 있어야 한다'는 상소를 올려 이를 반대하였다. 하륜의 상소를 받아들인 이성계는 그에게 새로운 수도가 될 만한 풍수를 살피는 일을 맡겼다. 이성계가 천도 문제를 살피도록 한 것은 그만큼 하륜의 풍수 실력을 믿었기 때문이다.

이때 하륜은 지금의 신촌과 연희동 일대인 '무악'을 추천했다. 이에 이성계가 큰 관심을 보이자 자존심이 상한 서운관[13] 관원들이 일제히 반발하였고, 정도전 또한 무악은 군왕이 머물 만한 곳이 아니며 천도 자체가 시기상조라고 강조했다. 하지만 천도를 향한 이성계의 의지는 확고하였고 결국 무악과 가까운, 지금의 경복궁이 있는 광화문 일대로 수도를 옮겼다. 비록 하륜이 추천한 무악은 채택되지 않았으나 풍수에 대한 실력을 입증하면서 하륜은 이성계의 신임을 얻게 된다.

하지만 이것도 잠시, 1395년(태조 4년) 하륜은 부친상을 당하여 고향으로 내려갔다. 하륜이 한양을 떠난 이 시기, 정도전은 경복궁 건설을 주도하며 한양의 4대문과 경복궁 모든 전각의 이름을 지어 올렸고 태조의 총애를 받으며 승승장구한다.

---

13 천문, 천재지변, 역일(해와 달의 움직임과 절기, 간지, 일식과 월식 등을 적은 책 혹은 기본 자료), 추택(인재 등용을 위해 가려 뽑는 것) 등을 담당하던 기관.

1396년(태조 5년), 하륜은 태조의 특별한 지시로 삼년상을 마치지 않은 상태에서 중앙 정계로 복귀하는데, 이때 불거진 것이 바로 '표전문 사건[14]'이다. 하륜은 정도전이 직접 명나라에 가서 황제를 만나 해명하는 것이 방법이라고 주장했으나 정도전은 병을 핑계로 끝내 가지 않았다. 정도전을 대신하여 명나라에 가게 된 것은 하륜과 권근이었다.

표전문과 아무 상관없을뿐더러 통역관도 아니었던 한성부윤[15] 하륜이 계품사로 임명된 것은 보복성이 짙었다. 주원장의 압송 요구를 거부하던 정도전은 '당사자가 직접 가서 해명하라'고 주장한 하륜에게 앙심을 품었던 것이다. 권근 또한 이성계의 간곡한 만류에도 불구하고 명나라에 가겠다고 자청했다. 이렇게 되자 정도전에 대한 비난 여론이 거세졌다.

명나라에 간 하륜은 황제를 만나 사건을 잘 해명하였고 무사히 조선으로 돌아왔다. 하지만 사건을 해결하고 돌아온 하륜은 오히려 계림부윤[16]으로 좌천되었으니 이 또한 정도전의 견제였다. 뿐만 아니라 몇 달 뒤 정도전은 '박자안의 옥사 사건[17]'에 하륜을 연루시켜

---

14 1396년(태조 5년)~1397년(태조 6년), 명나라 황제 주원장이 조선에서 보낸 외교문서 '표전문'의 글귀를 트집 잡아 사신을 억류하고 처형한 사건. 당시 주원장은 처음부터 '정도전'의 압송과 해명을 요구했으나 정도전은 끝내 명나라에 가는 것을 거부하였고, 그를 대신하여 명나라에 갔던 사신들 일부는 끝내 조선에 돌아오지 못한 채 희생되었다.

15 한성부를 다스리던 종2품 관직으로 오늘날 서울특별시장에 해당한다.

16 계림은 지금의 경주 지방이며, 부윤은 지방을 다스리는 종2품 문관의 외관직으로 관찰사와 동급이다.

17 경상도 및 전라도 도안무사 박자안이 투항한 일본군(항왜)의 잔당을 검거하려다가 놓친 사건. 정도전파의 사람들은 이 사건에 하륜이 연루되었다며 탄핵했으나 이내 아무 관련이 없다는 것이 밝혀져 풀려났다.

수원부에 송치하는 등 무리한 행보를 보였다. 이는 당시 정도전이 얼마나 초조한 상황에 몰려 있는지를 보여준 셈이었다. 정도전의 초조함을 눈치챈 하륜은 반격의 기회를 기다렸다.

이방원과의 만남

하륜의 생각대로 정도전은 몹시 초조했다. 1396년(태조 5년), 뜻하지 않은 신덕왕후 강씨의 죽음으로 이성계는 정치에 흥미를 잃었고, 세자를 지지했던 가장 큰 세력이 사라졌다. 정도전은 권력을 독점하느라 세자를 지지할 세력을 키워놓지 못했고, 표전문 사건으로 여론의 지탄까지 받게 되었다. 게다가 본인 때문에 조선의 사신들이 명나라에 억류된 상황에서 공공연하게 요동 정벌을 주장하며 사병혁파를 강행하자 비난은 더욱 거세졌다. 그러던 중 명나라에 억류된 사신이 처형당했다는 소식이 전해지자 정도전은 수세에 몰리게 되었다.

1398년(태조 7년) 7월, 하륜은 갑자기 충청도 관찰사로 발령을 받았다. 이는 하륜과 이방원이 손을 잡는 것을 경계한 정도전의 견제였다. 하지만 충청도로 내려가기 직전, 하륜은 이방원과의 은밀한 만남을 가졌고 정도전이 주도했던 정치의 흐름을 완전히 뒤바꿔놓았다.

하륜은 자신을 위해 열린 조촐한 환송연에 이방원이 참석하자 일부러 기회를 만들어 은밀하게 그에게 접근했다. 그리고 정도전이 주도하고 있는 요동 정벌과 사병혁파를 무마하기 위해서는 '선제공격'밖에 없다고 조언했다. 하륜의 한마디는 이방원의 마음을 단숨에 사로잡았다. 개국 이후 7년 동안 정치에서 소외되어 있던 이방원이었지만 그 역시 반격의 기회를 기다려왔던 것이다. 하지만 정도전에 의해 무기와 군사를 빼앗긴 이방원은 주저했다. 그러자 하륜은 미리 포섭해놓은 안산군수 이숙번을 추천하였고, 비록 자신은 한양을 떠날 수밖에 없지만 거사가 진행되면 이숙번과 그의 군사들이 이방원의 편에 설 것이라며 힘을 실어주었다. 이방원은 하륜의 말에 크게 탄복했다.

제1차 왕자의 난

하륜이 이방원과 손을 잡은 것은 얼핏 이해가 가지 않을 수도 있다. 하륜이 가장 존경한 선배는 정몽주였고 그 정몽주를 죽인 사람이 바로 이방원이기 때문이다. 하륜이 이방원을 자신의 군주로 선택한 것은 정도전 때문이었다. 권력을 잡은 정도전은 스승 이색과 이색의 아들 이종학을 비롯한 동문 선후배들을 죽음으로 몰아넣었다. 이는 이성계의 뜻이 아니라 정도전의 독단적인 행동이었다. 이를 지켜본 하륜의 심정은 참담했다.

게다가 정도전은 이성계로부터 직접 부름을 받아 출사한 하륜을 극도로 경계하여 그를 지방관으로 계속 임명했다. 정도전 때문에 하륜은 중앙 정계에서 활동하기가 어려웠고, 무리하게 명나라에 사신으로 가기도 했으며, 심지어 누명을 쓰기도 했다. 동시에 정도전은 이성계의 아들 중 가장 출중할 뿐 아니라 왕재로 손꼽혔던 이방원을 철저하게 정치에서 배제했다. 이성계의 허락을 받았다고는 하나 지극히 억지스러운 조치였다.

하륜은 이방원에게서 자신과 같은 목표를 읽었다. 이방원을 찾아간 하륜은 그에게 자신의 속내를 털어놓았고 두 사람은 '정도전 제거'에 동의했다.

1398년(태조 7년) 8월 26일, 이방원은 정도전을 제거하고 궁궐을 장악했다. 신덕왕후 강씨의 두 아들 무안대군 이방번과 세자 이방석은 목숨을 잃었고, 그녀의 사위 이제 역시 이방원의 손에 의해 세상을 떠났다. 이를 '제1차 왕자의 난'이라고 한다. 제1차 왕자의 난은 분명 이방원의 승리였다. 하지만 이방원의 마음을 헤아리고 기회를 살펴 반격에 결정적 도움을 준 것은 하륜이었다. 그 후 하륜은 이방원을 군주로 섬기며 진정한 '충신'으로서 화려한 2인자의 삶을 시작한다.

이방원이 왕위에 오르는 것을 보좌하다

제1차 왕자의 난이 일어난 직후 하륜은 한양으로 상경하였다. 그는 곧바로 거사의 정당성을 널리 알리며 이방원을 지원하였고, 전략을 세워 이성계의 차남이자 실질적인 적장자였던 영안대군 이방과를 세자로 삼을 것을 건의했다. 이방원이 왕위에 욕심을 낸 것이 아니라 왕권이 무너지는 것을 막기 위해 군사를 일으켰다는 것을 보여주기 위해서였다. 이방원을 용서할 수 없었던 태조는 순순히 영안대군 이방과를 세자로 삼았고, 얼마 뒤 왕위를 양위했다.

이방과가 제2대 정종으로 즉위한 뒤 하륜은 '정도전의 난'(제1차 왕자의 난)을 진압한 공을 인정받아 정사공신 1등에 녹훈되었고, 이방원은 그토록 바라던 권력을 손에 넣었다. 하지만 왕위에 오르기 전까지는 안심할 수 없었다. 이를 말해주듯 1400년(정종 2년) 1월 30일, '박포의 난'(제2차 왕자의 난)이 일어났다. '박포의 난'은 1차 왕자의 난 때 이방원을 도왔던 박포가 1등 공신으로 녹훈되지 못하자 불만을 품고 군사를 일으킨 사건이었는데, 여기에 동참한 사람이 이방원의 친형인 회안대군 이방간이었다.

이방간이 군사를 일으켰다는 이야기를 들은 하륜은 곧바로 정종을 설득하여 이방간에게 항복을 권유하는 교지를 받아냈다. 명분을 잃은 박포의 난은 하루 만에 진압되었고, 이방간은 유배되었으며, 박포는 이방간을 부추긴 죄로 처형되었다. 이를 '제2차 왕자의 난'이라고 한다.

속전속결로 난을 진압한 바로 다음 날, 하륜은 신하들과 함께 정종을 찾아가 당장 이방원을 세자로 삼을 것을 주청했다. 잠시 갈등하던 정종은 4월, 이방원을 세자로 책봉하였고 11월, 왕위를 양위하였다. 1400년, 34세의 이방원은 마침내 조선의 제3대 임금으로 즉위하였고, 그를 보좌했던 하륜은 좌명공신에 1등으로 녹훈되었다.

마침내 임금으로 즉위한 이방원에게 가장 필요한 것은 '명분'이었다. 태종 즉위 직전인 1399년, 명나라에서는 주원장의 넷째 아들인 연왕 주체가 반란을 일으켰는데 반란 3년 만인 1402년, 연왕 주체는 조카 건문제를 제거하고 제3대 영락제로 즉위했다. 이를 '정난의 변'이라고 한다. 이때 하륜은 주저 없이 명나라 사신으로 가

영락제를 인정함으로써 명나라와 우호적인 관계를 확립하고 태종의 고명(국왕 임명장)과 인신(도장)을 받아왔다. 명분보다는 실리를 선택한 하륜의 행보는 외교적으로도 발 빠른 대응이었을 뿐 아니라 태종의 정통성 확립에도 큰 도움이 되었다.

인재 등용의 길을 열다

이방원이 임금으로 즉위하자 하륜은 권근과 함께 역성혁명에 반대했던 고려의 학자들과 그들의 후손들에게 관직에 등용될 수 있는 길을 열어주었다. 이색의 문하생이었던 권근의 제자 변계량[18]도 이때 출사하였다. 이는 스승과 동문 선후배들을 모조리 유배, 사사, 배척했던 정도전과 전혀 다른 행보였다. 은거했던 인재들을 만난 태종은 더 많은 새로운 인재의 필요성을 절감하고 하륜에게 과거시험을 주도하도록 명했다.

1401년(태종 1년), 과거시험이 시행되었다. 새로운 인재 '조말생'이 장원으로 급제하고 하륜의 제자인 윤회도 합격하였다. 조말생과 윤회는 훗날 세종 때의 명신으로 거듭나게 된다. 또한 윤회의 문하

---

18 고려 말부터 세종 때까지 활동했던 정치가. 1407년(태종 7년) 문과 중시에 장원으로 뽑혀 당상관에 올랐다. 세자 양녕대군의 스승으로 활동했으며, 1420년(세종 2년) 집현전이 설치된 뒤 대제학에 올랐다. 특히 문장에 뛰어나 외교문서 작성을 주로 담당하였고, 과거시험관으로 활동하면서 지극히 공정을 기해 뇌물을 통한 부정합격, 실력보다 음서를 통한 출사 등 인사 및 과거제도에 대한 폐단을 개혁하였다.

생으로 그의 손녀사위가 된 인물이 바로 신숙주이다. 훗날 세조의 왕위 찬탈에 협조한 신숙주가 세조를 보좌하며 명신으로 남은 것은 하륜의 사상을 계승했기 때문이 아니었을까 싶다.

성리학에서 가장 바람직한 통치 형태로 내세우는 것이 임금과 신하가 함께 통치하는 '군신공치'이다. 성리학 이상 국가를 꿈꿨던 정도전은 자신이야말로 군주와 함께 나라를 경영할 '재상'이라 생각했고, 재상 중심의 정치를 계획했다. 하지만 하륜은 왕권이 제대로 확립되지 않은 상태에서의 '군신공치'는 임금이 허수아비로 전락하는 지름길이라고 생각했다. 안정적인 통치는 강력한 왕권에서 출발한다는 하륜의 생각에 공감한 변계량은 정도전의 주장에 반박하며 이렇게 말했다.

"군주의 직책은 정승 하나만 잘 생각하면 된다고 했으나 이는 옛날에나 있을 수 있는 일이다. 권력은 모든 사람들이 두려워하는 바이고, 이익은 모든 사람들이 추구하는 것이므로, 권력과 이익의 칼자루는 하루라도 아랫사람에게 넘어가서는 안 되는 것이다. 군주는 외롭고 신하는 많다. 매우 많은 사람들이 외로운 사람에게 복종하는 것은 권력과 이익이 있기 때문이다."

조직과 제도를
새롭게 개혁하다

태종의 즉위로 권력을 잡은 하륜은 왕권 강화를 위해 정도전이 만들어놓은 신권 중심의 제도를 대대적으로 개편하였다. 이 과정에서 많은 비난을 받았으나 하륜은 이를 감수하며 특히 부국강병의 제도적 정착에 심혈을 기울였다. 그중 대표적인 것이 바로 '호패법 시행'이다.

고려 말, 전쟁과 정변 등의 혼란을 겪으며 노비제와 신분제 등이 허물어졌고, 조선이 건국된 뒤에도 이에 대한 소송이 끊이지 않았다. 하륜은 이를 해결하기 위해 모든 백성에게 신분을 증명하는 호패를 착용하도록 하였다. 호패법을 실시하면서 조정에서는 인구를 정확하게 파악할 수 있게 되었다. 인구조사는 무엇보다 세금을 걷는 문제에 효율적으로 적용할 수 있었다. 또한 하륜은 급격한 중앙집권 정책으로 인해 부족해진 국가의 재산을 늘리고 백성의 빈곤을 해결하기 위해 둔전법[19]과 연미호법[20] 등 다양한 정책들을 시도했다. 당시에는 반대에 부딪혀 실현되지 못했으나 그중 '구휼'에 대한 구체적인 방안을 제시한 연미호법은 세종대에 그 진가를 발휘하게 된다. 백성들이 왕에게 직접 억울함을 호소할 수 있는 신문고의 설치 역시 하륜의 주장에 따른 것이었다. 하지만 모든 개혁이 순조롭게 시행된 것은 아니었다. 시행되지 못한 정책 중에는 당시로서는 파격적인 저화(지폐, 종이돈)의 유통과 운하의 건설 등이 있다.

정치적인 제도 개혁도 대대적으로 이루어졌다. 하륜은 고려의 제도를 그대로 계승한 도평의사사[21]를 의성부로 바꿔 군권을 분리

---

19 국가(관청)에서 봄에 집집마다 벼와 콩의 종자를 나누어주고 가을에 2배를 거두는 것.
20 고려 충선왕 때 처음 등장한 구황 정책으로 풍년이 들었을 때 국가에서 거두었다가 흉년 때 나눠주는 것이다.

시켰고, 1407년(태종 7년)에는 6조[22]의 기능과 위상을 격상시켜 의정부를 견제하게 했다. 실무를 담당하는 최고 관리들이 대신, 즉 재상의 권한을 견제할 수 있도록 한 것이다. 관등에 따라 관복을 제정하고 각 도와 군, 현의 구획을 다시 책정하여 이름을 바꿨다. 무엇보다 하륜은 조정의 인사정책을 제도화시키는 데 큰 역할을 했다. 하륜이 법으로 제정한 관원의 선발과 임용, 승진, 좌천, 정년퇴직(70세) 등은 조선왕조 내내 인사정책의 기본이 되었다.

개혁을 주도하는 내내 하륜은 끊임없는 논란이 되었고, 많은 반대에 시달렸으며, 자주 탄핵의 대상이 되기도 했다. 심지어 태종의 장인 '민제'는 '온 나라 사람들이 하륜을 정도전에 비유하고 있다'며 염려하기도 했다. 하지만 하륜은 자신에게 쏟아지는 모든 비난을 기꺼이 감수하였고, 태종 역시 하륜에 대한 신뢰를 거두지 않았다. 이방원은 하륜과 정도전의 차이를 정확히 알고 있었기 때문이다. 개혁이 반대에 부딪혀도 융통성 있게 대처하며 변함없는 충성을 보이고 끊임없이 인재를 천거한 하륜을 통해 태종은 제도와 왕권의 확립이라는 두 마리 토끼를 잡을 수 있었다.

---

21 고려 후기 국가의 최고 정무기구로 일명 '도당(都堂)'이라고도 한다. 조선 초기까지 존속했으나 1400년(정종 2년)에 이를 폐지하고 의정부를 두었다.

22 고려시대부터 조선시대 국가의 정무를 나누어 맡아보던 여섯 개의 중앙관청을 이르는 말로 이조, 호조, 예조, 병조, 호조, 공조를 총칭한다.

태종의
목숨을 구하다

태종이 하륜을 신뢰했던 또 다른 이유는 바로 그가 자신의 생명의 은인이기 때문이다. 무력으로 왕위를 차지하고 지략으로 왕권을 구축한 태종에게는 두 가지 약점이 있었다. 하나는 아버지 태조 이성계의 인정을 받지 못했다는 것이고, 다른 하나는 세자(양녕대군)의 자질과 성품이 군주에 적합하지 못하다는 것이었다. 세자는 최악의 경우 '교체'라는 방법이 있었으나 부모는 바꿀 수 있는 존재가 아니었다. 특히 두 번이나 형제의 피를 흘리며 왕위에 오른 태종에게 태조의 인정을 받는 것은 강박과도 같은 숙제였다. 하지만 태조는 태종의 정치적 능력은 인정하면서도 그를 왕으로 인정하지는 않으려 했다. 태종이 형제들을 죽인 것을 용서할 수 없었기 때문이다. 심지어 태조는 신덕왕후 강씨의 친척 조사의[23]를 내세워 태종과 전쟁을 하려고까지 했었다. 태조는 반란 세력의 수장이었지만 태종은 아버지를 처벌하지 않았다.

그 후 태종은 태조가 함흥에 머물고 있을 때 여러 차례 신하를 보내 아버지를 한양으로 모셔 오고자 했다. 하지만 백발백중의 명궁이었던 태조는 사신이 올 때마다 화살을 쏘았고, 사신은 태조의 얼굴도 보지 못한 채 시신이 되곤 했다. 여기서 '함흥차사[24]'라는 말이 유래되었다.

23　신덕왕후의 친척으로 1402년(태종 2년) 태조 이성계의 지지를 받아 신덕왕후의 원수를 갚는다는 명분 아래 반란을 일으켰다가 실패하여 참형되었다.
24　심부름을 간 사람의 소식이 아주 없거나 또는 회답이 좀처럼 오지 않음을 비유하는 말.

태종은 마지막 수단으로 이성계의 스승 무학대사를 함흥으로 보냈다. 무학대사를 만난 태조는 마침내 태종에 대한 미움과 증오, 원망을 모두 내려놓았고 한양으로 돌아왔다. 이 소식을 들은 태종은 크게 기뻐하며 마중을 나갔다. 그때 하륜은 태종에게 반드시 곤룡포 안에 갑옷을 입고, 태조를 맞기 위해 임시로 세운 천막의 기둥을 아주 굵은 나무로 사용해야 한다고 조언했다. 태종은 하륜의 조언대로 굵은 나무를 기둥으로 삼았고, 곤룡포 안에 갑옷을 입고 태조를 마중 나갔다. 아니나 다를까, 멀리서 태종의 얼굴을 본 태조는 다시금 치밀어 오르는 화를 참지 못하고 활을 당겼다. 태종은 재빨리 굵은 나무 기둥 뒤로 몸을 숨겨 간신히 화살을 피했고 미리 입은 갑옷 덕분에 다치지 않을 수 있었다.

같은 날 저녁, 태종은 태조가 돌아온 것을 축하하는 연회를 열었다. 이때 하륜은 다시 한번 태종에게 혹시 모르니 만약을 대비하여 내시에게 곤룡포를 입히라고 조언했다. 태종은 하륜의 조언을 받아들였고, 곤룡포를 입은 내시가 태조에게 술잔을 올렸다. 곤룡포만 보고 내시를 태종이라고 여긴 태조는 그가 가까이 오자 품에서 철퇴를 꺼내 내리쳤다. 내시는 그 자리에서 즉사하였다. 내시가 죽은 뒤에야 그가 태종이 아님을 확인한 태조는 마침내 '태종 살해 계획'을 포기했다. 그날 태조는 태종이 임금이 된 것이 하늘의 뜻임을 한탄하며 받아들였다고 한다. 아무리 권력은 아들과도 나눌 수 없다고 하지만 참으로 부자지간이라고 보기 어려운 살벌한 광경이 아닐 수 없다. 어쨌거나 태종은 이날 하륜의 조언으로 두 번이나 목숨을 건질 수 있었다.

네 번의 선위파동에서
살아남다

태종은 왕권 강화를 위해 치밀한 방법을 활용했다. 적극적으로 문제를 던져놓고 논쟁을 유도한 다음 발을 빼버리거나, 빗발치는 상소문을 눈물로 외면하다가 마지못한 척 수용하면서 갑자기 상대를 제거하거나, 몇 년 동안 묵혀놓았던 사건을 뜻하지 않은 순간 기습적으로 꺼내서 위험인물을 제압하는 등, 태종이 신하들을 다스리는 방법은 실로 변화무쌍했다. 태종의 특징은 비슷한 상황이 벌어졌을 때 절대로 한 번 사용했던 방법을 반복하지 않는 것이었다. 대신 그는 뜻밖의 상황에서 기상천외한 방법으로 상대를 제압하고 권력을 강화해나갔다. 그야말로 천재적인 정치가였다. 태종이 직접 기획하고 연출한 상황극은 그의 재위 기간 내내 계속되었는데, 그 중 대표적인 방법이 네 번의 선위파동이다.

태종은 세자에게 왕위를 물려주겠다고 선언한 뒤 신하들의 태도를 살펴 왕권에 위협이 될 만한 존재를 가차없이 처단했다. 친족이라 할지라도 이를 피할 수 없었다. 선위파동을 통해 숙청된 인물 중에는 태종의 처남들도 있었다. 하지만 하륜은 네 차례에 걸친 선위파동에서도 살아남았다. 권력을 얻고도 태종의 곁을 이토록 오랫동안 지킨 인물은 극히 드물었다.

반면 1차 왕자의 난에서 결정적인 공을 세웠던 이숙번은 권력을 얻자 점점 거만해졌고, 세자에게 아첨하는 등 태종에게 반(反)하는 행동을 했다. 한번은 태종이 양위를 선언하자 이숙번이 하륜을 찾아와 "주상이 반드시 전위를 하고자 하면 국방은 제가 맡고 그 외의 국무와 외교 등은 정승과 왕이 함께 통치하는 것이 어떻겠습니까?"하고 물었다. 이숙번의 말을 들은 하륜은 "어찌 정승과 임금이 함께 통치할 수 있겠는가?"라며 눈물을 흘렸다. 하륜은 태종의 마음과 그의 결단력까지 헤아렸던 거의 유일한 신하였다.

하륜의 위기와 정몽주의 부활

하륜에 대한 태종의 신뢰는 바위보다 단단했다. 하지만 두 사람 사이에도 위기가 찾아왔으니 바로 1411년(태종 11년)에 발생한 '이색의 비문 사건'이다. 이색은 고려 말 신진사대부의 스승으로 하륜, 정몽주, 정도전, 권근 등이 그의 제자이다. 1398년(태조 7년) 이색이 세상을 떠나자 권근이 스승의 행장[25]을 쓰고 하륜은 묘비명을 썼다. 그런데 이 행장과 묘비명 중에 '공(이색)을 꺼리는 자들이 공을 무함해 죄를 씌워 극형을 가하고자 했다'는 구절이 문제가 되었다.

이색이 세상을 떠난 지 10년이 넘었고 스승의 행장을 쓴 권근 또한 1409년(태종 9년)에 이미 세상을 떠났는데 굳이 이 구절이 도마 위에 오른 것은 하륜을 공격하기 위해서였다. 대간들은 '공(이색)을 꺼리는 자'가 바로 태종이라 주장하였고, 하륜은 네 번이나 상소를

---

25 죽은 사람의 행실을 간명하게 써서 보는 이로 하여금 죽은 사람을 직접 보는 것처럼 살펴볼 수 있도록 하는 것. 주로 죽은 사람의 스승이나 제자 혹은 친구 중에 가장 문장이 뛰어나거나 이름난 사람이 지었는데, 후일 사관(史官)들이 역사를 편찬하는 사료 등에 자료로 제공하려는 것이 목적이었다.

올려 한사코 자신이 말한 '공(이색)을 꺼리는 자'는 정도전이라고 주장했다. 이때 태종은 하륜의 상소를 받아들이면서 두 가지 문제를 해결한다. 하나는 정도전을 만고의 반역자로 만든 것이고, 다른 하나는 정몽주를 만고의 충신으로 추앙한 것이다.

　태종이 '공(이색)을 꺼리는 자'가 '정도전'이라는 하륜의 주장에 손을 들어주면서 죽은 정도전은 다시 한번 폐서인이 되었고, 그의 자손은 벼슬길이 막혔다. 동시에 태종은 자신의 손으로 살해한 정몽주에게는 '문충(文忠)'이라는 시호를 내렸다. 그 후 정몽주는 조선 왕조 내내 충절의 표상으로 추앙받게 되었다. 태종의 손에 목숨을 잃은 정몽주와 정도전의 사후 운명은 다시 한번 태종의 손에 의해 바뀌었다. 태종이 자신의 손으로 죽인 정몽주를 추앙할 수 있게 된 것에는 하륜의 공이 컸다. 결국 하륜은 자신이 존경한 선배의 명예를 되찾아준 셈이다.

명예로운 죽음과 상반된 평가

　1416년(태종 16년) 봄, 자신이 제정한 정년퇴직 나이인 70세가 된 하륜은 사직을 청했다. 태종은 극구 만류했으나 하륜은 늙고 병이 있다며 간곡하게 벼슬을 사양했다. 태종은 하는 수 없이 하륜을 '진산부원군'으로 임명하고 선조(이성계의 4대 조상인 목조, 익조, 도조, 환조) 들의 무덤을 순찰하고 오라는 명을 내렸다. 태종은 두꺼운 겨울옷을 하사하며 하륜을 성문 밖까지 전송하였다.

얼마 뒤 함경남도에 도착한 하륜은 턱 위에 종기가 나는 바람에 자리에 눕게 되었다. 소식을 들은 태종은 두 번이나 어의를 보냈으나 차도가 없었다. 결국 그해 11월, 하륜은 마침내 눈을 감았다.

하륜은 태종과의 만남에 대하여 "위에는 마음을 극진히 하는 군주가 있고, 아래로는 마음을 극진히 하는 신하가 있다. 이같은 군신이 서로 만나기는 예로부터 어렵다"고 말했다. 하륜과 태종은 어려운 시절에 만나 의기투합하였고, 그 후 20년을 함께하며 조선의 기틀을 다졌다. 태종이 즉위한 뒤 하륜은 네 번이나 영의정을 지냈는데 한 번도 신하로서 분수에 넘치는 말이나 행동을 하지 않았다. 능력을 갖추고도 군주에게 순종할 줄 아는 하륜은 태종이 필요로 하는 이상적인 신하였다.

물론 하륜이 모든 면에서 완벽한 것은 아니었다. 때때로 그는 인사 청탁을 받기도 했고 재산을 축적하기도 했다. 그래서 하륜은 '청백리'의 명예를 얻지는 못했다. 〈태종실록〉과 〈세종실록〉은 하륜에 대하여 각기 다르게 평하고 있는데, 〈태종실록〉의 기록이 극찬 일색인 것에 비하여 〈세종실록〉의 기록은 객관적이다. 상반된 두 기록에서 공통적으로 인정하는 평가는 하륜이 학문에 해박하고 재주가 뛰어나다는 점이다. 만약 하륜이 살아서 이 평가를 보았다면 단점이 드러난 것에 연연하기보다 장점이 기록된 것에 기뻐하지 않았을까. 하륜은 그런 사람이었다.

하륜은 천성적인 자질이 중후하고 온화하고 말수가 적어 평생에 빠른 말과 급한 빛이 없었으나 관복 차림으로 의정부에 이르러 의심을 결단하고 계책을 정함에는 조금도 헐뜯거나 칭송한다고 하여 그 마음을 움직이지 않았다. 정승이 되어서는 되도록 대강을 살리고 아름다운 계책과 비밀의 논을 임금에게 아뢴 것이 대단히 많았으나 물러 나와서는 일찍이 남에게 누설하지 않았다. 몸을 가지고 물건을 접하는 것을 한결같이 성심으로 하여 허위가 없었으며 종족에게 어질게 하고 벗에게 신의와 진실하게 하였으며 아래로 어린이와 노비에 이르기까지 모두 그 은혜를 잊지 못하였다. 인재를 천거하기를 항상 미치지 못한 듯이 하였으나 조금만 착한 것이라도 반드시 취하고 그 작은 허물은 덮어주었다. 집에 있을 때는 사치하고 화려한 것을 좋아하지 않고 잔치하여 노는 것을 즐기지 않았다. 성질이 글 읽기를 좋아하여 손에서 책을 놓지 않고 유유하게 휘파람을 불고 시를 읊어서 자고 먹는 것도 잊었다. 음양(陰陽), 의술, 성경(星經), 지리까지도 모두 지극히 정통하였다. 후생을 권하고 격려하여 의리를 서로 의논하여 확실히 정함에는 미미하게 권태를 잊었다. 국정을 맡은 이래로 오로지 문장에 관한 일을 맡아 중국에 보내는 글과 문장의 저술이 반드시 윤색, 인가를 거친 뒤에야 정하여졌다.

— 〈태종실록〉 1416년(태종 16년) 11월 6일

하륜은 학문이 해박하고 정사에 재주가 있어 재상으로서의 체모는 있지만 청렴결백하지 못하고 일을 아뢸 때도 여염의 청탁까지 시간을 끌며 두루 말하곤 했다. 내 생각으로는 보전하기 어려울 것인데도 태종께서는 능히 보전하시었다.

— 〈세종실록〉 1438년(세종 20년) 12월 7일

목은 이색과 그의 제자들

	정몽주	정도전	이숭인	하륜	권근
탄생	1337년	1342년	1347년	1347년	1352년
과거 시험	1357년 (공민왕 6년) 국자감시[26] 합격 21세	1360년 (공민왕 9년) 성균시 합격 19세	1360년 (공민왕 9년) 국자감시 합격 14세	1360년 (공민왕 9년) 국자감시 합격 14세	1368년 (공민왕 17년) 성균시 합격 17세
	1360년 (공민왕 9년) 삼장[27] 장원 24세	1362년 (공민왕 11년) 동진사[28] 급제 21세	1362년 (공민왕 11년) 병과 급제 16세	1365년 (공민왕 14년) 문과 급제 19세	1369년 (공민왕 18년) 문과 급제 18세
관직	성균관 박사	성균관 박사	숙옹부승 (정7품)	춘추관[29] 검열(정8품)	춘추관 검열(정8품)
정치 노선	역성혁명 반대파, 건국 전 피살	역성혁명 주도	역성혁명 반대파, 건국 뒤 처형	역성혁명 반대, 건국 뒤 출사	역성혁명 반대, 건국 뒤 출사
최대 위기	1392년 조선 건국 직전	1392년 조선 건국 직전	1391(공양왕 3년) 정도전에 의해 윤이·이초 사건의 배후로 지목되어 스승 이색과 함께 유배		
제자	권근, 길재 등				권우(동생), 길재, 정인지, 세종대왕
사망	1392년 이방원에게 피살	1398년 (태조 7년) 이방원에게 피살	1392년 정도전의 명으로 유배지에서 장살	1416년 (태종 16년) 노환으로 사망	1409년 (태종 9년) 사망

---

26 일종의 예비 시험으로 감시, 관시, 성균시, 국자시 등으로 불렸다. 합격자에게는 성균 관(국자감) 입학 자격과 문과(대과) 응시 자격이 주어졌다.

27 고려 때부터 실시되어 조선 초기에 제도적으로 정비된 것으로서 초장, 중장, 종장의 3 단계 시험을 가르키는 말이다. 조선의 과거제도인 초시, 복시, 전시 3단계의 전신이다.

28 고려의 과거제도는 성적에 따라 을과 3인(1~3등), 병과 7인(4~10등), 동진사 23인 (11~33등)으로 구분했다.

29 고려·조선시대에 왕명 등을 논의하고 실록 편찬을 위한 기록 등을 담당하던 부서.

부록

고려 제국 흥망사

1392년, 조선을 건국한 이성계는 고려 제34대 공양왕으로부터 양위를 받아 새 왕조를 열었다. 이로써 936년 태조 왕건이 건국한 고려는 457년 만에 역사에서 사라졌다. 고려의 마지막 임금 공양왕으로부터 옥새를 받아 '양위'라는 형식으로 출발한 조선의 건국 과정을 알기 위해서는 먼저 고려라는 나라의 특수성을 이해할 필요가 있다.

탁월한 리더십을 지닌 남자, 왕건의 등장

고려의 태조 왕건이 태어난 시기는 통일 신라 말의 혼란기로, 당나라의 힘을 빌려 신라가 삼국을 통일한 뒤 300여 년이 흐른 뒤였다. 이 무렵 수도 서라벌의 귀족들은 사치와 퇴폐에 빠져 신라는 점점 붕괴하고 있었고, 옛 백제와 고구려의 땅에서는 잦은 반란이 일어나는 상황이었다. 이런 난세는 영웅들에게 기회가 된다.

먼저 기선을 잡은 것은 옛 백제의 땅에 살던 견훤이었다. 신라 진성여왕 때인 892년, 백제의 후예 견훤은 비밀리에 신라에 대항하는 군사를 일으켰다. 반란 세력의 우두머리가 된 것이다. 견훤이 가는 곳마다 백성들은 열렬하게 호응했고, 군사를 일으킨 지 한 달 만에 5천 명이 넘는 인원들이 스스로 모여들었다. 이에 고무된 견훤은 군사를 일으킨 지 8년 만인 900년, 지금의 전라도 광주 지역에 이르러 스스로 왕이라 칭하고 나라의 이름을 후백제로 선언했다. 그로부터 1년 뒤 북쪽의 개경에서는 몰락한 신라 귀족 출신의 궁예가 후고구려의 임금으로 즉위했다. 후삼국 시대가 시작된 것이다.

궁예의 즉위 과정은 견훤과 사뭇 달랐다. 몰락한 신라 귀족의 혈통을 타고난 궁예는 태어나자마자 부모에게 버림받고 죽임을 당할 뻔했다. 불길하다는 예언 때문이었다. 하지만 갓난아기를 본 시종은 마음이 흔들렸고 아기를 창밖으로 던졌다. 차마 죽일 수 없었기 때문이다. 다행히 궁예의 목숨은 질겼다. 마당에 있던 여종이 떨어지는 그를 받은 것이다. 그렇게 천만다행으로 목숨은 건졌으나 여종의 손가락에 눈을 찔리는 바람에 궁예는 한쪽 눈을 잃고 말았다. 여종은 아기를 살리기 위해 멀리 도망갔고, 궁예는 생명의 은인이자 자신의 한쪽 눈을 잃게 만든 여종을 어머니로 알고 성장했다. 참으로 극적인 이야기다.

출생의 비밀을 모른 채 성장한 궁예는 출가하여 승려가 되었다가 어지러운 세상을 보면서 야망을 품고 반란군에 합류한다. 궁예가 첫 번째로 찾아간 사람은 '기훤'이었다. 하지만 기훤은 성격이 포악하였고 부하들에게도 함부로 굴었다. 푸대접을 받던 궁예는 기훤의 그릇에 실망해 그를 떠나 또 다른 반란군 '양길'에게 몸을 의탁한다. 그리고 양길의 수하에서 자신의 능력을 충분히 발휘하며 승승장구한다. 이 무렵 궁예는 그의 날개가 되어줄 인물을 만나게 되는데 그가 바로 '왕건'이다.

개경을 기반으로 한 왕건의 가문은 해상무역을 통해 막대한 부를 축적한 호족이었다. 장차 가문을 물려받을 스무 살의 왕건에게는 가문의 사업인 해상무역을 안전하게 보호하고 확장하기 위한 강력한 수군이 있었다. 왕건의 합류로 궁예는 수군과 재력을 확보했고, 궁예의 수하에서 장군이 된 왕건은 혁혁한 무공을 세우며 이름을 알리기 시작했다.

　궁예와 왕건은 최고의 파트너였다. 궁예와 왕건의 상승세에 긴장한 것은 양길이었다. 그의 눈에 비친 궁예는 부하가 아닌 강력한 경쟁자였다. 양길은 궁예의 기세를 꺾어놓으려 했으나 궁예가 먼저 선수를 쳤다. 양길을 제압하고 승기를 잡은 궁예는 901년, 개경을 수도로 삼아 후고구려를 세우고 임금으로 즉위하였다. 왕건은 '궁예' 곁에서 유능한 2인자로 활약하며 자연스럽게 유력한 인물로 성장했다.

　만약 궁예가 정말 뛰어난 리더십을 갖추었다면 왕건은 계속해서 2인자로 남았을지도 모른다. 하지만 임금이 된 궁예는 스스로 미륵보살이라 주장하면서 아내와 아들들을 죽이는 등 패륜과 악행을 거듭하며 인심을 잃었고, 국호와 연호를 몇 번씩이나 바꾸는 등 변덕을 부렸다. 궁예의 공포정치에 질린 신하들은 왕건을 찾아와 어지러운 임금을 폐하고 밝은 임금을 세우는 것이 천하의 큰 의리라며 그에게 새로운 임금이 되어달라고 설득했다. 고민하던 왕건은 궁예가 자신을 의심하자 신하들의 추대를 받아들여 918년, 마침내 궁예를 폐하고 임금의 자리에 오른 뒤 국호를 '고려'로 천명했다. 이미 민심은 오래전부터 궁예에게 등을 돌린 후였기에 궁예의 마지막은 비참했다. 추방되어 도망치던 중 백성에게 붙잡혀 최후를 맞은 것이다.

　실력을 갖춘 2인자로 출발한 왕건은 가혹한 군주 곁에서 리더십을 발휘하며 서서히 민심을 장악한 후 신하들의 추대를 받아 왕위에 올랐다. 민심과 명분이라는 두 마리 토끼를 모두 잡은 왕건의 즉위 과정은 훗날 이성계에 의해 그대로 재현된다. 고려 말 불패의 장군이자 전쟁 영웅이었던 이성계는 공양왕(고려의 마지막 임금)에게 양위 받은 뒤 신하들의 추대를 받아 임금으로 즉위한다. 무력 혁명이 충분히 가능했음에도 이성계가 굳이 '양위'라는 절차를 거쳐 조선을 건국한 이유는 장차 조선의 임금이 될 자신의 후손들이 고려의 왕족처럼 오래오래 왕좌를 지켜주길 바랐기 때문이었을 것이다.

온화한 관용의 카리스마를 보여준 왕건, 신라를 품다

고려의 임금이 된 왕건은 성급하게 천하의 대권을 차지하기 위해 전쟁을 하는 대신 흐트러진 기강과 민심을 바로잡는 데 열중했다. 왕건은 시대의 흐름을 예리하게 관찰하며 신라, 후백제의 상황을 면밀하게 살피고 미래를 신중하게 고민했다. 그의 판단으로 후고구려는 물론 한반도의 역사가 바뀔 수도 있는 일이었기 때문이다. 그사이 후백제의 견훤은 맹렬한 기세로 저물어가는 신라를 향해 공세를 퍼붓고 있었다. 사실 궁예는 견훤과 손을 잡고 신라를 압박하여 고립시키는 정책을 펼치고 있었다. 신라를 공동의 적이라고 여겼기 때문이다. 견훤은 새로운 임금으로 즉위한 왕건이 '선(先) 신라 멸망, 후(後) 천하통일'이라는 궁예의 정책을 계승해주기를 기대했다.

하지만 왕건의 선택은 정반대였다. 왕건은 신라를 적이 아닌 형제로 보았다. 발해도 마찬가지였다. 926년에 발해가 멸망하자 왕건은 그 유민들을 고려의 백성으로 받아들였다. 망국의 백성들은 이유 고하를 막론하고 비참한 처지로 전락해야 했다. 견훤의 봉기가 성공한 배경에는 신라로부터 차별당해온 백제 유민들의 울분이 있었기 때문이다. 하지만 왕건은 발해의 유민들을 고려의 백성으로 받아들였고, 발해의 왕족과 귀족에게는 그에 맞는 대우를 해주었다. 왕건의 관용에 감동한 발해의 유민들은 기꺼이 고려의 백성이 되기를 선택했다. 왕건은 무력이 아닌 포용으로 옛 발해의 영토와 백성들을 고려로 편입했고, 피 한 방울 흘리지 않고 북방의 안정을 이뤘다. 이제 통일을 위해 남은 것은 후백제와 신라였다.

전쟁이라는 단순하고 확실한 방법이 있었으나 왕건은 발해, 고려, 후백제, 신라가 하나의 통일국가를 이루되 그 어떤 백성도 차별받지 않고 기존 지배층의 반발을 사지 않는 방법을 고민했다. 하지만 신라와 국경을 맞대고 있는 후백제의 견훤은 왕건과 전혀 다른 행보를 보였다.

927년, 견훤의 군사들이 신라를 공격했다. 이때 포석정에서 술을 마시며 놀던 신라의 경애왕은 무방비 상태로 후백제의 군사들 앞에 노출되고 말았다. 경애왕을 발견한 견훤은 왕이 보는 앞에서 왕비를 강제로 범하고 왕을 살해한다. 그리고 경애왕의 이종사촌을 새로운 임금으로 즉위시켰다. 그가 바로 신라의 마지막 왕인 경순왕이다. 수도 서라벌과 왕실을 장악한 견훤은 역대 신라 임금들의 무덤을 훼손하고 보물들을 약탈했다. 신라가 백제를 멸망시킨 것에 대한 복수를 한 것이다.

반면 왕건은 도움을 요청한 신라를 위해 군사를 이끌고 견훤의 군대와 맞섰다. 결과는 참담했다. 전투에 대패한 왕건은 아끼던 부하 장수를 잃고 간신히 목숨만 건질 수 있었다. 하지만 얻은 것도 컸다. 천하의 민심을 손에 넣은 것이다. 왕권이 약해지고 왕실이 신성함을 잃으면서 귀족들은 부패하고 지방의 호족 세력들은 분열되었으나 천 년 동안 왕국을 유지해온 신라의 저력은 무시할 수 없었다. 이를 잘 알았던 왕건은 처음부터 신라를 정복의 대상이 아닌 존중의 대상으로 보았다.

그로부터 3년 뒤인 930년, 고려와 후백제의 군대가 고창에서 만났고, 이 전투에서 고려는 대승을 거두었다. 통일이 눈앞에 다가온 것이다.

왕건의 품에 안긴
후백제의 견훤과 신라의 경순왕

고려의 가장 강력한 적이었던 후백제는 뜻밖에도 내부에서 무너지기 시작했다. 천하통일의 대업을 완성하기도 전, 견훤은 자신이 가장 총애하는 막내아들을 후계자로 세우려 했다. 성급하고 어리석은 결정이었다. 이에 견훤의 장남 신검을 비롯한 아들들이 쿠데타를 일으켰고, 결국 견훤은 아들에게 패하여 금산사에 유폐되었다. 그 후 신검이 후백제의 임금으로 즉위하자 견훤은 금산사에서 탈출해 왕건에게 몸을 의탁했다. 자식에게 배반당한 후 어제의 적에게 목숨을 구걸하러 간 것이다.

왕건은 초라한 모습으로 자신을 찾아온 견훤을 따뜻하게 맞아주며 그를 '상보(尙父·尙甫, 왕이 아버지와 같을 정도로 극히 존경하는 신하)'라고 부르는 등 극진히 대접했다. 이에 감동한 견훤은 남은 생을 후백제 멸망을 위해 바쳤다. 후백제를 건국하고 스스로 황제의 자리에 올랐던 견훤이었으나 그에게 남은 것은 아들 신검에 대한 복수심이 전부였다.

955년, 왕건은 견훤과 나란히 군사를 이끌고 후백제를 공격했다. 고려군의 사기는 하늘을 찔렀고 선봉에 선 견훤을 본 후백제군의 사기는 땅으로 떨어졌다. 이 모든 상황을 지켜본 신라의 경순왕은 같은 해, 왕건에게 자발적으로 항복하며 고려의 신하가 될 것을 청했다. 이로써 천년 왕국 신라의 이름은 역사에서 사라졌고, 수도 서라벌은 '경주'로 이름을 바꿨다. 고려에 귀순한 경순왕은 '정승공'으로 봉해졌고, 사심관[30]으로 임명되어 경주를 식읍[31]으로 받았다.

왕건은 또한 신라에 대한 우호의 의미로 경순왕의 조카딸을 아내로 맞고 자신의 딸을 경순왕에게 아내로 주었다. 그 후로도 왕건은 경순왕을 장인으로 대하며 지극히 존중했다. 신라가 고려에 흡수된 이듬해, 왕건은 견훤과 후백제를 공격한 끝에 견훤의 장남이자 후백제의 임금 신검에게 항복을 받아냈다. 경순왕의 귀순에 이은 후백제의 멸망으로 고려는 마침내 완전한 통일을 달성했다.

왕건은 신라와 후백제의 백성들에게 고려의 백성이라는 새로운 신분을 선물했고, 지방 호족들의 권리도 최대한 보장해주며 이들을 모두 고려로 흡수했다. 차별과 불평등 없이 난민과 유민을 모두 백

---

30 고려시대, 지방에 연고가 있는 고관에게 자신의 고장을 다스리도록 임명한 특수 관직으로 955년(태조 18년) 고려에 항복하면서 경주의 사심관으로 임명된 경순왕(김부)이 최초이다.

31 국가에서 왕족·공신 등에게 지급하던 일정한 지역. 통치권 자체를 준 것은 아니나 세금과 노동력 징발권도 포함하고 있어 서구의 중세 영주와 비슷한 지배권이 있었다.

성으로 품은 것이다. 심지어 왕건은 견훤이 보는 앞에서 신검을 용서하고 목숨을 살려주기까지 했다. 전쟁의 혼란을 거듭 겪으며 고달픈 삶을 이어가던 백성들은 용서와 화합의 리더십의 진수를 보여준 태조 왕건을 하늘처럼 존경했고, 고려의 백성이라는 것에 자부심을 느꼈다.

서해 용왕의 신성한 혈통을 이어받은 왕씨 일족

956년(태조 19년) 후백제의 멸망으로 고려가 완전한 통일을 이루자 왕건에 대한 신화가 만들어지기 시작했다. 백성들은 왕건이 서해 용왕의 후손이라 믿었고, 왕건과 왕건의 아들들에게는 용족의 상징인 비늘이 겨드랑이에 돋는다는 소문이 빠르게 퍼져나갔다. 실로 수십 년 만에 안정된 통일국가에서 살게 된 백성들은 왕건과 왕실, 왕족인 왕씨 일족들에 대하여 무한한 경외감을 품었다. 고려의 백성들은 왕건의 핏줄인 왕씨 일족만을 임금으로 인정했다. 훗날 이성계의 역성혁명에 백성들이 호응하지 않았던 배경에는 500년을 이어져 내려온 왕건과 왕씨 일족에 대한 민심이 있었다.

내부적인 유혈 사대를 최소화하면서 통일을 완성한 고려는 건국 이후 많은 외침을 겪었다. 먼저 북방의 유목 민족인 거란족이 세운 요나라의 침입이 잦았고, 여진족이 세운 금나라도 무시할 수 없었다. 당시 중국은 송나라가 다스리고 있었다. 송나라는 요나라와는 화친으로 국경의 안정을 이루었으나 요나라가 멸망한 뒤 크게 기세를 떨친 금나라에 압박을 받은 끝에 북쪽 영토를 내어주고 수도를 남쪽으로 옮겼다. 이를 '남송'이라 한다. 하지만 더 큰 위기가 이어졌으니, 바로 몽골 초원에서 일어난 원나라였다.

칭기즈칸이 세운 몽골제국은 유목 민족을 하나로 통일한 뒤 빠른 속도로 북방 초원을 장악하고 금나라에 이어 송나라도 멸망시켰다. 몽골제국은 동아시아 전체를 정복했고 세계에서 가장 광대한 영토를 차지했다. 그 후 몽골제국은 국호를 '원(元)'으로 바꾼 뒤 중원의 새로운 승자가 되었다. 이때 고려에서는 최씨 일족과 선두에 선 무인들이 대몽항쟁을 이끌었다. 고려는 몽골제국과 국경을 접하고 있는 나라 중 몽골제국이 정복하지 않은 유일한 국가로 남았다.

몽골의 침입이 있기 전 고려는 이미 내분으로 인해 왕권이 유명무실한 상태였다. 실질적인 권력은 병권을 장악한 무인들이 가지고 있었으나 임금의 자리만큼은 허수아비일지라도 계속 왕씨 일족들이 이어받았다. 거란의 요나라, 여진의 금나라, 한족의 송나라가 연이어 멸망했으나 고려는 명맥을 유지했고 왕실도 사라지지 않았다. 고려의 백성들은 전쟁으로 피폐해진 삶 속에서도 한 가닥 자부심을 가질 수 있었다.

원나라의 부마국이 된 고려,
몽골의 피가 섞인 임금의 탄생

몽골제국을 세운 칭기즈칸의 손자, 쿠빌라이칸은 원나라의 제1대 황제 '세조'로 즉위하였다. 그 과정에서 수많은 국가와 부족들이 멸망했으나 고려는 끈질긴 대몽항쟁 끝에 살아남았다. 하지만 '고려'라는 국호를 유지하기 위해 임금은 원나라 황실의 공주를 아내로 맞아야 했다. 고려를 정복의 대상이 아닌 동반 관계로 선택한 원나라가 몽골 황실의 혈통이 섞인 왕자를 고려 임금으로 세우고자 했기 때문이다.

그 첫 번째 인물은 제24대 원종의 태자였다. 태자는 이미 정화궁주를 비로 맞아 자식까지 둔 유부남이었으나 원나라의 요구에 따라 세조(쿠빌라이칸)의 딸을 아내로 맞았다. 태자의 아내가 된 공주는 대원제국의 공주라는 의미가 담긴 '제국대장공주'라는 이름을 받았다. 고려의 태자는 원나라 황제의 사위가 되었고 정치적인 입지 또한 강화되었다. 원나라 황궁에서 결혼식을 치른 태자는 원종이 승하하자 고려로 돌아와 왕위를 이었다. 그가 바로 고려 제25대 충렬왕이다. 충렬왕이 귀국할 때 고려의 백성들은 원나라 복장을 한 임금을 보고 통곡했다고 한다.

제25대 충렬왕부터 제30대 충정왕까지 고려의 왕들은 원나라 황제로부터 '충(忠)' 자가 들어간 묘호를 받았다. 원나라에 충성을 바친다는 의미였다. 원나라에 충성을 바친 대가로 명맥은 유지할 수 있었으나 사실상 고려는 원나라의 속국(식민지)이나 다름없었다. 왕위에 오른 충렬왕은 원나라의 허수아비로 전락한 자신의 처지를 한탄하며 정치에 관심을 버리고 음주 가무와 사냥, 여색 등에 빠진 채 방탕한 세월을 보냈다.

한편 제국대장공주는 결혼 이듬해 아들을 낳았다. 고려 최초의 혼혈 왕자였다. 왕자는 태어나면서 차기 군주의 입지를 굳혔고 3세 때 세자로 책봉되었다. 세자는 어린 시절부터 원나라 황실에서 자랐다. 고려의 세자는 원나라 황제의 외손자이기도 했고, 또 고려를 압박할 수 있는 중요한 인질이기도 했다. 이런 정치적 상황과 상관 없이 세자는 외가인 원나라에 친숙함을 느끼며 성장했고, 점차 자신의 정체성에 혼란을 느꼈다.

그러던 중 어머니가 세상을 떠났다는 소식을 들은 세자는 고려로 돌아왔는데, 그를 맞은 것은 후궁에게 빠져 있는 아버지 충렬왕이었다. 분노한 세자는 충렬왕의 후궁을 죽이고 원나라로 돌아갔고, 충렬왕은 양위를 선언했다.

원나라 황제의 허락을 받은 세자는 고려로 돌아와 제26대 충선왕으로 즉위했다. 충렬왕의 양위와 충선왕의 즉위는 원나라가 고려의 내정을 완전히 장악하고 있다는 것을 보여주었다. 그래서였을까. 고려의 백성들은 아버지를 몰아내고 왕위를 차지한 충선왕에게 싸늘했다. 원나라 황실의 '사위'일 뿐 완전한 고려인이었던 충렬왕과 달리 충선왕은 몽골 황실의 혈통이 섞인 임금이었다. 게다가 충선왕은 즉위 직후 과감한 인사 개혁으로 기득권 세력의 반발을 샀다. 여러 가지로 불리한 상황이었지만 충선왕에게는 원나라 황실의 지원이 있었다. 하지만 충선왕에게도 한 가지 치명적인 약점이 있었으니 원나라에서 정해준 왕비, 계국대장공주와의 불화였다.

어머니에게 무정했던 아버지 충렬왕을 원망했던 충선왕이었지만 그 역시 몽골 공주인 왕비와 극도로 사이가 나빴다. 충선왕의 냉정함에 분노한 계국대장공주는 남편이 가장 사랑하는 후궁 조비의 가족들을 옥에 가두고 재산을 몰수했다. 그리고 조비를 원나라로 압송했다. 사랑하는 여인이 고초를 당하는 것을 보면서도 충선왕은 아무것도 할 수 없었다. 자신의 한계와 무력함을 절감한 충선왕은

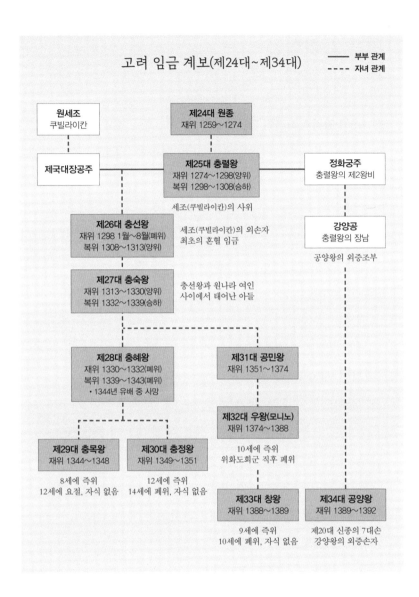

고려 임금 계보(제24대~제34대)

—— 부부 관계
----- 자녀 관계

원세조
쿠빌라이칸

제24대 원종
재위 1259~1274

제국대장공주

제25대 충렬왕
재위 1274~1298(양위)
복위 1298~1308(승하)

세조(쿠빌라이칸)의 사위

정화궁주
충렬왕의 제2왕비

제26대 충선왕
재위 1298 1월~8월(폐위)
복위 1308~1313(양위)

세조(쿠빌라이칸)의 외손자
최초의 혼혈 임금

강양공
충렬왕의 장남

공양왕의 외증조부

제27대 충숙왕
재위 1313~1330(양위)
복위 1332~1339(승하)

충선왕과 원나라 여인
사이에서 태어난 아들

제28대 충혜왕
재위 1330~1332(폐위)
복위 1339~1343(폐위)
· 1344년 유배 중 사망

제31대 공민왕
재위 1351~1374

제32대 우왕(모니노)
재위 1374~1388

10세에 즉위
위화도회군 직후 폐위

제29대 충목왕
재위 1344~1348

8세에 즉위
12세에 요절, 자식 없음

제30대 충정왕
재위 1349~1351

12세에 즉위
14세에 폐위, 자식 없음

제33대 창왕
재위 1388~1389

9세에 즉위
10세에 폐위, 자식 없음

제34대 공양왕
재위 1389~1392

제20대 신종의 7대손
강양왕의 외증손자

결국 포기를 선택했다. 충선왕은 7개월간의 짧은 재위 끝에 폐위되어 원나라로 압송되었고 왕위는 다시 충렬왕에게로 돌아갔다.

천륜을 짓밟은
비정한 권력 다툼

원나라의 황제와 고려의 임금

충선왕은 원나라 황실의 비호 아래 과감한 개혁을 시도했으나 결과는 비참했다. 사랑하는 후궁 조비는 목숨을 잃었고 황실의 지지를 잃었으며 왕위까지 잃었다. 권력을 다시 잡은 기득권 세력은 충선왕의 복위를 막기 위해 놀라운 정치 공작을 펼쳤다. 충선왕의 왕비 계국대장공주를 또 다른 고려의 왕족과 재혼시키려 한 것이다. 충렬왕의 조카이자 충선왕의 사촌동생인 서흥후 '왕전'이 그 후보였다. 충렬왕이 승하하면 충선왕이 아닌 서흥후 왕전을 계국대장공주의 새 남편이라는 명분으로 임금에 추대하려는 계획이었다. 계획이 성사되려면 계국대장공주가 서흥후 왕전과 사랑에 빠져야 했고, 충선왕과 정식으로 이혼을 해야 했다. 서흥후 왕전과 만난 계국대장공주는 빼어난 미남에 자상하기까지 한 그에게 마음이 흔들렸다.

만약 이때 계국대장공주가 충선왕과 이혼하고 서흥후 왕전과 재혼했다면 충선왕은 재기가 거의 불가능했을 것이다. 그런데 이 무렵 원나라 황실이 큰 혼란에 빠지면서 충선왕과 공주의 이혼 문제는 잠시 보류되었다. 1307년 원나라의 황제 성종(테무르)이 승하한 것이다. 불과 한 달 전, 황태자가 먼저 세상을 떠나는 바람에 황제의 자리는 공석이었다. 황후는 안서왕 아난다(성종의 사촌)를 지지했고, 충선왕은 카이산(성종의 조카)을 지지했다. 결과는 카이산의 승리였다. 안서왕이 황궁에 도착한 순간 대신들은 황후와 안서왕을 살해하고 카이산을 황제로 세웠다.

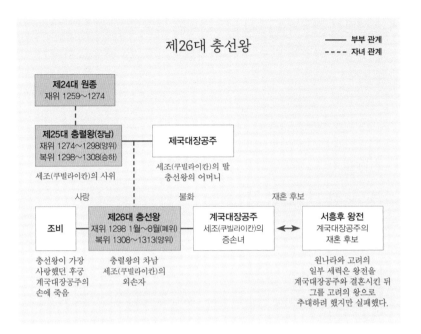

제26대 충선왕

—— 부부 관계
- - - - 자녀 관계

제24대 원종
재위 1259~1274

제25대 충렬왕(장남)
재위 1274~1298(양위)
복위 1298~1308(승하)
세조(쿠빌라이칸)의 사위

제국대장공주
세조(쿠빌라이칸)의 딸
충선왕의 어머니

사랑　　　　　　불화　　　　　재혼 후보

조비
충선왕이 가장
사랑했던 후궁
계국대장공주의
손에 죽음

제26대 충선왕
재위 1298 1월~8월(폐위)
복위 1308~1313(양위)
충렬왕의 차남
세조(쿠빌라이칸)의
외손자

계국대장공주
세조(쿠빌라이칸)의
증손녀

서흥후 왕전
계국대장공주의
재혼 후보
원나라와 고려의
일부 세력은 왕전을
계국대장공주와 결혼시킨 뒤
그를 고려의 왕으로
추대하려 했지만 실패했다.

　　어려서부터 충선왕과 친분이 깊었던 카이산은 황제가 되자 안
서왕 일족을 처벌하는 일을 충선왕에게 맡기고 그의 공을 치하하
며 '심양왕[32]'의 작위를 내렸다. 심양왕은 고려의 국왕보다 높은 지
위였다. 이듬해 충렬왕이 승하하자 서흥후 왕전과 계국대장공주의
재혼을 추진했던 고려의 기득권 세력은 완전히 몰락했다. 충선왕
은 잠시 귀국하여 책봉식을 치른 뒤 곧바로 원나라로 돌아갔다. 충
선왕은 재위 기간 내내 원나라에 머물며 고려를 다스렸다. 충선왕
이 고려에 와서 상처를 받은 것처럼 고려의 백성들에게도 원나라

32　고려 후기 원(元)나라에서 고려 왕족에게 수여한 봉작(封爵) 가운데 하나이다. 몽골 침
　　략 이후 고려의 유민들과 전쟁 포로들이 많이 이주하여 흩어져 살던 심양 지역을 다
　　스릴 수 있는 지위이다. 고려 임금 중 충선왕은 최초로 심양왕과 고려왕을 겸했다.

의 황족처럼 행동하는 충선왕의 존재는 상처였다. 이후 고려의 임금과 백성은 서로를 믿지 못하게 되었고, 민심은 왕실을 떠나기 시작했다.

심해지는 원나라의 간섭과
방황하는 고려의 왕들

충숙왕과 충혜왕

1313년 충선왕의 양위로 고려의 제27대 임금으로 즉위한 충숙왕의 지위는 처음부터 위태로웠다. 황실 혈통이 아닌 어머니는 힘이 되어주지 못했고, 상왕으로 물러난 충선왕은 수시로 그를 압박했으며, 원나라의 간섭도 계속되었다. 그렇다고 민심의 지지를 받는 것도 아니었다. 모든 것에 염증을 느낀 충숙왕은 1330년, 세자(제28대 충혜왕)에게 양위[33]하고 원나라로 돌아갔지만 2년 만에 다시 복위할 수밖에 없었다. 충혜왕이 술과 사냥, 여색에 빠져 번번이 사고를 치는 바람에 원나라에서는 어쩔 수 없이 충혜왕을 폐위하고 충숙왕을 복위시킨 것이다. 원나라의 뜻에 따라 수시로 임금이 바뀌면서 고려의 왕권은 점점 바닥으로 추락했다.

재위 마지막 순간까지 후계자에 대해 고민하던 충숙왕은 1339년, 결국 충혜왕에게 왕위를 물려주겠다는 유언을 남기고 승하한다. 그러나 원나라 재상의 강력한 반대로 인해 충혜왕은 즉위할 수

---

33 왕이 살아 있을 당시 다른 이에게 왕위를 물려주는 일.

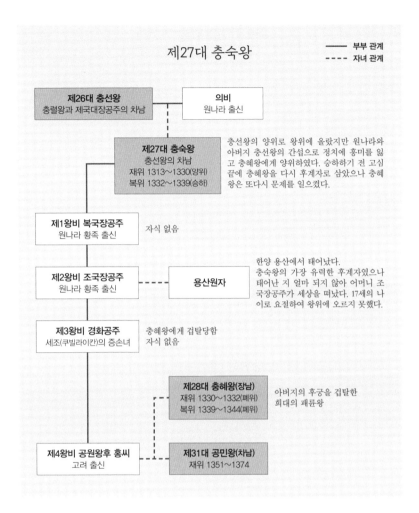

제27대 충숙왕

—— 부부 관계
---- 자녀 관계

제26대 충선왕
충렬왕과 제국대장공주의 차남

의비
원나라 출신

제27대 충숙왕
충선왕의 차남
재위 1313~1330(양위)
복위 1332~1339(승하)

충선왕의 양위로 왕위에 올랐지만 원나라와 아버지 충선왕의 간섭으로 정치에 흥미를 잃고 충혜왕에게 양위하였다. 승하하기 전 고심 끝에 충혜왕을 다시 후계자로 삼았으나 충혜왕은 또다시 문제를 일으켰다.

제1왕비 복국장공주
원나라 황족 출신

자식 없음

제2왕비 조국장공주
원나라 황족 출신

용산원자

한양 용산에서 태어났다.
충숙왕의 가장 유력한 후계자였으나 태어난 지 얼마 되지 않아 어머니 조국장공주가 세상을 떠났다. 17세의 나이로 요절하여 왕위에 오르지 못했다.

제3왕비 경화공주
세조(쿠빌라이칸)의 증손녀

충혜왕에게 겁탈당함
자식 없음

제28대 충혜왕(장남)
재위 1330~1332(폐위)
복위 1339~1344(폐위)

아버지의 후궁을 겁탈한 희대의 패륜왕

제4왕비 공원왕후 홍씨
고려 출신

제31대 공민왕(차남)
재위 1351~1374

가 없었다. 이런 상황에서 충혜왕은 아버지의 후궁, 외삼촌의 아내 등을 닥치는 대로 겁탈하는 패륜을 저질렀다. 그가 범한 여인 중에는 아버지의 후궁 경화공주도 있었다. 수치심을 느낀 그녀가 원나라에 이 사실을 알리려고 하자 충혜왕은 경화공주의 외부 출입을 통제하며 철저하게 단속하였다. 분노한 공주는 반역을 계획 중

인 '조적'과 손을 잡고 충혜왕의 폐위를 꾀했다. 심양왕 왕고[34]를 고려의 임금으로 세우고자 했던 조적은 경화공주의 지원을 받아 군사를 이끌고 왕궁을 습격했다. 이에 충혜왕은 직접 말을 타고 활을 쏘며 반란을 진압했다. 하지만 충혜왕이 계속 패륜과 포악을 일삼자 기철[35] 등은 이를 원나라에 고발하였다. 1343년, 복위된 지 5년 만에 충혜왕은 다시 원나라로 압송되었고, 이듬해 유배를 가던 중 세상을 떠났다.

허수아비 임금 충정왕과 충목왕의 짧은 치세

충혜왕이 승하한 뒤 왕위는 장남에게 돌아갔으니 그가 바로 제29대 충목왕이다. 충목왕은 8세의 어린 나이로 왕위에 올랐기에 어머니 덕녕공주의 섭정을 받았다.

원나라 출신인 덕녕공주는 조정을 친원파로 채웠다. 충목왕이 재위 4년 만에 세상을 떠나자 덕녕공주는 충혜왕의 서자를 임금으로 세우고 섭정을 계속했다. 그가 바로 30대 충정왕이다. 12세의 어린 임금은 꼭두각시나 다름없었고 모든 권력은 덕녕공주의 손에

---

34 심양왕과 고려왕을 겸했던 충선왕은 1313년 아들 충숙왕에게 고려 임금의 지위를 물려주고 1316년에 조카 왕고(王暠)에게 심양왕의 지위를 물려주었다. 심양왕 왕고는 고려 왕실의 내분을 이용해 임금의 지위를 차지하고자 했고, 이로 인해 심양왕과 고려 국왕 사이의 오랜 갈등이 시작되었다.

35 고려 출신으로, 공녀(貢女)로 원나라로 보내졌다가 중국 원나라 11대 황제 혜종(다른 이름 순제)의 황후가 된 기황후의 오빠. 대표적인 친원파 권문세족이다.

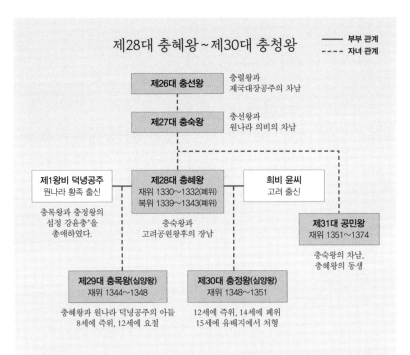

제28대 충혜왕 ~ 제30대 충정왕

—— 부부 관계
----- 자녀 관계

제26대 충선왕
충렬왕과
제국대장공주의 차남

제27대 충숙왕
충선왕과
원나라 의비의 차남

제1왕비 덕녕공주
원나라 황족 출신

충목왕과 충정왕의
섭정 강윤충*을
총애하였다.

제28대 충혜왕
재위 1330~1332(폐위)
복위 1339~1343(폐위)

충숙왕과
고려공원왕후의 장남

희비 윤씨
고려 출신

제31대 공민왕
재위 1351~1374

충숙왕의 차남,
충혜왕의 동생

제29대 충목왕(심양왕)
재위 1344~1348

충혜왕과 원나라 덕녕공주의 아들
8세에 즉위, 12세에 요절

제30대 충정왕(심양왕)
재위 1348~1351

12세에 즉위, 14세에 폐위
15세에 유배지에서 처형

* **강윤충** 고려 장군 이성계의 경처이자 조선 최초의 왕비 신덕왕후 강씨의 삼촌. 충혜왕의 총신으로 충혜왕이 승하한 뒤 왕비 덕녕공주의 총애를 받았다. 충혜왕과 덕녕공주의 총애로 고려 말 '곡산 강 씨' 가문이 권세를 얻는 데 크게 기여했다. 공민왕이 즉위한 뒤 처형되었다.

들어갔다.

안으로는 외척과 대비가 권력을 휘두르고 밖으로는 원나라의 간섭을 받았던 이 시기, 어린 임금이 할 수 있는 것은 아무것도 없었다. 국정의 문란이 극심해지자 왜구의 침입조차 막지 못하는 사태가 일어났다. 건국 이후 한 번도 없던 왜구의 침입은 고려 백성들에게 큰 충격이었다. 충정왕은 결국 임금의 자질이 부족하여 왜구를 다스리지 못했다는 이유로 재위 3년째 되던 1351년, 14세의 나이로 폐위되었고 이듬해 유배지에서 처형되었다.

개혁군주 공민왕과
조국을 배척한 노국공주의 사랑

어린 나이에 왕위에 오르고 또 어린 나이로 세상을 떠난 충목왕과 충정왕은 자식이 없었다. 이때 출중한 능력을 지닌 한 왕자가 주목을 받기 시작했다. 그가 바로 충숙왕의 아들이자 충혜왕의 친동생으로 오랜 시간 원나라에서 볼모로 지냈던 공민왕이다. 고려에 돌아와 제31대 왕으로 즉위한 공민왕은 그 즉시 변발을 풀고 원나라 옷을 벗어던지며 자주성 회복과 개혁을 선언했다. 원나라에 맞서 자주 개혁을 하기 위해서는 먼저 고려의 귀족들을 제압해야 했다. 하지만 고려 왕실은 썩어 있었다. 원나라 황실에 연줄을 댄 고려의 귀족들은 엄청난 부와 권력을 누렸고 백성들은 계속된 수탈과 착취로 고통받고 있었다.

오랜 시간을 원나라에서 보내온 공민왕은 원나라 황실이 썩은 동아줄이라는 것을 잘 알고 있었다. 이미 한족들은 각지에서 반란을 일으키고 있었고, 사치와 퇴폐풍조로 중앙의 통제를 잃은 원나라는 반란을 감당하지 못해 망국의 조짐을 보였다. 고려의 기득권층만 이 사실을 외면한 채 부귀영화에 집착하고 있었다. 개혁은 외로운 길이었고 실패한 선례도 많았으나 다행히 공민왕에게는 최고의 아군이 있었으니 바로 왕비 노국대장공주였다.

공민왕은 원나라의 황녀와 혼인한 고려의 임금[36] 중 유일하게

---

36 원나라의 황녀를 왕비로 맞은 고려의 임금은 제31대 공민왕 외에 제25대 충렬왕, 제26대 충선왕, 제27대 충숙왕, 제28대 충혜왕이다. 제29대 충목왕과 제30대 충정왕은 어린 나이에 왕위에 올라 일찍 세상을 떠나는 바람에 왕비를 맞지 못했다.

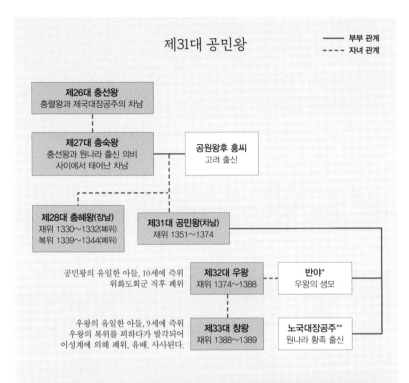

제31대 공민왕

—— 부부 관계
- - - - 자녀 관계

제26대 충선왕
충렬왕과 제국대장공주의 차남

제27대 충숙왕
충선왕과 원나라 출신 의비
사이에서 태어난 차남

공원왕후 홍씨
고려 출신

제28대 충혜왕(장남)
재위 1330~1332(폐위)
복위 1339~1344(폐위)

제31대 공민왕(차남)
재위 1351~1374

공민왕의 유일한 아들, 10세에 즉위
위화도회군 직후 폐위

제32대 우왕
재위 1374~1388

반야*
우왕의 생모

우왕의 유일한 아들, 9세에 즉위
우왕의 복위를 꾀하다가 발각되어
이성계에 의해 폐위, 유배, 사사된다.

제33대 창왕
재위 1388~1389

노국대장공주**
원나라 황족 출신

* 반야 신돈이 바친 여종으로, 신분이 미천하여 후궁이 되지 못했다. 야사에 따르면, 반야의 얼굴은 노국
대장공주와 무척 닮았다고 한다. 공민왕은 반야에게서 그토록 기다렸던 아들 '모니노(우왕)'를 얻었다.

** 노국대장공주 공민왕이 사랑한 유일한 아내로, 조국 원나라를 배척하고 공민왕의 반원 정책과 개혁을
지지했다. 공민왕 즉위 10년째 되던 해 난산으로 아이와 함께 세상을 떠났다. 노국공주의 죽음으로 공민
왕은 큰 충격을 받았고, 정치에 흥미를 잃었으며, 많은 후궁을 두었지만 자식을 얻지 못했다.

왕비와 사이가 좋았다. 원나라 황족이 아닌 고려의 왕비가 되기를
선택한 노국대장공주는 공민왕의 개혁을 진심으로 응원했다. 그만
큼 왕비는 공민왕을 이해하며 사랑하고 있었다. 왕비의 응원은 개
혁의 원동력이었고, 공민왕의 개혁은 절망에 빠져 있던 신진사대부
와 백성들에게 희망이었다. 이에 부응하여 공민왕은 쌍성총관부를
수복해 고려의 자주성을 회복했다.

하지만 공민왕에게 시련이 닥쳐왔다. 사랑하는 노국대장공주가 출산 중 세상을 떠난 것이다. 숨이 끊어진 채 태어난 아기는 공민왕이 그토록 기다리던 아들이었다. 사랑하는 왕비와 아들을 잃은 공민왕은 정치에 모든 흥미를 잃고 오직 왕비를 애도하는 데 열중한다. 하지만 개혁이 끝난 것은 아니었다. 공민왕은 자신을 대신할 인물을 발탁하여 대대적인 힘을 실어주었으니, 그가 바로 승려 출신으로 공민왕의 스승이 된 '신돈'이다. 신돈은 공민왕이 빌려준 권력을 움켜쥐고 개혁을 과감하게 진행했다. 특히 그는 권문세족에 맞설 인재를 등용하기 위해 신진사대부의 요람인 성균관을 부활시켰다. 공민왕과 신돈의 개혁을 통해 부활한 성균관에서 배출된 인물 중 한 명이 바로 역성혁명의 주인공인 정도전이다. 조선 건국의 씨앗은 뜻밖에도 공민왕의 개혁을 통해 그 모습을 드러낸 것이다.

폐가입진의 주인공 우왕과 창왕, 그리고 고려의 마지막 임금 공양왕

이 무렵 원나라는 주원장이 주도한 홍건적의 난을 비롯하여 한족의 각종 반란을 진압하지 못해 북쪽으로 밀려난 상황이었다. 이를 북원(北元)이라고 한다. 원나라의 존립 자체가 위태로운 지경이었지만 고려 공녀 출신 황후 기씨는 공민왕을 폐위시키고 심양왕 왕독타불화[37]를 고려의 왕으로 추대하려는 계획을 꾸미고 있었다. 공민왕이 친원파 세력인 기황후의 친정을 숙청한 것에 앙심이 깊었기 때문이다. 하지만 왕독타불화는 기황후의 제안을 거절했다.

왕독타불화가 기황후가 내민 손을 거절한 것은 지극히 현실적인 이유였다. 공민왕은 아들이 없으므로 어차피 고려 임금의 자리는 자신에게 돌아올 것이라고 생각했기 때문이다.

왕위를 위협받은 공민왕은 자식을 얻는 데 집착했다. 그러던 중 신돈의 여종 '반야'에게서 마침내 기다리던 아들 '모니노[38]'가 태어난다. 노국공주를 빼닮은 얼굴을 지녔다고 전해지는 '반야'는 비록 공민왕의 유일한 아들을 낳긴 했으나 신분이 너무 미천하여 후궁으로 책봉되지 못했다. 이에 공민왕은 모니노가 궁인 한씨가 낳은 자신의 친아들이라고 공표한 뒤 서둘러 그를 강령부원대군으로 봉한다. 모니노가 신돈의 아들이라는 의혹을 없애기 위해서였다. 아들의 탄생으로 의욕을 찾은 공민왕은 친정[39]을 선언하고 가장 먼저 지나치게 비대해진 신돈의 세력을 숙청한다. 하지만 얼마 후 어처구니없는 죽음을 맞는다.

공민왕을 죽인 것은 임금의 호위무사인 자제위였다. 공민왕은 왕비 노국대장공주가 세상을 떠난 뒤 귀족 자제들로 구성된 자제위 신하들과 어울리며 엽기적인 패륜 행각을 저지르곤 했다. 금기된 쾌락에 심취했던 공민왕은 자제위 무사들을 시켜 자신의 후궁을 강제로 범하게 했는데, 후궁 익비가 자제위 홍륜의 아이를 임신한 것이다. 정신을 차린 공민왕이 관계된 사람들을 모두 죽여 진실

---

37 '탈탈불화'라는 이름도 있다. 제2대 심양왕 왕고의 손자이자 공민왕의 조카이다. 심양왕의 지위는 제29대 충목왕 이후 고려의 임금이 겸임해 왔으나 고려와 원나라의 정세가 혼란한 틈을 타 왕독타불화가 기황후의 지지를 얻어 제5대 심양왕으로 책봉되었다.
38 제32대 우왕의 어린 시절 이름.
39 임금이 직접 나라의 정사를 돌봄.

을 은폐하려 하자 이를 눈치챈 내시 최만생이 자제위 신하들과 함께 공민왕을 무참하게 시해했다. 공민왕 시해 사건을 수습한 이인임은 공민왕의 유일한 아들인 모니노를 왕으로 옹립한다. 그가 바로 고려의 제32대 임금 '우왕'이다.

1387년(우왕 13년), 원나라를 몰아내고 중원 통일을 앞둔 명나라에서 고려에 철령 이북의 땅을 요구하는 사건이 벌어진다. 명나라와의 전쟁에 반대했으나 우군통제사로 임명되어 대군을 이끌고 출병한 이성계는 결국 위화도에서 군사를 돌려 개경을 점령했다. 이성계의 반란은 성공했고 우왕은 유배에 처해졌으며 최영은 처형되었다. 그 후 우왕의 아들 '창'이 왕위에 오르지만 즉위 1년 만에 폐위되고, 조정을 장악한 이성계와 정도전은 우왕이 신돈의 아들이며 그래서 우왕과 창왕은 공민왕의 핏줄이 아니라는 '폐가입진[40]'의 명분을 들어 제24대 원종의 7대손인 공양왕을 즉위시킨다. 그로부터 4년 뒤, 이성계는 자신이 옹립한 공양왕에게 양위를 받아 조선을 건국한다.

고려의 왕을
위협했던 심양왕

심양왕은 고려 후기 원(元)나라에서 고려 왕족에게 수여한 작위

---

40 가짜를 폐하고 진짜를 세운다는 뜻. 창왕을 폐하고 공양왕을 세우기 위해 정도전이 내세운 명분이다.

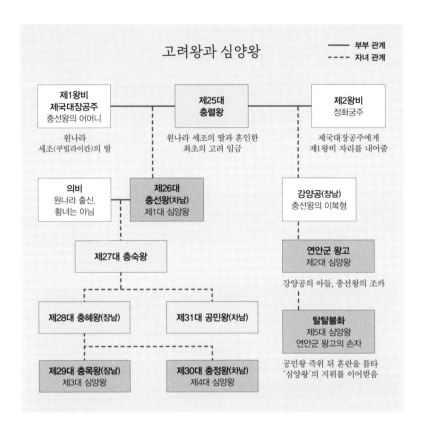

고려왕과 심양왕

―― 부부 관계
----- 자녀 관계

제1왕비
제국대장공주
충선왕의 어머니

원나라
세조(쿠빌라이칸)의 딸

제25대
충렬왕

원나라 세조의 딸과 혼인한
최초의 고려 임금

제2왕비
정화궁주

제국대장공주에게
제1왕비 자리를 내어줌

의비
원나라 출신,
황녀는 아님

제26대
충선왕(차남)
제1대 심양왕

강양공(장남)
충선왕의 이복형

제27대 충숙왕

연안군 왕고
제2대 심양왕

강양공의 아들, 충선왕의 조카

제28대 충혜왕(장남)

제31대 공민왕(차남)

탈탈불화
제5대 심양왕
연안군 왕고의 손자

제29대 충목왕(장남)
제3대 심양왕

제30대 충정왕(차남)
제4대 심양왕

공민왕 즉위 뒤 혼란을 틈타
'심양왕'의 지위를 이어받음

중 하나로, 지위는 원나라의 속국 '고려왕'보다 높았다. 심양왕은 주로 고려왕이 겸직한 지위 중 하나였는데 심양왕의 지위를 처음 받은 인물은 제26대 충선왕이다. 그는 고려의 왕으로 즉위했으나 원나라 황족 출신의 왕비 계국대장공주와의 불화로 인하여 즉위 7개월 만에 폐위, 다시 세자의 신분으로 강등되어 원나라에서 지내게 되었다.

그로부터 얼마 뒤 황제(제6대 성종 테무르)가 승하하자 황위 계승을 둘러싼 치열한 다툼이 벌어졌는데 충선왕은 이때 성종의 조카

'카이산'을 지지했다. 그 후 제7대 무종으로 즉위한 카이산은 충선왕에게 '심양왕'의 지위를 하사한다. 고려의 세자로 강등되었던 충선왕은 심양왕의 신분으로 1308년 다시 고려왕으로 복위했다. 그리하여 고려왕이 심양왕을 겸직하는 전통이 만들어졌다. 하지만 충선왕이 고려왕의 지위를 아들 충숙왕에게, 심양왕의 지위를 조카 연안군에게 물려주면서 심양왕은 고려왕과 별개가 되었다. 그 후 '고려왕의 임명권'을 가진 원나라에서는 심양왕을 이용하여 고려왕을 압박, 견제하였다.

3장

이미 많은 것을 가진 자가 더 큰 욕망을 위해
거리낌 없이 남을 짓밟고 남의 것을 빼앗는 것이 허용되었을 때,
정의로움은 사라지고 역사의 흐름은 바뀌었다.

종친과 외척

욕망 편

수양대군

"왕위를 찬탈한 야심가"

이름 **이유(수양대군)**

국적 **조선**

직업 **왕자**(세종과 소헌왕후의 차남), **정치가, 왕**(제7대 세조)

정치 노선 **왕권강화파**

인생을 바꾼 순간 **1453년**(단종 1년), **계유정난**

결정적 실수 **1452년**(단종 즉위년), 안평대군의 책사 이현로를 매질하여 지탄받았다. 이를 해결하기 위해 명나라에 사신으로 가겠다고 자청했고 신숙주가 함께 갔다.

애증의 대상 **안평대군**

안평대군에게 하고 싶은 말 **"너는 어찌하여 형인 나의 뜻을 따르지 않고 김종서와 손을 잡았는가? 너의 죽음은 네가 자초한 것이며 단종의 죽음 또한 결국 네가 초래한 것이니라."**

'**내** 너를 투기하게 된 것이 그때부터였던가.'

달이 휘영청 밝은 한밤이었다. 수양은 말을 천천히 몰며 안평의 무계정사[1]를 떠올렸다. 무계정사는 안평의 고상함과 부유함을 과시하는 상징적인 건축물이었다. 아버지(세종)의 명으로 성녕 숙부의 양자로 간 안평은 막대한 재산을 물려받았고, 그 재산을 바탕으로 부귀함속에서 예술적 안목과 재주를 키워나갔다. 덕분에 안평은 조선 제일의 시인이자 예술가가 되었다. 내로라하는 선비들도 안평과의 교류를 가문의 영광으로 생각했다. 그도 그럴 것이 대국의 사신들조차 조선에 오면 안평의 글씨 한 점을 얻어가려고 안달을 했다. 그랬다. 안평은정치가보다는 예술가에 가까웠다. 그런데 지금은 김종서와 손을 잡고친형인 자신을 압박하고 있었다.

'문제는 김종서야. 김종서는 왜 내가 아니라 안평과 손을 잡았을까? 안평에게는 정치적 야심이 없어 보여서? 한 번 맛을 들이기 시작하면 없던 야심도 솟구치는 것이 권력이거늘, 내 속에서 꿈틀거리는역심을 안평이라고 품지 말라는 법이 어디에 있단 말인가?'

승하하신 형님(문종)을 떠올리자 눈물이 차올랐다. 언제나 자신을믿어주고 칭찬해주셨던 형님이었다. 만약 형님이 살아 계셨더라면 이런 생각조차 할 필요가 없었을 텐데 하는 마음에 수양은 기분이 울적해졌다. 그러나 다시 원망의 마음이 스멀스멀 고개를 들었다. 마지막순간, 왜 피붙이인 자신이 아니라 김종서와 집현전 학자들에게 금상(단종)을 부탁했는지 형님이 원망스러웠다. 하지만 무엇보다 서운한 것은 이제는 너무 멀어져버린 안평이었다.

---

1 안평대군이 한양의 북문인 창의문(彰義門) 밖에 세운 정자 겸 서재로 1만 권의 장서를
   보유하고 있던 당대 최고의 개인 서재이다. 이곳에서 안평대군은 선비 및 예술가들과
   시를 지으며 교류하였다.

"대감, 이제 오십니까?"

어느새 집에 다 온 모양이었다. 방에 들어가자 권람이 벌떡 일어났다. 오랫동안 기다린 것 같았다. 권람 옆에는 또 다른 한 사내가 있었다. 키는 다른 사람보다 머리 하나는 작은데 머리통은 족히 두 배는 되어 보였다.

"자네가 와 있었던가? 근데 저이는 또 누구인가?"

"예, 대감. 이 사람은 신의 죽마고우 한명회라 합니다. 대감을 긴히 꼭 뵙고 싶다 하여 늦은 시간인 줄 알면서도 기다리고 있었습니다."

"자, 다들 앉게나."

수양은 권람이 소개한 사내를 가만히 보았다. 머리가 커서 그런지 앉은키는 오히려 우람하고 월등해 보였다. 잘생긴 것과는 거리가 멀었지만 볼수록 눈을 뗄 수 없는 신기한 얼굴이었다. 게다가 수양의 눈빛을 피하지 않고 오히려 재미있다는 듯 마주 보는 것이 담력도 있어 보였다.

"그래, 무슨 일로 나를 보고 싶다 했는가?"

사내는 자세를 고쳐 앉더니 눈을 반짝이며 목소리를 한껏 낮추었다.

"대감, 제가 대감의 꿈을 이뤄드리겠나이다."

조선의 제4대 임금이자 성군의 기준을 세운 군주라 할 수 있는 세종에게는 무려 열여덟 명의 아들이 있었다. 그중 왕비 소헌왕후가 낳은 아들은 모두 여덟 명이었다. 세종과의 사이에서 딸 둘과 아들 여덟, 총 10남매를 둔 소헌왕후는 조선 왕실 역사상 가장 많은 아들을 낳은 왕비였고, 그만큼 금슬이 지극했다. 소헌왕후에게서 태어난 여덟 명의 대군들은 하나같이 재능이 출중하였고 형제간에 우애가 깊어 아버지 세종을 기쁘게 했다.

학문에 목이 말랐던 충녕대군 시절, 세자가 아니라는 이유로 원하는 공부를 마음껏 할 수 없었던 세종은 아들들만큼은 능력을 충분히 발휘할 수 있도록 공부를 시켰고 나랏일에도 참여시켰다. 이는 종친은 정치에 참여할 수 없다는 원칙을 깨뜨린 것이었지만, 공식적인 업무라기보다는 세종이 진행하는 각종 프로젝트를 보좌하는 임무였기 때문에 크게 문제가 되지 않았다. 농업, 의학, 과학, 수학, 천문학, 병법, 언어학, 음악, 무용 등 세종의 관심 분야와 그가 진행하는 프로젝트들이 워낙 많았기 때문에 왕자들은 각자의 적성에 맞는 분야에서 능력을 떨치며 세종과 문종을 보좌했다. 든든한 아들들이 있었기에 세종은 많은 업적을 남길 수 있었다. 그런 의미에서 세종은 행복한 아버지이자 임금이었다.

세종은 아들들에게 항상 우애를 강조했고 그 자신도 평생 왕위를 '양보'해준 두 형, 양녕대군과 효령대군에게 우애를 다했다. 하지만 세종이 승하하자 그가 그토록 강조했던 형제간의 우애는 순식간에 조각나고 말았다. 세종의 아들들은 서로 죽고 죽이는 친족살해의 비극을 되풀이했고, 최후의 승리는 수양대군이 차지했다. 세종의 두 형, 양녕대군과 효령대군은 수양대군을 지지하며 그가 단종과 안평대군을 죽이는 것에 찬성하였고, 수양대군이 왕위에 오르는 것에 적극적으로 협조했다.

　세종은 분명 훌륭한 성군이었고 자식 사랑 또한 각별하였다. 그렇다면 왜 부족함 없는 사랑을 실컷 받으며 우애 좋게 성장한 왕자들에게 죽고 죽이는 비극이 일어난 것일까? 수양대군의 삶을 이해하기 위해서는 그의 가족사, 즉 세종의 삶을 알아야 한다.

최초의 세자 교체 사건

양녕대군에서 충녕대군으로

　세종의 아버지 태종은 1차 왕자의 난과 2차 왕자의 난을 주도하며 무력으로 왕위에 오른 임금이다. 비록 왕위에 오르는 과정에서 유혈사태를 일으켰으나 임금이 된 후에는 뛰어난 정치력으로 제도를 정비하고 조정을 안정시켜 나갔다. 때로는 비정하게, 때로는 온화하게 신하들을 다스렸던 태종은 능수능란하게 조정을 주도하며 강력한 왕권을 구축했다. 하지만 피도 눈물도 없을 것 같은 태종에게 한 가지 치명적인 약점이 있었으니, 그것은 바로 세자 양녕대군이었다.

　무력으로 왕위를 쟁취한 태종은 자신의 후손만큼은 다툼 없이 대대손손 왕위를 이어가길 바랐다. 그러기 위해서는 후계자의 정통성에 흠집이 없어야 했다. 그래서 태종은 적장자 양녕대군을 세자로 삼았다. 하지만 세자는 자신의 지위를 이용해 주색잡기 분야에서 유례없는 위세를 떨쳤다. 기생을 불러들이고, 은퇴한 관리 곽선의 첩 어리를 세자궁에 몰래 데려와 자식까지 낳는 등의 만행을 저질렀다. 민가의 아녀자를 희롱했다는 추문도 끝없이 태종의 귀에 들려왔다. 보다 못한 태종은 세자를 불러 타이르기도 하고 혼도 냈지만 별다른 성과가 없었다. 태종은 세자의 거듭되는 비행에 민망하였고 또 분노하였다.

양녕대군의 거침없는 행동 이면에는 자신이 '차기 군주'라는 자만이 있었다. 태종이 승하하면 자신이 임금이 될 것이라는 자신감은 양녕대군을 더욱 거만하게 만들었고, 미래를 보장받고 싶었던 이들은 세자에게 미리 줄을 대고 아부를 일삼았다. 이를 경계한 태종은 선위 파동을 일으켜 왕권을 위협하고 세자를 부추기는 세력을 살벌하게 숙청했는데, 그들 중에는 세자의 외삼촌들도 있었다.

하지만 태종의 속마음을 제대로 파악하지 못한 일부 세력은 여전히 차기 군주인 양녕대군을 추종하며 그의 비위를 맞추었고, 양녕대군은 주어진 권력을 마음껏 즐겼다. 이를 지켜보던 태종은 세자의 교체를 결심하고 즉시 실행에 옮겼다. 누구보다 적장자 계승을 염원하던 태종이 세자 교체를 결심한 것은 양녕대군에게 실망한 것을 넘어 그를 체념했기 때문이다.

세자 교체는 신중하고 신속하게 진행되었다. 원하는 여론을 만들어 낼 줄 알았던 태종은 심혈을 기울여 양녕대군의 폐위를 '성군의 자질을 갖춘 동생'을 위한 양보로 둔갑시켰다. 자질 부족으로 폐위된 양녕대군의 이미지를 억지로 포장한 것이다. 이는 양녕대군의 추문을 미담으로 바꾸기 위한 눈물겨운 노력이자 새롭게 세자로 책봉된 충녕대군에게 '성군의 자질을 갖춘 왕자'라는 이미지를 심어주기 위해 계획된 여론이었다.

1418년, 세자 양녕대군이 폐위되고 태종의 셋째 아들 충녕대군이 세자로 책봉되었다. 그로부터 두 달 뒤, 태종은 전격적으로 왕위에서 물러났고 세자 충녕대군이 임금으로 즉위했다. 세자의 폐위, 새로운 세자 책봉, 태종의 양위, 세종의 즉위라는 중대한 사건이 거의 동시에 일어난 것이다.

태종의 양위와 세종의 즉위

누구보다 강력한 왕권을 가지고 강력한 국가를 건설하고자 했던 태종이 굳이 '양위'를 하면서까지 이제 막 세자에 책봉된 세종을 임금으로 즉위시킨 것에는 그만한 이유가 있었다.

태종은 힘과 권위 그리고 상징성까지 두루 갖춘 '상왕'의 지위를 이용하여 왕권에 위협이 될 만한 요소들을 손수 제거해 태평성세의 기반을 닦고자 했다. 명나라의 경우 태조 홍무제(주원장)는 30년간 재위하면서 많은 공신들을 손수 숙청하였고, 제3대 영락제 또한 22년 동안 재위하면서 절대적 왕권을 기반으로 탄탄한 후계 구도를 완성했다. 하지만 조선은 태조와 정종의 재위 기간을 합쳐도 채 10년이 되지 않았다. 게다가 제4대 세종이 즉위할 때까지 선왕이 승하한 후 세자의 지위에 있던 적장자가 왕위에 오르는 정상 계승은 단 한 번도 이루어지지 않았다. 태조부터 제3대 태종까지, 임금은 언제나 양위를 통해 왕위를 물려주었고, 왕좌의 주인은 단 한 번도 적장자인 적이 없었다. 세종이 즉위했을 때 조선은 건국 26년을 맞은 젊은 나라였고 후계자의 기준은 여전히 모호했다. 이에 태종은 상왕으로 물러나 어수선한 왕실을 재정비하고자 한 것이었다.

상왕 태종이 가장 먼저 착수한 일은 세종의 처가를 견제하는 것이었다. 태종은 왕위에 오르기 전부터 외척이 권력을 갖는 것을 극도로 경계했다. 그래서 처남들도 거침없이 숙청했고, 양녕대군이 세자였을 때 세자빈 선택에도 심혈을 기울였다. 사대부 출신 중에서 고르고 골라 선택한 것이 김한로의 딸이었다. 태종과 과거급제 동기였던 김한로는 정치가보다는 학자로서의 기질이 강했다. 그는 양녕대군의 장인이 된 후 요직에 임명되었으나 능력으로 보나 처세로 보나 왕권에 전혀 위협이 되지 않았다. 김한로는 오직 세자저하 사위의 비위를 맞추는 것에만 온 신경을 집중하였고, 자신의 집을 양녕대군과 외간 여자들의 밀회 장소로 제공하기도 했다. 이런 노력에도 불구하고 양녕대군이 폐위되자 김한로 역시 죽산으로 부처[2]되었다. 지나치게 가벼운 처벌이었으나 '외척' 김한로의 존재감은 그만큼 작았다. 하지만 세종의 장인 심온은 달랐다.

심온은 개국공신 심덕부의 아들로, 그의 가문은 왕실과 긴밀한 친인척 관계를 형성해온 당대의 명문가였다. 경선공주[3]와 혼인한 심온의 남동생 심종은 태조의 사위였고, 왕우[4]의 딸과 혼인한 또 다른 남동생 심정은 공양왕의 조카사위였다. 딸은 태종의 아들 충녕대군의 아내였고, 아들 심준과 심회는 태종의 처남 민무휼[5]의 딸 민

---

2   벼슬아치에게 어느 곳을 지정하여 머물러 있게 하던 형벌.
3   태조 이성계와 신의왕후 한씨의 둘째 딸.
4   고려의 마지막 임금이었던 공양왕의 형. 그의 딸 중 한 명은 무안대군(태조 이성계의 7남)과 혼인하였고, 또 다른 딸은 심온의 남동생 심정과 혼인하였다.

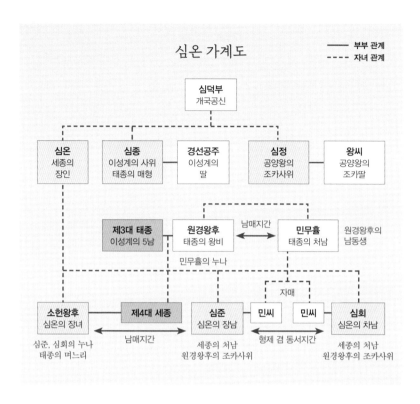

심온 가계도

—— 부부 관계
---- 자녀 관계

심덕부
개국공신

심온
세종의
장인

심종
이성계의 사위
태종의 매형

경선공주
이성계의
딸

심정
공양왕의
조카사위

왕씨
공양왕의
조카딸

제3대 태종
이성계의 5남

원경왕후
태종의 왕비

남매지간

민무휼
태종의 처남

원경왕후의
남동생

민무휼의 누나

소헌왕후
심온의 장녀

제4대 세종

심준
심온의 장남

민씨

자매

민씨

심회
심온의 차남

심준, 심회의 누나
태종의 며느리

남매지간

세종의 처남
원경왕후의 조카사위

형제 겸 동서지간

세종의 처남
원경왕후의 조카사위

씨 자매를 아내로 맞아 겹사돈 관계를 형성했다. 그러던 중 충녕대군이 제4대 세종으로 즉위하자 왕비의 아버지가 된 것이다. 쟁쟁한 가문의 배경과 능력을 두루 갖춘 심온은 얼마든지 강력한 외척이 될 수 있었다. 태종은 이를 미연에 방지하기 위해 신중하게 계획을 세웠고, 신속하게 행동했다.

태종은 세종이 즉위하자 곧바로 심온을 영의정으로 임명하였다. 이는 두 가지 효과가 있었다. 하나는 다른 관리들이 심온을 부

5 　태종의 정비인 원경왕후 민씨의 남동생.

러워하게 만든 것이고, 또 다른 하나는 왕비의 친정에 최고의 권력을 부여함으로써 세종에게 힘을 실어준 것이다. 영의정 심온의 첫 번째 임무는 세종의 책봉을 승인받기 위해 명나라에 사신으로 가는 것이었다. 심온이 사신단과 함께 출발하자 100명이 넘는 백성들이 환호하며 그를 환송했다. 이 이야기를 들은 태종은 다음 계획을 실천한다. 그것은 바로 심온 일가의 숙청이었다.

세종의 장인
심온의 몰락

심온이 명나라에 도착했을 무렵, 태종은 느닷없이 '강상인 사건'을 거론하기 시작한다. 강상인은 세종이 즉위할 당시 병조참의로 있었는데 군사 문제에 대해 상왕 태종이 아닌 세종에게만 보고하여 태종의 분노를 샀다. 양위는 했으나 여전히 국정을 주도하고 있던 태종은 강상인의 직첩을 몰수하고 그를 노비로 강등했다. 이미 마무리된 사건을 굳이 다시 끄집어낸 것은 심온을 연루시키기 위한 태종의 작전이었다.

강상인은 모진 고문 끝에 당시 동지총제로 있던 심정(심온의 남동생)과 심온이 연루되어 있다고 자백하였고, 관련자들은 즉시 전원 사형에 처해졌다. 관련자들이 입을 모은 역모의 수괴는 명나라에 있는 심온이었다. 조선에서 벌어지는 사건을 알지도 못한 상황에서 심온은 명나라에서 귀국하자마자 의금부로 압송되어 혹독한 고문 끝에 자결하였고, 그의 가족들은 노비로 전락했다. 임금의 권력에 도전할 수 있는 잠재적인 위험 요소를 아예 제거한 것이다. 아직 권력을 손에 넣지 못한 세종은 아버지 태종에 의해 처가가 몰락하는 것을 지켜볼 수밖에 없었다.

심온이 세상을 떠난 뒤 세종은 궁 안에 불당을 건립하여 장인의 명복을 빌었다. 성리학을 국학으로 삼은 조선에서 임금이 궁 안에 불당을 건립하는 것은 비난의 여지가 있었으나 세종은 개의치 않았고, 재위 기간 내내 내불당에서 기도를 하며 많은 위안을 얻었다. 그 후 1420년(세종 2년)에 어머니 원경왕후가, 1422년(세종 4년)에는 아버지 태종이 세상을 떠났다.

세자(문종)의
불행한 결혼 생활

세종이 임금으로 즉위했을 때 소헌왕후는 만삭이었다. 얼마 뒤 그녀는 경복궁에서 셋째 아들 안평대군을 낳았고, 이듬해에는 넷째 임영대군이 태어났다. 건강한 왕자들의 연이은 탄생은 그 자체로 왕실의 화목과 번영을 상징했다.

1421년(세종 3년), 세종은 장남(문종)을 세자로 책봉했다. 1427년(세종 9년) 14세의 세자(문종)는 김오문의 딸을 세자빈으로 맞았고, 이듬해 수양대군[6](12세), 안평대군(11세), 임영대군(8세)이 나란히 '대

---

6   수양대군의 봉호는 처음에 '진평'이었는데, 그 후 '함평', '진양'으로 개명되었다가 세종 27년 최종적으로 '수양'으로 정해졌다.

군'으로 봉해졌다. 대군으로 봉해지던 해, 수양대군은 윤번의 막내 딸과 혼인하였다. 세자와 왕자의 혼인으로 왕실은 더욱 안정되어 보였으나 속사정은 달랐다.

세자는 아내에게 도통 관심이 없었고, 세자의 사랑을 갈구한 세자빈은 민간에서 전해지는 각종 비방을 사용하여 남편을 유혹하고자 했으나 실패하였다. 왕실의 법도를 어긴 것은 물론 세자빈의 체면과 위엄에 커다란 손실을 입힌 이 사건은 세종과 소헌왕후의 귀에까지 들어가게 되었고, 모든 사실을 자백한 세자빈은 혼인 2년 만인 1429년(세종 11년) 폐출되었다.

세종은 아내의 부덕으로 상처받은 세자를 위해 서둘러 새로운 처녀를 찾았다. 한시라도 빨리 새로운 세자빈을 세워야 세자를 둘러싼 온갖 추문도 잦아질 것이라 생각했던 것이다. 그리하여 지방 현감으로 있던 봉여의 딸이 세자빈으로 간택되었다.

딸이 세자빈이 되면서 봉여의 벼슬은 현감(종8품)에서 종부시[7] 소윤(종2품)으로 8등급이나 오르는 특진을 한다. 음보로 관직에 진출했던 봉여로서는 벼락출세였다. 하지만 지방 현감이었던 아버지 밑에서 자유롭게 성장한 세자빈 봉씨는 궁 안이 답답하기만 했다. 설상가상 세자와의 사이도 소원했다. 세종은 침실의 일까지 가르칠 수는 없지 않느냐며 세자를 볼 때마다 안타까워했으나 어쩔 도리가 없었다.

---

7 조선시대 때 왕실의 계보(족보)를 만들고 왕족의 허물을 살피던 관아.

가짜 임신 사건과
세자빈의 폐출

왕비와 유난히 금슬이 좋았던 세종으로서는 세자가 세자빈에게 애정을 갖지 않는 것을 이해하기 어려웠다. 애정이 없어도 세자에게는 후계자를 낳아야 할 의무가 있었다. 하지만 봉씨가 세자빈이 된 지 2년이 넘도록 자식이 생기지 않았다. 이에 세종은 권전의 딸과 정갑손의 딸, 홍심의 딸 등 세 명을 세자의 후궁[8]으로 간택하여 입궁시켰다. 특단의 조치를 취한 것이다. 다행히도 세자는 후궁들과 사이가 좋았고 권씨는 세자의 첫딸을 낳았다. 손녀의 탄생으로 세자의 생산 능력을 확인한 세종은 비로소 안심할 수 있었다.

하지만 세자빈 봉씨는 남편의 사랑을 후궁에게 빼앗겼다는 슬픔과 자식이 없는 불안함까지 더해지면서 우울증이 심해졌다. 권씨의 임신 소식에 세자빈이 대성통곡했다는 이야기를 들은 세종은 세자를 따로 불러 비록 후궁이 있어도 세자빈을 존중하는 것이 우선임을 강조했다. 세자 역시 세자빈에게 미안한 마음이 있었기에 후궁을 맞은 후 세자빈의 처소를 종종 찾았다. 그러자 세자빈은 세자의 사랑을 후궁들에게 다시 빼앗길지도 모른다는 생각에 확인도 하지 않은 채 임신 소식을 알렸다.

세종과 소헌왕후는 기쁨을 감추지 못했으나 세자빈의 임신은 상상임신이자 가짜 임신이었다. 시간이 흘러도 아이를 가진 기미가

---

8   궁녀는 기본적으로 모두 임금을 위해 존재하는 여인이었기 때문에 '세자의 후궁' 제도는 세종 때 처음으로 법제화되었다. 품계에 따라 양제(종2품), 양원(종3품), 승휘(종4품), 소훈(종5품)이 있다.

없는 세자빈에게 연유를 묻자 그녀는 유산했다고 둘러댔다. 거짓말이 거짓말을 낳은 것이다. 임신과 유산이 모두 거짓이라는 것이 밝혀지면서 세종과 소헌왕후는 크게 실망하였고, 세자의 애정은 싸늘하게 식었다.

사랑받지 못한 우울함과 외로움을 달래기 위해 세자빈은 술을 마시기 시작했다. 신세한탄을 하거나 눈물을 흘리며 과음하는 일도 잦아졌다. 결국 세자빈 봉씨는 1436년(세종 18년), 행실이 바르지 못하고 아이가 없다는 이유로 폐출되었다.

원손(단종)의 탄생과 세자빈의 죽음

세자의 혼인이 두 번이나 파탄이 나자 세종의 근심은 이만저만이 아니었다. 참으로 아내 복이 없는 세자였다. 하지만 종사를 계승할 원손[9]을 얻기 위해서라도 세자빈의 자리를 마냥 비워둘 수는 없었다. 세종은 신하들과 머리를 맞대고 역사책을 뒤져 송나라 진종황제가 후궁을 황후로 삼았던 '전례'를 찾아냈다. 이를 근거로 1437년(세종 19년) 2월, 세자의 후궁 권씨가 세자빈으로 정식 책봉되었다.

첩을 아내로 만드는 일은 옛날 사람이 경계한 바이며, 더군다나 우리 조종의 가법에도 이런 예가 없었던 까닭에 그 일을 중대하게 여겨 윤허

---

9   세자와 세자빈의 장남.

하지 않았다. 그러나 지금에 이르도록 서울과 지방에서 널리 물색하였으나 적임자를 얻지 못했으니, 차라리 대신의 말을 따르겠다.

— 〈세종실록〉 1436년(세종 18년) 12월 28일

권씨는 후궁 출신이라는 말이 무색할 만큼 세자빈으로서 모범적인 모습을 보여주었다. 왕실의 규범과 법도를 가지런하게 지켰으며, 시부모에게는 공손하였고, 아랫사람들에게는 온화하였다. 무엇보다 세자와의 사이가 원만하였다. 불미스러운 사건들로 바람 잘 날 없던 동궁전(세자의 처소)에 비로소 화목한 웃음꽃이 피어났다.

세자빈이 된 지 5년째 되던 1441년(세종 23년), 권씨는 세자(문종)의 첫아들이자 유일한 아들이 되는 원손(단종)을 낳았다. 세종은 뛸 듯이 기뻐했으나 바로 다음 날 세자빈은 산후병을 이기지 못하고 세상을 떠나고 말았다. 이혼과 사별을 두루 경험한 세자는 그 후 세자빈을 맞지 않았고, 왕위에 오른 후에도 왕비의 자리를 비워두었다.

왕자들의 죽음과
소헌왕후의 병환

세종은 유년 시절부터 운동을 싫어하고 육식을 즐겼으며, 즉위 뒤 계속되는 과로로 인하여 40세 무렵에는 안질(눈병), 소갈증(당뇨병), 종기, 풍질(풍) 등 여러 가지 질병에 시달렸다. 이에 세종은 세자(문종)에게 양위하고자 했으나 신하들은 '정권은 둘로 나눌 수 없

다'며 결사적으로 반대하였다.

1442년(세종 24년) 세종은 양위에 대한 타협안으로 제시된 대리청정을 받아들였고, 세자(문종)가 거처하는 동궁에 첨사원[10]을 설치했다. 세자의 정무수행이 공식화된 것이다.

세자에게 정무를 맡긴 세종은 훈민정음의 창제에 매달렸다. 1443년(세종 25년) 자음 17자, 모음 11자로 구성된 훈민정음이 만들어졌고, 1446년(세종 28년) 3년 동안 수정과 보완을 거쳐 완성된 훈민정음이 정식으로 반포되었다.

훈민정음이 창제되어 반포되는 동안 세종은 개인적인 아픔을 겪는다. 1444년(세종 26년)에는 광평대군(5남)이, 1445년(세종 27년)에는 평원대군(7남)이 20세 전후의 젊은 나이로 요절한 것이다. 연달아 아들들을 잃은 슬픔 때문이었을까. 1446년(세종 28년) 왕비 소헌왕후가 병석에 누웠다. 세종은 죄인을 사면하고 세자(문종)를 비롯한 여러 아들들과 함께 명산대찰에서 기도를 드리며 왕비의 쾌유를 기원했으나 소헌왕후는 회복될 기미가 없었다. 그러자 세종은 지푸라기라도 잡는 심정으로 승려 49명을 모아 정근기도를 했는데, 이때 소헌왕후가 요양을 위해 머문 곳은 경복궁이 아닌 수양대군의 집이었다.

---

10 중국 황실에서 태자의 정무를 돕는 '첨사부'를 근거로 1442년(세종 24년) 동궁전에 설치된 특별 부서. 세자가 정무를 처결할 때 이를 보좌하기 위한 목적으로 설치된 기관이다.

소헌왕후는 왜 수양대군의 집에서
임종을 맞은 것일까

첫 번째 이유로는 당시에는 집이 아닌 곳에서 요양을 해야만 병이 낫는다는 관습 때문이었다. 이를 '피접[11]'이라고 한다.

두 번째 이유는 신앙 때문이었다. 조선의 통치 이념은 성리학이었지만 세종은 장인 심온과 어머니 원경왕후가 승하하자 무려 경복궁 안에 내불당을 건립하기도 했던 독실한 불교 신자였다. 하지만 조정의 공식적인 방침은 '숭유억불'이었기 때문에 세종은 신앙이 필요할 때면 궁이 아닌 수양대군이나 안평대군의 집을 이용하는 등 우회적인 방법을 사용하곤 했다. 그중에서도 수양대군은 불심이 깊었고, 세종의 명을 받아 〈석보상절〉 등 한글 불경을 간행하기도 했다.

세 번째 이유는 아마도 수양대군의 집이 소헌왕후가 느끼기에 가장 편했기 때문일 것이다. 당시 소헌왕후뿐 아니라 세종과 세자(문종)도 건강이 좋지 않았다. 과중한 업무와 지병에 시달리는 세종과 세자에게 근심을 보태는 것보다, 화목하게 지내는 아들과 며느리의 보살핌을 받을 수 있는 곳이 소헌왕후로서는 마음이 놓였을 것이다.

1446년(세종 28년), 소헌왕후는 결국 병환을 이기지 못한 채 수양대군의 집에서 눈을 감았다.

---

11 사람이 병이 들어 약을 써도 효험이 없거나 병의 원인이 분명하지 않을 때, 살던 집을 피하여 다른 곳으로 옮겨 요양하던 풍습.

제3대 태종~제7대 세조 왕위 계승도

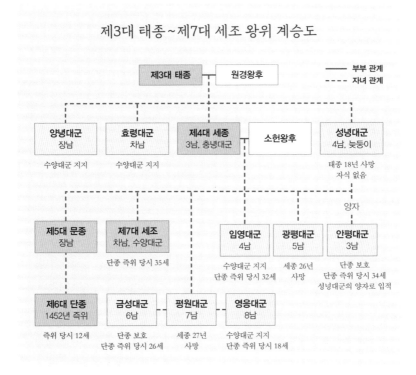

세종과 문종의 연이은 승하와
김종서의 독주

1450년(세종 32년), 세종의 건강은 돌이킬 수 없을 정도로 악화되었다. 세종은 눈을 감기 전 믿을 만한 정승 황희에게 세자(문종)와 세손(단종)을 부탁하고자 했다. 하지만 당시 황희는 이미 아흔에 가까운 노인이었다. 세종은 서둘러 평안도 절제사로 나가 있던 김종서를 불렀으나 그가 도착하기 전 영응대군(8남)의 집에서 승하하였다.

김종서가 한양에 도착한 것은 세종이 승하한 뒤 6일이 지나서였다. 김종서에 대한 세종의 신뢰를 잘 알았던 문종은 즉위 뒤 김종서를 우의정으로 임명하였고, 건강이 악화되자 그에게 잠시 섭정을 맡기기도 하였다. 무려 29년 동안을 세자로 지내면서 준비된 성군의 모습을 보였던 문종의 치세는 너무나 짧았다. 수시로 관리들에게 세자를 잘 보필해달라고 당부했던 문종은 1452년 우의정 김종서에게 세자(단종)를 부탁한다는 유언을 남기고 세상을 떠났다.

문종의 뒤를 이어 12세의 어린 나이로 즉위한 단종은 고명대신 김종서를 좌의정으로 임명했다. 김종서는 자신에게 주어진 모든 권력을 동원하여 어린 단종의 보호자를 자처하였고, 조정의 모든 정무는 김종서를 통해 진행되었다. 단종은 국왕 고유의 권한인 '인사권'까지 김종서에게 일임하였는데, 이때 김종서는 '황표정사'를 실시하여 지탄받았다. 이조와 병조에서 올린 후보자를 세 명씩 추천하면 임금이 그중 한 명을 선발하는 방식이었다. 이때 김종서는 자신이 미리 선정한 후보의 이름에 황색 종이를 붙여 단종에게 올렸고, 단종은 김종서가 골라준 황색 종이가 붙어 있는 후보자에게 관직을 제수했다. 이를 '황표정사'라고 한다. 인사권까지 장악한 좌의정 김종서의 권력은 그야말로 무소불위였다.

김종서가 강력한 권력을 갖자 신하 한 명의 힘이 임금을 능가하는 상황에 대하여 비판적인 시선을 보내는 이들도 많았다. 그중 대표적인 인물이 수양대군이었다. 하지만 김종서를 지지하는 종친 세력 또한 만만치 않았다. 세종의 아들들 중 가장 막대한 재산과 인맥을 가진 안평대군은 김종서의 편에 섰다. 안평대군은 일찌감치 성녕대군[12]의 양자로 입적되어 그의 엄청난 재산을 물려받았는데, 이를 바탕으로 예술품들을 수집하며 많은 문인들과 교류하였다. 출중한 예술적 재능을 타고난 안평대군은 정치적 감각도 뛰어났으나 결코 정치 전반에 나서지 않아 더욱 칭송을 받았다.

금슬을 바탕으로
친(親) 수양대군 세력을 만들다

수양대군은 정치 전반에 나서고 싶었고, 나아가 왕위에 오르고 자 하는 야망도 있었다. 하지만 안평대군과 손을 잡고 단종 보호를 내세운 김종서로 인하여 좀처럼 기회가 오지 않았다. 그는 일단 차근차근 자신의 사람을 모았다.

수양대군의 장점은 화목한 부부 관계였다. 수양대군의 부인 윤씨(정희왕후)는 2남 8녀 중 막내딸로, 원래 수양대군의 부인으로 내정된 사람은 그녀의 언니였다. 〈송와잡설〉에 따르면 윤씨는 궁에서 그녀의 언니를 선보기 위해 상궁이 왔을 때 당찬 모습을 보여 수양대군의 부인으로 낙점되었다고 한다. 언니에게 들어온 혼처를 빼앗아 왕실의 며느리 자리를 차지한 것이다. 그때 윤씨의 나이는 고작 10세에 불과했다. 이처럼 갖고 싶은 것은 꼭 쟁취하고야 마는 윤씨는 수양대군과 천생연분의 금슬을 자랑했다. 수양대군 못지않은 야심가였던 그녀는 왕위를 탐내는 남편의 야망을 적극 지지했다.

윤씨의 지지는 수양대군에게 큰 힘이 되었으나 왕이 되겠다는

---

12 태종과 원경왕후의 막내아들로 태종의 각별한 사랑을 받으며 많은 재산을 하사받았다. 하지만 홍역으로 14세에 세상을 떠나는 바람에 자식을 남기지 못했다. 세종은 즉위 뒤 안평대군을 성녕대군의 양자로 입적시켜 대를 잇도록 했다.

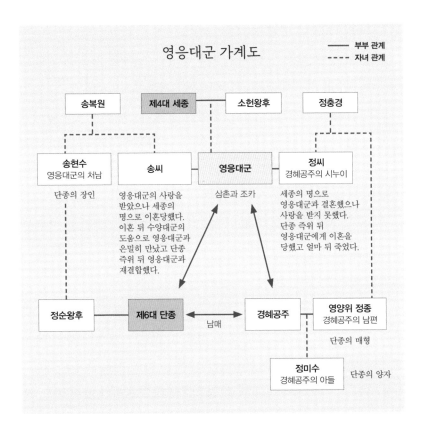

영웅대군 가계도

―― 부부 관계
---- 자녀 관계

송복원

제4대 세종 — **소헌왕후**

정충경

송현수
영웅대군의 처남

단종의 장인

송씨

영웅대군의 사랑을
받았으나 세종의
명으로 이혼당했다.
이혼 뒤 수양대군의
도움으로 영웅대군과
은밀히 만났고 단종
즉위 뒤 영웅대군과
재결합했다.

영웅대군

삼촌과 조카

정씨
경혜공주의 시누이

세종의 명으로
영웅대군과 결혼했으나
사랑을 받지 못했다.
단종 즉위 뒤
영웅대군에게 이혼을
당했고 얼마 뒤 죽었다.

정순왕후

제6대 단종

남매

경혜공주

영양위 정종
경혜공주의 남편

단종의 매형

정미수
경혜공주의 아들

단종의 양자

야심이 명분을 얻기 위해서는 다른 종친들의 동참이 필요했다. 처음부터 수양대군에게 협력한 인물은 임영대군(세종의 4남)이다. 임영대군은 세종의 눈 밖에 나는 바람에 작위가 박탈된 적도 있는 문제아였다. 그때마다 수양대군은 임영대군을 다독여주었는데 그의 상처를 이해했기 때문이다. 임영대군의 첫 번째 부인은 남지[13]의 딸이었는데, 혼인을 하고 보니 정신지체 장애가 있었다. 나중에 이혼하긴

---

13   1차 왕자의 난 당시 태종(이방원)을 지지한 남재의 손자.

했으나 임영대군이 받은 충격은 컸다.

반면 수양대군이 마음을 얻고자 부단한 노력을 기울인 인물은 영응대군이다. 영응대군은 세종이 나이 마흔이 다 되어 얻은 늦둥이로 왕자들 중에서도 각별한 총애를 받았다. 세종은 영응대군이 궁 밖으로 나갈 나이가 되자 '동별궁'을 하사하였는데 규모가 너무 과하다는 비난을 받았다. 영응대군이 궁 밖에서 살게 되자 세종은 수시로 방문하였고, 결국 영응대군의 집에서 세상을 떠났다. 승하하기 전 세종은 영응대군에게 왕실의 많은 보물과 재산을 하사하였고, 덕분에 그는 어린 나이에 큰 부자가 되었다. 하지만 영응대군에게도 아쉬운 것이 있었으니 바로 가정의 화목이었다.

영응대군은 처음에 송현수의 누이동생을 아내로 맞았는데 세종의 명에 따라 그녀와 이혼하고 정충경의 딸과 재혼하였다. 세종은 영응대군이 단종의 후원자가 되어주길 바랐기에 경혜공주(단종의 누나)의 시누인 정충경의 딸을 영응대군과 결혼시킨 것이었다. 하지만 영응대군은 아내인 송씨를 잊지 못해 그리워하였다. 이를 눈치챈 수양대군은 송현수의 집에 드나들 때마다 영응대군을 데리고 다니며 그와 송씨 부인이 몰래 만날 수 있도록 주선해주었다. 그리고 단종이 즉위하자 재혼한 정씨 부인을 폐출시키고 송씨 부인을 다시 아내로 맞도록 허락을 받아주었다. 수양대군 덕분에 사랑하는 아내와 재결합할 수 있게 된 영응대군은 세종의 바람과는 정반대로 수양대군의 편에 섰다. 세종이 마련해준 영응대군의 막강한 재력은 수양대군이 거사를 일으킬 때 큰 힘이 되었다.

이처럼 세종의 아들들은 가정적인 불행을 겪은 경우가 많았는데 유독 수양대군만은 아내와 금슬이 좋았다. 덕분에 수양대군은 가정사의 아픔을 지닌 동생들을 다독이면서 자신의 편으로 만들었다. 이복동생 중에서는 신빈 김씨의 아들들이 그의 편에 섰다.

세종의 총신,
신숙주의 마음을 얻다

수양대군이 왕위에 오르는 데 가장 큰 역할을 한 것으로 거론되는 인물은 한명회지만 수양대군의 편에 선 사람 중 가장 논란이 되는 인물은 바로 신숙주와 정인지이다. 세종과 문종의 신뢰를 듬뿍 받았고 이미 탄탄한 출세 가도를 달리고 있던 신숙주와 정인지는 왜 단종을 배반하고 수양대군의 편에 선 것일까?

두 사람 중 수양대군과 먼저 손을 잡은 이는 신숙주였다. 신숙주는 '윤회'의 제자이자 손녀사위였는데, 윤회는 하륜의 제자였다. 하륜은 시대의 흐름을 한발 먼저 읽고 주도한 경세가였다. 신숙주는 스승이자 처조부인 윤회를 통해 하륜의 처세술에 영향을 받은 것으로 보인다. 하지만 그것이 전부는 아니었다.

수양대군이 신숙주에게 자신의 야망을 드러낸 것은 함께 명나라에 사신으로 다녀오면서였다. 이 사행길에서 수양대군은 신숙주를 자신의 편으로 포섭하는 데 성공했고, 이것은 그의 운명을 바꾸는 데 큰 역할을 했다. 신숙주가 수양대군의 편에 선 것은 당시 조정의 상황에 대한 불안과 불만 때문이었다. 문종은 집현전 출신 학자들을 고위직으로 등용하였다. 하지만 단종이 즉위한 뒤 좌의정 김종서가 '황표정사'를 통해 인사권을 장악하자 집현전 출신들은 점차 출세에서 제외되었다. 게다가 예전처럼 임금과 자유롭게 학문을 논하거나 정책을 토론하면서 대화할 기회도 줄어들었다. 김종서의 독주에 가장 큰 불만은 품은 사람은 정인지였다.

김종서와 정인지의 갈등

당시 김종서는 조정의 실권을 장악한 좌의정이었고, 정인지는 인재의 천거, 추천을 담당하는 이조의 수장이었다. 하지만 당시 이조의 기능은 김종서의 황표정사로 인하여 유명무실해져 있었고, 단종을 보좌한다는 명분으로 의정부서사제[14]가 도입되어 육조의 판서들은 실권이 없었다. 무엇보다 정인지는 김종서와 개인적으로 껄끄러운 사이였다.

세종 시절, 김종서는 동북면에 6진을 개척하기 위해 어머니의 삼년상을 다 채우지도 못했고, 아내가 병이 들었을 때도 고향에 내려가지 못했다. 국방이 우선이라는 세종의 특별한 어명 때문이었다. 세종은 '신하가 고달파야 나라가 편안하다'는 가치관을 지닌 임금이었다. 그래서 세종의 시대에는 총애를 받을수록 과중한 업무에

---

14 왕권이 지나치게 커지는 것을 견제하기 위해서 만든 제도로, 육조에서 올라온 보고 내용을 의정부의 3정승(영의정, 좌의정, 우의정)이 먼저 확인한 뒤 결정된 내용만 임금에게 전달하고 임금의 답변 또한 의정부에서 육조로 전달하는 제도를 뜻한다. 태조 이성계는 정도전의 의견을 반영하여 의정부 서사제를 적극 도입하였으나 태종 이방원은 정승의 권력이 임금보다 강해지는 것을 견제하기 위해 육조에서 임금에게 직접 보고를 올릴 수 있는 육조 직계제로 제도를 바꾸었다.

시달린 신하들이 많았다. 그중에서도 김종서는 세종으로부터 으뜸가는 총애를 받으며 국경을 지키고 있었다. 김종서가 나랏일과 왕명 때문에 가정을 돌볼 수 없는 것을 안 세종은 고향에 있는 김종서의 부인에게 생선과 고기를 지급하라고 명했다. 그런데 충청도 관찰사는 이를 지급하지 않았다. 이에 세종은 직접 생선과 고기를 보내 김종서의 부인에게 지급하라는 어명을 다시 내렸다. 당시 김종서의 아내를 박대했던 충청도 관찰사가 바로 정인지였다. 이후 김종서는 정인지에 대한 감정이 곱지 않았다고 한다. 세종이 승하한 뒤 북방에서 돌아온 김종서는 문종의 명으로 〈고려사〉와 〈고려사절요〉를 편찬하는 과정에서도 정인지와 갈등을 빚었다.

뿌리 깊은 두 사람의 갈등은 단종의 즉위와 함께 김종서의 승리로 결정되었다. 김종서의 독주가 계속되는 한 정인지의 출세는 기약하기 어려운 상황이었다. 이런 사정을 잘 알았던 신숙주는 수양대군에게 '거사에 협력할 만한 인물'로 정인지를 소개하였고, 수양대군은 두 팔 벌려 환영했다. 현직 중앙 관리인 신숙주와 정인지가 합류하면서 수양대군의 거사는 성공할 가능성이 높아졌다.

이제 필요한 것은 행동대장을 맡아줄 무사들이었다. 수양대군의 책사로 있던 한명회는 한때 경덕궁의 수위로 함께 근무했던 무사 홍달손을 비롯한 30여 명의 장사들을 모았고, 이들을 훈련시키며 차근차근 거사를 준비해나갔다. 그런데 예상치 못한 문제가 발생했다.

계유정난을 일으켜
권력을 장악하다

1453년(단종 1년) 10월 2일, 한명회의 친구였던 권람이 수양대군을 찾아와 김종서와 안평대군을 제거하려는 계획이 누설되었음을 알려주었다. 증거를 확보한 궁에서는 수양대군의 처벌을 논의하고 있었다. 소식을 들은 한명회는 선제공격만이 살 길이라고 생각했다. 적절한 처벌이 확정되어 발표되기까지는 며칠이 걸렸다. 그 안에 거사를 일으켜야만 했다. 기회는 단 한 번밖에 없었다. 만약 실패한다면 역모죄가 확정되어 모두 처형될 것이고, 그렇게 된다면 후일을 도모하여 반격하는 것은 아예 불가능했다.

10월 10일, 밤늦도록 장정들과 어울려 마당에서 술을 마시고 활을 쏘던 수양대군은 시간이 되자 자리에서 일어났다. 부인 윤씨가 손수 그에게 갑옷을 입혀주었고, 옷 안에 철퇴를 감춘 노비 한 명과 장정 한 명이 수양대군의 뒤를 따랐다.

세 사람은 김종서의 집으로 갔다. 늦은 밤 갑자기 자신을 찾아온 수양대군을 본 김종서는 이상한 낌새를 느꼈다. 하지만 고작 수행인 두 명만을 데려온 수양대군을 무턱대고 의심할 수는 없었다. 수양대군은 영응대군의 일로 중요한 부탁이 있다며 한 통의 서찰을 김종서에게 건넸다. 김종서가 집 안으로 들어오라고 권하자 수양대군은 극구 사양하며 어서 서찰을 읽어보라고 재촉했다. 김종서가 서찰을 읽기 위해 잠시 수양대군에게서 눈을 뗀 순간 노비 임어을운이 철퇴로 그를 내리쳤다. 김종서의 비명을 듣고 달려나온 그의 아들 김승규도 철퇴를 맞고 쓰러졌다.

김종서가 쓰러진 것을 확인한 수양대군은 피가 묻은 옷을 그대로 입고 단종이 있는 양덕방으로 달려갔다. 양덕방은 궁궐과 가까운 북촌 중에서도 고관대작들이 모여 사는 고급 주택가로, 바로 이곳에 경혜공주와 영양위 정종 부부의 집이 있었다. 단종은 적막한 궁궐을 견디기가 힘들어 누나 경혜공주의 집에 자주 머물곤 했는데, 이때는 경혜공주의 집을 시좌소[15]로 삼고 아예 거처를 옮긴 상황이었다.

온몸에 피를 묻힌 채 달려온 수양대군은 김종서가 안평대군과 함께 역모를 꾀했으며 자신이 김종서를 처단했다고 고했다. 이어서 수양대군은 역모에 가담한 이들의 명단을 밝혔는데, 이들은 모두 문종의 고명을 받은 신하들이었다. 단종은 그의 말을 믿지 못하겠다며 고개를 저었으나 수양대군은 지금 당장 신하들을 소집해야 한다고 윽박질렀다. 단종이 왕명을 내리는 것을 거부하자 수양대군은 "모든 일은 신이 알아서 처리하겠다"며 왕명을 내세워 당상관 이상의 고관들을 모두 입궐하게 하였다.

왕명이라는 소리에 놀라 한밤중에 부랴부랴 관복으로 갈아입고 경혜공주의 집으로 달려온 대신들은 한명회의 살생부에 따라 그 자리에서 생사가 결정되었다. 이날 밤새 척살된 사람은 좌의정 김종서와 그의 아들들, 영의정 황보인과 그의 아들들, 그리고 갓난아기였던 손자를 비롯하여 수십 명이 넘었다. 이날의 참사를 말해주는 것이 바로 '재동'이라는 지명인데, 이날 밤 흘러넘친 핏자국과 피비린내를 지우기 위해 뿌린 재가 하도 자욱하여 '재동'이라는 지

---

15 임금이 임시로 지내던 궁전.

명이 유래되었다고 한다. 단종 즉위 이듬해 일어난 이 사건을 계유년에 일어난 난이라 하여 '계유정난'이라고 한다.

역모의 수괴로 지목된 안평대군은 아들과 함께 다음 날 강화도로 유배되었고, 8일 뒤 그곳에서 사약을 받아 35세의 젊은 나이로 세상을 떠났다. 계유정난은 1차 왕자의 난이나 2차 왕자의 난보다 과정과 결과가 훨씬 잔혹했고, 희생자도 훨씬 많았다.

임금을 협박하고 충신과 왕자를 죽인 고마운 '숙부' 수양대군

마침내 고마운 숙부가 영단을 내리어 뛰어난 계략과 의로운 용기로써 분발하여 시각을 지체하지 않고 한 번에 쓸어 없애버렸다. 숙부가 아니었다면 나에게 어찌 오늘이 있을 수 있겠는가! 이에 그 충정을 생각하여 장상의 직위를 맡게 하노라.

내가 이제 마음 놓고 온갖 일을 위임하노니 경은 힘을 기울여 충성을 다하고 국가를 반석 위에 올려놓아 편안하게 하고 군사를 쓰지 아니하고도 백성에게 태평의 낙을 누리도록 하라. 실로 경은 나의 외로운 몸을 부탁하고 어려운 나라를 부탁할 수 있는 중신이라 믿노라.

— 〈단종실록〉 1454년(단종 2년) 1월 24일

친동생인 안평대군을 죽이면서까지 자신을 방해할 모든 세력을 일시에 참혹하게 제거한 수양대군은 거칠 것이 없었다. 수양대군은 단종을 협박하여 정난을 정당화할 교지를 내리게 하고 공신 책봉을 주장했다. 자신을 보호해줄 세력이 한 사람도 남지 않은 조정에서 공포에 질린 단종은 수양대군을 비롯하여 정난에 동참한 43명을 공신으로 봉하고, 관직과 함께 영토, 노비 등의 하사품을 내렸다. 이때 정난공신 1등으로 봉해진 첫 번째 인물은 수양대군이었고, 두 번째는 정인지였다. 계유정난 이후 수양대군은 스스로 영의정부사, 이조판서, 병조판서, 내외병마통도사를 겸임하며 조정의 실권을 장악하였다. 최초의 종친 출신 영의정이 탄생한 것이다.

수양대군은 자신의 심복인 한명회와 신숙주를 임금의 비서 격인 승정원 관리로 임명해 단종의 일거수일투족을 감시하도록 했다. 그런데 예상치 못한 복병이 등장했다. 내명부를 장악한 혜빈 양씨가 수양대군에 맞서 단종을 필사적으로 보호하는 것이었다.

미성년의 임금이 왕위에 오르면 임금의 어머니 혹은 선왕의 부인인 '대비'가 수렴청정을 하는 것이 법도였는데, 문제는 당시 수렴청정할 만한 지위와 자격을 갖춘 어른이 한 사람도 없었다. 이에 의정부에서는 약간의 논의 끝에 세종의 후궁 혜빈 양씨에게 궁으로 돌아와 단종을 보살피도록 요청했다. 혜빈 양씨는 태어나자마자 어머니를 잃은 단종을 갓난아기 때부터 기른 여인으로, 신분으로는 서(庶)조모였지만 실질적으로 어머니 같은 존재였다.

그녀가 궁으로 돌아오자 단종은 안심하며 좋아하였고, 혜빈 양씨는 대비의 역할을 하며 내명부를 주도했다. 계유정난 직후 궁궐에는 공포가 전염병처럼 번졌으나 혜빈 양씨는 굳건하게 단종을 지켰다. 그녀가 있는 한 왕위를 빼앗기가 쉽지 않다고 느낀 수양대군은 단종의 혼사를 서둘러 추진했다. 단종이 왕비를 맞게 되면 '선왕의 후궁'에 불과한 혜빈 양씨가 궁 안에 설 곳은 없기 때문이었다.

단종의 양위,
왕위에 오르기 위한 마지막 절차

문종의 국상이 끝나지 않은 상황에서 단종의 혼례를 위한 왕비 간택령이 떨어졌다. 영의정 수양대군의 명이었다. 수양대군의 명을 받들어 왕비의 간택을 주관한 왕실 어른은 세종의 둘째 형 효령대군이었다.

형식적인 간택 끝에 왕비로 낙점된 이는 송현수의 딸이었다. 왕비 간택이 확정되자 수양대군은 최종 간택에서 떨어진 두 명도 단종의 후궁으로 봉했다. 계유정난의 충격이 가시지도 않은 상황에서 왕비를 맞은 단종은 수양대군에 의해 또 한 번 공포와 고통을 겪게 된다.

1455년(단종 3년) 윤 6월 11일, 수양대군은 혜빈 양씨와 그녀의 아들인 한남군과 영풍군을 비롯하여 금성대군과 단종의 매형 정종 등이 역모를 일으키려 했다며 유배를 보냈다. 계유정난 직후 역모 죄로 유배를 간 안평대군이 수양대군에 의해 사사된 것을 기억한 단종은 두려움에 떨었다. 자신을 보호하려 했던 사람들이 더는 죽는 것을 원치 않았던 단종은 그날 바로 양위를 선언했다. 수양대군의 뜻대로 왕위에서 물러난다면 더이상 죽는 사람은 없을 것이라는 기대에서였다.

경회루로 수양대군을 부른 단종은 예방승지였던 성삼문을 통해 대보(옥새)를 전달하고 임금의 지위에서 물러난다. 양위가 결정되자 대보를 들고 오던 박팽년은 경회루에서 자살을 시도했으나 성삼문은 단종이 살아 계시는 한 후일을 도모해야 한다고 만류했다. 하지만 성삼문 역시 참담하기는 마찬가지였다. 성삼문이 차마 대보를 건네지 못한 채 통곡하자 수양대군은 매서운 눈으로 그를 노려보았다고 한다. 짐짓 사양하는 척하던 수양대군은 이내 단종의 결정을 받아들였고, 그 자리에서 조선의 제7대 임금으로 즉위하였다. 세종의 아들이자 문종의 동생, 단종의 숙부였고, 왕이 되고 싶었으나 왕위의 주변부만 맴돌던 수양대군은 마침내 왕위를 차지했다.

계유정난의 의미와 파장

계유정난 당시 수양대군은 수많은 관리들을 일시에 척살함으로써 역사의 흐름을 완전히 뒤바꿔놓았다. 만약 수양대군이 단종을 보좌하는 길을 선택했더라도 그는 영예로운 삶을 살아갈 수 있었을 것이다. 하지만 왕위에 오르기 위해 수양대군은 천륜을 거슬러야 했고 양심을 버렸다. 대신 그는 자신의 욕망을 위해 목숨을 걸었다. 수양대군은 정난에 성공했고 단종의 왕위를 빼앗는 것에도 성공했다. 그러나 왕위에 오른 뒤 수양대군이 지불해야 할 대가는 컸다. 세종과 문종처럼 성군이 되고 싶었던 수양대군의 꿈은 이루어지지 못했다.

세종과 문종의 충신들은 반역자를 처단해 단종의 원수를 갚겠다며 수양대군을 죽이려 했고, 그때마다 수양대군은 그의 손으로 충신을 죽여 목숨과 왕위를 부지했다. 그 결과 수양대군의 곁에는 그에게 아부하여 부귀영화를 추구하는 신하들만 남았다.

충신이 없는 시대를 만든 수양대군은 조카의 왕위를 빼앗은 '찬탈자'로 영원히 역사에 기록될 수밖에 없었다. 수양대군의 즉위와 함께 권력의 핵심이 된 한명회는 그 후 자신의 두 딸을 제8대 예종과 제9대 성종의 왕비로 만들며 강력한 외척 정치의 중심에 서게 된다.

정규직 관리가 되는 법,
'과거시험' 제1탄

조선은 고도로 발달된 관료 제도를 완전하게 구축한 국가였다. 시험을 통해 학문 정도와 실력을 가늠하여 관리를 선발하는 과거제도는 고려시대에 시작되었지만, 이를 전문적으로 발달시킨 것은 조선시대였다.

조상의 공덕으로 과거시험을 보지 않고 관직에 나갈 수 있는 혜택을 '음서' 혹은 '문음'이라고 한다. 조선 건국 초기에는 고려와 마찬가지로 공신의 후손들이 '문음'을 통해 관직에 진출하는 경우가 많았다. 하지만 과거제도가 자리를 잡으면서 '조상님 덕으로' 관리가 된 이들을 무시하는 경향이 생겨났고, 그러다 보니 문음 출신 관리들이 과거시험을 다시 보는 경우가 생겨났다. 그만큼 과거 합격은 조선 사대부들에게 평생의 꿈이자 목표였으며 가문의 영광이기도 했다. 그렇다면 과거시험은 어떻게 진행되었을까?

소과

대과 응시 자격이 주어지는 '생원', '진사'가 되는 길

과거는 크게 문신 관료가 되기 위한 '문과', 무신 관료가 되기 위한 '무과', 그리고 중인 계층이 주로 응시하는 기술직으로 '의과', '음양과[16]' 등이 포함된 '잡과'로 나눌 수 있다. 이 중 문과는 '과거의 꽃'이라고 불릴

만큼 선망의 대상이었다.

문과는 크게 '소과'와 '대과'가 있는데, 소과는 일종의 예비시험으로 여기에 합격해야만 대과에 응시할 자격이 주어진다. 일단 소과인 생원시나 진사시에 합격했다는 것은 당시 '지식인'이라고 불리던 선비나 사대부에게 요구되는 기본 소양을 갖춘 것을 의미했다.

소과는 초시에서 전국적으로 700명을 선발, 초시에 합격한 사람을 대상으로 치러지는 복시에서는 그중 약 20퍼센트에 불과한 150명을 선발했다. 원칙대로라면 복시까지 합격해야 '생원', '진사'라는 호칭이 주어졌으나 조선 후기로 가면서 소과 초시에만 합격해도 생원, 진사로 부를 정도로 호칭이 남발되었다. 드물게 생원과 진사에 모두 합격할 경우 '생진사'라고 불렸는데, 대표적인 인물로 정암 조광조와 율곡 이이가 있다.

초시 합격증 '백패'는 성균관 입학증서

생원이나 진사가 되면, 즉 소과 복시에 합격하면 하얀 종이에 쓰인 합격증 '백패'가 주어졌다. 백패를 받는 것은 대단히 영광스러운 일로 양반으로서의 자격을 당당히 갖추게 되었음을 의미하였다. 백패의 진짜 가치는 이 합격증이 곧 '성균관 입학증서'라는 것이었다.

성균관 유생이 되면 학문에만 열중할 수 있도록 학용품과 용돈이 무료로 지급되었고, 훌륭한 교사들에게 수업을 받을 수 있었으며 등록금은 아예 없었다. 게다가 삼시 세끼와 잠자리, 세탁과 청소

---

16 천문, 지리, 풍수, 관상 등에 능한 사람을 선발하는 잡과.

17 조선시대 한양을 제외한 지방의 각 도에서 실시한 제1차 과거시험. 여기에 합격하여야 서울에서 복시를 치를 수 있었다.

향시(소과) 종류 및 단계별 합격자

소과(종류)	초시 합격자	복시 합격자
생원시 (유교경전 중심)	한성(한성시) 200명 지방(향시[17]) 500명 (경기도 60명, 경상도 100명) (충청도 90명, 전라도 90명) (강원도 45명, 평안도 45명) (황해도 35명, 함경도 35명)	한성(한성시) 50명 지방(향시) 150명 (경기도 20명, 경상도 30명) (충청도 25명, 전라도 25명) (강원도 15명, 평안도 15명) (황해도 10명, 함경도 10명)
진사시 (논술 및 문장 중심)		
합격자 수	총 1,400명 (진사·생원 각 700명)	총 200명(진사·생원 각 100명) (하얀 종이로 만든 합격증서 '백패' 증정)

등을 해주는 심부름꾼까지 제공되었다. 조선에서 성균관에 이토록 공을 들인 이유는 나라의 미래, 교육을 위한 투자였다. 성균관은 세금으로 운영되는 만큼 유생들은 열심히 공부해서 대과에 합격하여 좋은 관리가 되는 것을 목표로 삼아야 했다. 하지만 더 중요한 것은 '예비 관리'로서 조정이 돌아가는 상황을 파악하고 인맥을 쌓거나, 운이 좋으면 임금을 직접 만날 기회도 있었다.

과거(대과) 종류 및 명칭

종류	내용	응시 대상	시험 횟수
식년시	3년에 한 번씩 치르는 정기 시험. 식년(자, 묘, 오, 유가 들어가는 해) 전해 가을에 초시, 식년 봄에 복시를 치름.	문과, 무과, 잡과	소과 (초시, 복시) 대과 (초시, 복시, 전시)
증광시	임금의 즉위, 왕세자의 탄생 등 왕실이나 국가에 경사가 있을 때 치르는 비정기 시험.		
알성시	봄과 가을, 금이 성균관 문묘에 참배한 뒤 성균관 유생을 대상으로 치르는 비정기 시험. 단 한 번의 시험으로 합격이 결정됨. 예) 조광조	문과 (성균관 유생만)	1회
춘당 대시	창경궁 춘당대에서 무재(문재)를 겨루던 비정기 시험. 처음에는 무과만 치르다가 점차 문과에도 적용.	문과, 무과	1회
별시	국가에 경사가 있을 때 실시하는 비정기 시험. 예고 없이 치러지므로 서울 거주자에게 유리. 선발 인원도 그때마다 다름.		소과 (초시, 복시) 대과 (초시, 복시)
외방 별시	국왕이 지방에 행차할 때 머무는 행재소에서 치러진 비정기 특별 시험으로 지방 거주자에게 유리.	주로 문과	
정시	단 한 번으로 당락이 결정되는 비정기 시험. 주로 제술(논술) 분야 합격자는 '전시' 응시 자격 부여.		1회
중시	이미 문무과에 급제한 관료들을 대상으로 10년에 한 번씩 치러진 승진을 위한 정기 시험.	현직 관료	

한명회

**"척신정치의
원형을 만든 세도가"**

이름 **한명회**(별명 : 대갈장군)

국적 **조선**

직업 **과거 재수생, 하급관리, 수양대군의 책사, 영의정, 예종과 성종의 장인 겸 원상대신**

정치 노선 **훈구공신파**

결정적 실수 **1484년(성종 15년)** 정계에서 은퇴한 뒤 권력에 대한 욕심을 내려놓지 못하고 자신의 개인 정자인 압구정에서 명나라 사신을 접대하겠다며 왕실에서 사용하는 용과 봉황이 수놓인 장막을 빌려달라고 요청했다가 성종의 분노를 사게 되었다. 이 사건으로 대간의 탄핵을 받아 인생 최초로 유배에 처해졌으나 중간에 방면되었다.

애증의 대상 **성종**

성종에게 하고 싶은 말 **"주상 전하를 보위에 올려 드린 사람이 누구인지 아십니까? 바로 접니다. 저를 이리 박대하실 순 없습니다. 누구 덕분에 그 자리에 앉을 수 있었는지 잊지 마십시오."**

1450년 2월 17일, '해동요순'이라 불린 성군 세종이 영웅대군[18]의 집에서 승하하였다. 세자는 국상을 치른 후 제5대 임금으로 즉위했다. 태조 이성계부터 제4대 세종에 이르기까지 조선의 왕위는 적장자에게 계승된 적이 없었고 매번 '양위'를 통해 이루어졌다. 반면 문종은 적장자로 태어나 세자의 지위를 거쳐 선왕 세종이 승하한 뒤 왕위에 오른 첫 번째 임금이었다. 왕위에 오른 문종은 하나뿐인 아들이자 적장자인 세손(단종)을 세자로 책봉하였다.

2년 뒤 문종이 승하하자 12세의 세자가 제6대 임금으로 즉위했으니 그가 바로 단종이다. 하지만 단종 즉위 이듬해, 왕실에는 피바람이 불어닥쳤다. 피바람을 몰고 온 장본인은 바로 문종의 친동생이자 단종의 숙부인 수양대군이었다. 수양대군은 세종이 평생에 걸쳐 완성한 '적장자 계승'의 후계 구도를 완전히 뒤집어놓았다. 이때 수양대군을 보좌하며 그가 조카 단종의 왕위를 '찬탈'하여 왕위에 오르도록 도와준 인물이 바로 한명회이다. 수양대군의 왕위 찬탈이 엄청난 일이었던 것처럼 한명회의 등장 역시 조선의 역사를 바꿔놓은 엄청난 사건이었다.

---

18 세종과 소헌왕후의 8남. 세종과 소헌왕후의 나이 마흔이 다 되어 얻은 늦둥이 막내로 세종의 큰 사랑을 받았다. 세종은 승하하기 전 영웅대군에게 많은 재산을 하사하였다.

칠삭둥이로 태어난
고아 소년

태조 이성계는 왕위에 오른 뒤 명나라에 사신을 보내 새 나라의 국호를 정해달라고 정중하게 부탁했다. 역성혁명으로 일으킨 새 나라의 국호 후보는 두 개로, 하나는 이성계의 고향인 '화령'과 다른 하나는 옛 단군 조선을 계승한다는 의미의 '조선'이었다. 내부에서는 이미 '조선'을 국호로 정해놓았기에 '화령'은 그야말로 명나라 황제에게 선택권을 주기 위한 구색 맞추기용이었다. 명태조 주원장은 이성계의 바람대로 '조선'을 국호로 정해주었다. 이때 명나라 황제로부터 국호를 받아오기 위해 사신으로 갔던 '한상질'이 바로 한명회의 할아버지이다.

국호를 받아 온 공으로 한상질은 개국공신에 임명되어 재산과 작위를 받았다. 하지만 한상질의 아들 '한기'는 평범한 인물로, 가문을 번영시킬 만한 능력을 갖추지 못했다. 한기의 아들 한명회는 형태도 온전하지 않은 칠삭둥이로 태어났다. 가족들은 미숙아로 태어난 그가 곧 죽을 것이라 여겨 아예 돌보지도 않았다. 하지만 한명회의 명줄은 생각보다 훨씬 질겼고 운도 따랐다. 그를 동정한 늙은 여종이 정성껏 돌본 끝에 기적적으로 살아난 것이다. 그때야 한명회는 부모에게 받아들여졌다. 그런데 머리는 크고 몸은 앙상한 모습이 너무 우스꽝스러워 어린 시절 그의 별명은 '대갈장군'이었다. 반면 건강하고 포동포동하게 태어난 그의 남동생은 가족의 사랑을 독차지했다.

한명회의 부모는 아들들이 장성하는 것을 보지 못한 채 세상을

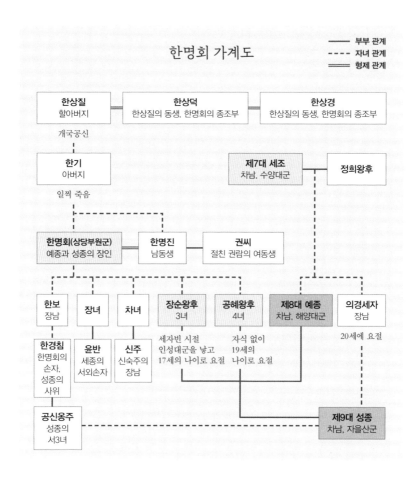

떠났고, 어린 나이에 고아가 된 한명회는 왜소한 체구와 가난으로 주변의 멸시를 받았다. 불우한 나날을 보내던 그를 거둔 사람은 종조부 한상덕이었다. 한명회는 태어났을 때 배와 등에 별자리 모양의 검은 점과 사마귀가 있었다고 하는데, 이를 본 한상덕은 한명회가 집안을 일으키는 천리마가 될 것이라고 예견했다고 한다. 한상덕의 보살핌 덕분에 한명회는 글공부를 시작할 수 있었다. 다행히한명회는 기억력이 좋았고 성취도 빨랐다.

좌절 속에 피어난
권람과의 우정

한명회는 '류태재'의 문하에서 학문을 배우던 중 평생지기가 될 친구 '권람'과 만났다. 권람도 한명회처럼 개국공신의 손자로, 그의 할아버지는 태조와 태종의 큰 총애를 받았던 '권근'이었다. 하지만 두 사람이 친해진 계기는 개국공신의 후손이라는 배경이 아니라 불우한 가정환경의 피해자라는 정서적 공감대 때문이었다. 한명회는 일찍 고아가 되어 가난에 시달리고 있었고, 권람은 어린 시절부터 아버지 '권제'의 가정폭력 때문에 고통스러운 소년 시절을 보냈다.

권람의 아버지 권제는 권근의 후손답게 학문이 뛰어나고 문장에 능했다. 처음에는 음서를 통해 벼슬 생활을 시작했으나 문과 친시(親試)[19]에서 장원을 차지하며 명예롭게 출세의 길을 걸었다. 관리이자 학자로서 권제는 훌륭한 사람이었지만 남편이자 아버지로서는 최악이었다. 그는 첩에게 빠져 본처를 박대하였고, 이를 말리는 아들을 구타하는 등 상습적으로 가정폭력을 행사했다. 권제는 단지 눈에 거슬린다는 이유로 첩과 서녀를 발로 차서 죽게 할 만큼 악랄한 사람이었다. 친족 살해는 범죄였지만 개국공신의 후손이며 조정에서 중책을 맡고 있다는 이유로 처벌도 받지 않았다. 이처럼 폭력적인 아버지를 둔 권람은 아주 불행한 어린 시절을 보낼 수밖에 없었다. 그러던 중 학당에서 자신의 아픔을 알아본 한명회와 만난 권람은 평생에 걸쳐 깊은 우정을 나누었다. 권람의 여동생은 한명회

---

19 임금이 몸소 과장(科場)에 나와 시험 성적을 살피고 급제자를 정하던 시험.

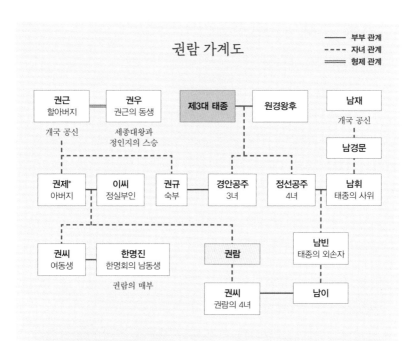

권람 가계도

— 부부 관계
--- 자녀 관계
══ 형제 관계

| 권근 할아버지 | 권우 권근의 동생 | 제3대 태종 | 원경왕후 | 남재 |
| 개국 공신 | 세종대왕과 정인지의 스승 | | | 개국 공신 |

남경문

| 권제* 아버지 | 이씨 정실부인 | 권규 숙부 | 경안공주 3녀 | 정선공주 4녀 | 남휘 태종의 사위 |

| 권씨 여동생 | 한명진 한명회의 남동생 | 권람 | | 남빈 태종의 외손자 |
| | 권람의 매부 | | | |

| 권씨 권람의 4녀 | 남이 |

* **문제적 인물 '권제'** 권제는 명문가의 장남으로 문장과 학문이 빼어났다. 하지만 동생 권규가 공주와 혼인한 것에 대한 질투였을까. 평생 기생과 첩에게 빠져 본처와 본처의 자식들을 구박하였고, 첩과 딸을 발로 차서 죽게 하기도 했으나 개국공신의 후손이라 하여 처벌받지 않았다. 권람은 아버지와 대립하다가 가출하였고, 한명회와 만나 의기투합하였다.

의 남동생과 혼인하였고, 두 사람은 친구이자 사돈 사이가 되었다. 권람은 총명함을 타고났으나 폭력과 두려움이 가득한 집에서는 도저히 학문에 집중할 수가 없었다. 그는 스무 살이 넘자 집을 나와 책 상자를 말에 싣고 다니며 전국의 명산을 유람하였다. 이때 한명회도 동행하였는데, 두 사람은 경치 좋은 곳을 유람하면서 책을 읽고 시를 지으며 현실의 시름을 달랬다. 한명회는 하루빨리 과거에 급제하고 싶었으나 권람은 벼슬에 큰 관심이 없었다. 그래도 두 사람은 과거시험이 치러질 때마다 열심히 응시하곤 했는데 결과는 번번이 낙방이었다. 하지만 한명회는 좌절하지 않았다. 어린 시절부터 불운과 좌절을 겪으며 성장한 한명회는 어지간한 시련에는 끄떡도 하지 않는 강인한 정신력을 갖고 있었다.

서른여덟, 경덕궁 문지기로 관직에 첫발을 내딛다

먼저 관직에 진출한 것은 권람이었다. 그는 공신의 후손에게 주어지는 음서제도를 통해 하급 무관직인 진의부위[20]에 임명되었다. 비록 미관말직이었지만 비로소 아버지에게 경제적으로 의존하지 않게 된 권람은 과거 공부에 박차를 가했다. 결과는 놀라웠다. 향시와 회시[21]에서 모두 장원을 차지하였고, 합격자들의 성적을 매기는 전시에서 을과 3등, 즉 전체 4등으로 합격한 것이다. 이때 황당한 일이 일어났다. 전시에서 갑과 1등, 즉 장원을 차지한 '김의정'의 가문이 한미하며 그 아버지의 벼슬이 낮다는 이유로 장원을 명문가의 자제 출신으로 바꿔야 한다는 의견이 나온 것이다.

본래 문과는 응시생이 답안지를 제출할 때 그 이름을 가려야 했다. 혹시라도 시험관이 '이름'을 보고 부정 합격을 시키거나 성적에 영향을 줄 수 있기에 오직 답안의 우수함만으로 등수를 가려낼 수 있게 한 것이다. 따라서 장원을 뽑아 놓고 가문이 한미하니 바꿔야

---

20 1436년(세종 18년) 윤6월에 정한 서반(무관직) 종9품의 품계명. 1466년(세조 12년) 1월, 전력부위로 명칭을 바꿨다.

21 조선시대에 과거시험에서 초시에 합격한 사람이 2차로 시험을 보던 일 또는 그 시험.

한다는 것은 공신 집단의 위엄을 세우기 위한 억지였다. 하지만 대신들의 거듭되는 요청을 무시할 수 없었던 문종은 상위권 합격자들의 답안지를 다시 살펴본 끝에 명문가 출신인 권람을 장원으로 정했다. 이로 인해 권람의 장원은 응시생들 사이에서 적지 않은 구설수를 남겼으나 공신 세력은 만족했고, 권람의 아버지 권제도 문과 친시 장원 출신이었기에 부자가 나란히 장원을 기록한 것은 아름다운 이야기로 회자되었다. 권람은 자신이 그토록 증오하는 아버지 권제의 후광으로 장원이 된 것이 부끄러웠으나 왕명을 거부할 도리는 없었다.

어쨌거나 문과 장원을 차지한 권람은 특혜를 받아 종9품 '진의부위'에서 단박에 정6품 '사헌부 감찰'로 임명되었고, 1451년(문종 1년)에는 수재들만 모였다는 집현전 교리로 승진한다. 이때 권람은 문종의 명을 받아 〈역대병요[22]〉의 해설집 제작에 참여하게 되는데, 바로 이곳에서 그는 수양대군과 처음 만났다. 권람과 수양대군은 나이도 비슷하고 마음도 잘 맞았다.

비록 먼저 급제하여 꽃길을 걷고 있었으나 권람은 불우했던 시절의 친구 한명회를 잊지 않았다. 1452년(문종 2년), 한명회는 권람의 추천으로 경덕궁[23]을 지키는 수위로 임명된다. 이때 한명회는 서른여덟 살로, 마흔을 바라보는 나이에 이름뿐인 궁의 '문지기' 벼슬

---

22 1450년(세종 32년) 세종이 정인지 등에게 명해 역대의 전쟁과 그것에 대한 학자들의 비평을 집성하도록 한 병법서. 이후 문종은 권람을 비롯한 집현전 학자들에게 〈역대병요〉의 기록을 원전과 비교하여 확인하고 단어에 대한 정확한 각주를 달아 보완한 '해설집'을 편찬하도록 하였다. 이때 문종의 명을 받은 수양대군이 작업을 지휘하였다.
23 이성계가 왕이 되기 전 살던 개경의 집. 이성계가 왕위에 오르고 나서 경덕궁이라 하였는데 대부분 비어 있었다.

을 받았으니 참으로 초라한 출발이었다. 비록 미관말직에 불과했지만 어쨌거나 관리가 된 것이 한명회는 무척 기뻤다.

그가 부임한 뒤 얼마 지나지 않아 명절이 되자 개경에 있던 관리들이 모두 만월대에 모여 술자리를 가졌다. 신입 관리였던 한명회도 들뜬 마음으로 참석했다. 이윽고 술자리가 무르익자 개경에서 근무하는 관리들끼리 '계[24]'를 만들자는 이야기가 나왔다. 이는 단순히 친분을 쌓고 즐기는 계가 아니라 언제고 다시 한양으로 돌아갔을 때 송도에서 맺은 인연을 잊지 말고 서로의 출세를 잘 돕자는 취지의 사교모임으로, 이름은 '송도계'라 했다. 사실 송도계의 계원 대부분은 한양에서 함께 관료 생활을 했거나 과거급제 동기들로 이미 돈독한 사이였다. 한명회는 자신도 계원이 되고 싶다고 했으나 돌아온 것은 차가운 거절과 비웃음이었다. 과거급제는커녕 음서로 얻은 벼슬자리가 고작 경덕궁 문지기인 한명회는 계원으로 가입시키기에 '격'이 너무 떨어졌던 것이다. 훗날 수양대군이 왕위에 올라 한명회가 요직을 차지하고 권력을 휘두르자 송도계원들은 이날 그를 무시한 것을 두고두고 후회했다고 한다.

수양대군과의
운명적 만남

한명회가 정상적인 방법으로 고위 관리가 되려면 과거에 급제

---

24 주로 경제적인 도움을 주고받거나 친목을 도모하기 위하여 만든 전래의 협동 조직.

하여 실력을 입증하는 것뿐이었다. 장원으로 급제할 경우 곧바로 종6품의 벼슬이 주어졌고, 사헌부나 집현전 등 출세에 유리한 부서로 발령을 받았다. 무엇보다 장원급제자는 명문가에서 중매가 넘치도록 들어왔다. 든든한 처가를 얻는 것은 출세의 기본이었다. 예나 지금이나 혈연과 혼인으로 맺어진 친척보다 더 안전하고 강력한 권력 유대는 없다. 하지만 한명회에게 장원급제는 하늘의 별 따기보다 어려운 일이었다. 게다가 조정에는 박팽년, 신숙주, 성삼문 등 천재에 가까운 신하들이 넘쳐났다. 즉, 한명회가 과거에 합격한다 해도 학문으로 임금의 눈에 들 가능성은 희박했다.

한명회는 자신의 장점과 단점을 확실히 파악하고 있었다. 그의 '공부머리'는 중상급이었지만 '권력의 흐름을 읽는 눈'만큼은 최상급이었다. 송도계에서 따돌림을 당한 후 한명회는 과거급제와 같은 정상적인 방법으로는 출세하기 어렵다는 결론을 내렸다. 그렇다고 야망을 접을 생각도 없었다.

기회는 생각보다 빨리 찾아왔다. 1452년 5월 14일, 문종이 재위 2년 3개월 만에 경복궁 강녕전에서 승하한 것이다. 닷새 뒤 단종이 12세의 나이로 왕위에 올랐다. 어린 임금이 즉위하자 조정에는 기쁨보다 긴장감이 흘렀다. 하지만 그것도 잠시, 문종의 고명대신 우의정 김종서에게 권력이 집중되었다. 김종서가 조정을 장악하자 그를 지지하는 세력과 반대하는 세력이 대립하기 시작했다. 이 분열의 중심에 있는 인물이 바로 수양대군과 안평대군이었다.

한명회는 두 대군 중에서 수양대군에게 자신의 운을 걸어보기로 했다. 안평대군은 학문과 예술을 즐기는 타입이었기에 한명회는 그를 설득할 자신도 없었다. 반면 한명회는 수양대군의 속마음이 훨히 보였다. 수양대군은 김종서의 독주를 경계한다고 했으나 이것은 핑계였다. 그는 늘 권력과 가장 가까운 곳에 있었으나 권력을 제대로 가져본 적이 없었기에 권력에 목말라 있었다. 그러던 중 어린 조카가 임금이 되자 수양대군은 노골적으로 야심을 드러내기 시작했다. 모름지기 야심을 실행하려면 인재가 필요하기 마련이었다.

한명회는 권람을 통해 수양대군과 만났고, 수양대군은 변변한 관직도, 연줄도 없는 무명의 한명회 앞에서 감춰왔던 속내를 털어놓았다. 그런데 한명회가 이미 그의 마음을 모두 꿰뚫고 있는 것이 아닌가. 수양대군은 한명회를 다시 보았고 그의 말을 경청했다. 한명회는 단도직입적으로 안평대군과 김종서의 '역모'를 주장해야 승산이 있다고 조언했다. 이 만남 이후 한명회는 수양대군의 최측근이 되었다. 왕위를 원하는 자의 수족이 되는 것은 양날의 검처럼 위험한 일이었으나 한명회는 수양대군을 왕위에 올릴 자신이 있었다. 왜냐하면 수양대군이 왕이 되어야 그가 원했던 부귀영화를 누릴 것이기 때문이었다.

한명회는 한양에 자신의 얼굴을 아는 사람이 드물다는 것을 이용하여 안평대군의 심복에게 접근하였고, 힘 좀 쓴다 하는 시정잡배들과 출세욕이 강한 무장들을 수양대군의 편으로 끌어들이며 차근차근 거사를 준비했다.

수양대군의 실수를
기회로 바꾸다

당시 안평대군의 측근이었던 이현로는 산릉도감[25]의 장무를 맡아 문종의 왕릉을 조성하고 있었다. 이현로는 풍수지리 전문가로 안평대군과 김종서를 연결해준 인물이기도 했다. 한명회는 이현로를 포섭하고자 했으나 단박에 거절당했다. 그러던 중 불미스러운 일이 발생하고야 말았다.

1452년(단종 즉위년) 9월 6일, 단종이 하사한 음식을 가지고 문종의 왕릉 공사 현장을 찾아간 수양대군이 이현로를 구타했다. 공손하지 않다는 이유였다. 조정에서는 곧바로 수양대군에 대한 비난 여론이 조성되었다. 종친의 신분으로 별다른 잘못을 저지르지 않은 조정의 관리를 함부로 구타한 것은 분명 논란의 여지가 컸다. 사간원에서는 연일 수양대군의 행동은 조정을 능멸한 것이니 처벌해야 한다는 상소가 빗발쳤다. 이때 수양대군은 느닷없이 자신이 명나라에 사신으로 가겠다고 자청했다.

당시 조정에서는 단종의 고명을 받기 위한 사신단을 꾸리던 중이었는데 사은사로 갈 정승이 정해지지 않아 지연되고 있었다. 고명에 대한 사은사는 정승이 가는 것이 관례였는데 영의정 황보인은 이미 다녀온 적이 있었고, 좌의정 남지는 병중이었으며, 우의정 김종서는 이미 나이가 일흔을 바라보고 있었다. 이런 상황에서 뜻하지 않게 수양대군이 사은사를 자청한 것이다. 뒤늦게 소식을 들

---

25 임금이나 왕비의 능을 새로 만들 때 임시로 설치한 관아.

은 이현로가 안평대군에게 수양대군을 대신하여 사은사로 명나라에 갈 것을 조언했으나 이미 한발 늦고 말았다. 10월 12일, 수양대군은 신숙주를 서장관으로 삼아 명나라로 향했고, 책봉 승인이라는 막중한 책임을 자청했기에 조정을 능멸했다는 비난 여론에서 벗어날 수 있었다.

1453년(단종 1년) 2월 26일, 수양대군 일행은 무사히 돌아왔는데 이때 단종은 안평대군을 평양으로 보내 수양대군 일행을 맞이하도록 했다. 외교 임무에 성공하고 돌아온 수양대군의 입지는 여론의 뭇매를 피해 황급히 조선을 떠났을 때와 전혀 달랐다. 그 후 한명회는 권람의 소개로 알게 된 신숙주와 사돈 관계를 맺었고, 두 사람은 거사를 함께할 동지가 되었다.

계유정난의 성공과 인생역전

김종서와 수양대군의 대립은 암암리에, 그리고 노골적으로 계속되었다. 그러던 중 수양대군이 먼저 선수를 쳤다.

명나라에서 돌아온 지 8개월이 지난 1453년(단종 1년) 10월 10일, 한밤중에 수행원 두 명을 데리고 김종서의 집을 찾아간 수양대군은 무방비 상태였던 그를 철퇴로 내리쳤다. 수양대군이 김종서 제압에 성공하자 한명회는 곧바로 무사들과 함께 단종이 있는 경혜공주의 집을 포위했다. 이때 한명회의 손에는 대신들의 생사여탈을 적은 '살생부'가 들려 있었다. 관리들의 성향과 능력, 수양대군에 대한 찬반, 변심 가능 여부 등에 대한 분석을 통해 작성된 살생부는 살려둘 사람과 반드시 제거해야 하는 사람의 목록이었다. 거짓 왕명을 받고 영문도 모른 채 달려온 관리 중 수양대군에 반발했던 많은 이들이 한명회의 손짓 하나에 목숨을 잃었다. 이날 한명회는 경혜공주의 집 앞에서 비공식적인 데뷔 무대를 가졌다.

이후 살생부는 무자비한 숙청의 대명사로 불리게 된다. 같은 날 안평대군은 역적의 누명을 쓰고 강화도에 안치되었고, 안평대군의 아들도 진도에 안치되었다. 그로부터 8일 후, 안평대군은 유배지 강화도에서 사약을 받았다. 손 한번 제대로 써보지 못하고 역모죄로 처형된 것이다. 1453년(단종 1년) 계유년에 일어난 이 사건을 '계유정난'이라고 한다.

계유정난은 한명회의 과감한 계획과 수양대군의 무자비한 잔혹함이 만들어낸 반란이자 성공한 역모였다. 단 하룻밤 사이에 반대 세력을 모조리 제거한 수양대군은 영의정 겸 이조판서 겸 병조판서에 올라 정권을 송두리째 장악하였고, 닷새 뒤 자신을 포함한 43명을 '정난공신'으로 봉했다. 김종서와 안평대군의 역모를 진압했다는 이유였다. 한명회는 수양대군, 정인지 등과 나란히 정난공신 1등에 이름을 올렸다. 이때 신숙주는 외직에 나가 있어 아무 공이 없었지만, 그를 확실하게 끌어들이고자 했던 수양대군과 한명회의 '배려'로 정난공신 2등에 이름을 올렸다.

정략결혼을 통해
출세의 기반을 다지다

계유정난 전 한명회는 수양대군의 천거로 군기감[26] 녹사(종8품) 벼슬을 받았다. 비록 직급이 낮은 하급관리였으나 군기감은 군사를 동원하기 수월하다는 점에서 중요했다. 실제로 한명회는 계유정난 당시 군사를 움직여 한성부를 점령하였다. 그 후 정난공신 1등에 이름을 올린 한명회는 곧바로 군기시 판관(종5품)으로 승진했다가 수양대군이 영의정에 오르자 의금부[27]로 발령을 받았고, 사복시[28]를 거쳐 승정원[29]에 들어갔다. 단숨에 정3품 당상관에 오른 것이다. 이것은 장차 한명회가 이루어나갈 화려한 성공의 시작일 뿐이었다. 성공한 관리로서 제대로 구색을 갖추려면 이제부터 명문가와 인맥을 형성하는 것이 중요했다.

한명회는 정략결혼이라는 고전적인 방법을 사용하였다. 한명회는 첫째 딸을 정현옹주와 윤사로의 아들 '윤반'과 혼인시켰다. 정

26 　고려·조선시대 병기(兵器)의 제조를 맡아 보던 관아.

27 　조선시대 특별사법 관청이다. 왕의 직속 기관으로 승정원과 더불어 왕권 강화의 핵심 기구이다. 왕명을 받들어 죄인의 조사를 맡았는데, 주로 역모와 관련된 문제나 왕족의 범죄, 다른 기관에서 판단하기 곤란한 사건, 사형 죄에 관한 최종 심사 등도 담당했다.

28 　임금의 가마와 외양간과 목장을 관장.

29 　조선시대 왕명의 출납을 관장하던 관청으로, 국왕의 비서기관으로서 6조의 업무를 분담하며 임금을 보필했다. 총 여섯 명으로 구성된 승지들은 모두 정3품 당상관이었지만 실제로는 이조를 담당한 도승지가 으뜸이었고, 공조를 담당한 동부승지가 최하위였다.

30 　조선시대 내명부 정6품 궁관에게 주던 품계이다. 내명부는 궁중에서 품계를 받고 일하는 여성 관리를 뜻하는데, 임금의 정식 후궁인 '정1품 빈'에서 '종4품 숙원'까지를 내관, '정5품 상궁'부터 '종9품 주변궁'까지를 궁관이라 하였다.

의정부와 6조 당상관의 관직명 및 승정원의 역할

품계	의정부	6조						승정원 (국왕 비서)	
		이조 (인사)	호조 (재정)	예조 (외교)	병조 (군사)	형조 (형법)	공조 (토목)		
정1품	영의정 좌의정 우의정	6조의 으뜸은 이조이며, 서열은 건국 초기 이조 - 병조 - 호조 - 예조 - 형조 - 공조 순이었고, 세종 이후에는 이조 - 호조 - 예조-병조 - 형조 - 공조 순이었다.						승정원에는 6조를 담당하는 여섯 명의 승지가 있었다.	
종1품	좌찬성 우찬성								
정2품	좌참찬 우참찬	판서							
종2품		참판							
정3품		참의, 병조참지 (참지는 병조에만 있는 관직으로 품계는 참의와 같지만 참의보다 아래다.)						도승지	이조
								좌승지	호조
								우승지	예조
								좌부승지	병조
								우부승지	형조
								동부승지	공조

* 의정부 당상관[31]은 정1품~정2품 사이였으며, 6조의 당상관은 정2품~정3품으로 품계의 차등을 두었다. 또한 왕명을 출납하고 임금의 비서 역할을 하는 승정원 당상관은 정3품 승지[32]뿐이었다.

현옹주는 세종의 서녀로 상침[30] 송씨의 딸이었다. '상침'이라는 지위가 말해주는 것처럼 송씨는 정식 후궁이 아니었다. 즉, 후궁이 될 만큼 총애를 받지도 못했고 든든한 친정 배경도 없었다는 뜻이다. 하지만 아무리 존재감이 미비하다 해도 어쨌거나 정현옹주는 세종의 서녀였고, 그녀의 아들 '윤반'은 왕가의 인척이었다. 첫째 딸을 윤반과 혼인시킨 한명회는 왕실과 사돈을 맺었다는 것에 만족했다.

이 혼인으로 한명회는 정치 공작 하나를 계획하여 성공시켰고, 이로 인해 수양대군은 왕위를 손에 넣을 시일을 조금 앞당길 수 있었다.

1455년(단종 3년), 한명회는 사돈 윤사로를 시켜 혜빈 양씨가 금성대군과 역모를 꾸몄다고 고변하게 하였다. 혜빈 양씨는 단종에게는 어머니와 같은 존재였고 금성대군은 단종의 숙부였다. 이들은 역모를 계획하지도 않았고 증거도 없었다. 계획조차 없는 역모를 포착하는 것은 불가능한 일이었다. 그렇기에 한명회는 왕실 사정을 잘 아는 윤사로를 내세워 고변한 것이다.

한명회의 예상은 적중했다. 윤6월 11일, 금성대군과 혜빈 양씨, 그리고 그녀의 아들 한남군과 영풍군의 유배가 결정되었다. 이 사건은 단종이 왕위를 포기하는 데 결정적인 역할을 했다. 바로 그날, 단종은 수양대군에게 양위했고, 수양대군은 제7대 임금(세조)으로 즉위했다. 왕위에 오른 세조는 자신의 즉위에 공을 세운 인물들을 좌익공신으로 봉했는데, 사돈 윤사로를 시켜 역모와 고변을 설계한 한명회는 좌익공신 1등으로 봉해졌다.

---

31 조선시대 관리 중에서 정3품 이상의 품계를 가진 자.

32 승정원 승지의 품계는 모두 정3품으로 품계에 따른 신분적 차이는 없었으나 서열에 따른 상하 구분은 확실했다. 서열은 도승지-좌승지-우승지-좌부승지-우부승지-동부승지 순으로, 각각 담당하는 육조의 서열과 같았다.

사육신의 단종 복위 계획을
좌절시키다

양위라는 명분으로 왕위에 오르긴 했으나 세조의 즉위는 '찬탈'이나 다름없었다. 이를 의식한 세조는 서둘러 명나라에 고명을 청하는 사신을 보냈다. 예문관 대제학으로 임명된 신숙주는 세조의 고명을 청하는 '주문사'로, 이조참판에 임명된 권람은 세조의 즉위를 허락한 것을 감사하는 '사은사'로 임명되어 명나라로 향했다.

1456년(세조 2년) 4월, 마침내 황제의 책봉사[33]가 한양에 도착했다. 황제의 책봉 승인이라는 정당한 명분을 갖추게 된 세조는 기뻐하며 매일같이 연회를 열었고, 명나라 사신에게 온갖 진귀한 물건을 선물하였다.

날마다 열리는 연회로 인해 궁궐의 경계가 다소 느슨해지자 성삼문은 상왕으로 물러나 창덕궁에 있는 단종을 복위시킬 계획을 세웠다. 임금을 바꾸는 일은 역모였으나 성삼문의 눈에는 세조가 곧 반역자였기에 그가 하려는 일은 정치를 바르게 되돌리는 반정이었다. 성삼문의 계획을 들은 성승(성삼문의 아버지), 박팽년, 유응부 등이 동참했다.

성삼문이 정한 거사일은 6월 1일, 단종이 명나라 사신들을 창덕궁으로 초대하여 연회를 베풀기로 한 날이었다. 세조는 사신들 앞에서 단종이 자발적으로 양위했음을 보여주고자 일부러 연회 장소

---

33 국왕이나 왕비, 혹은 세자나 세자빈 등을 책봉하기 위하여 중국에서 보낸 사신.

를 창덕궁으로 정한 후 단종에게 연회를 주관하도록 했다. 성삼문은 단종과 세조가 모두 연회에 참석하는 것을 이용해 명나라 사신 앞에서 세조를 제거하고 세조의 즉위는 왕위 찬탈임을 밝힌 뒤 단종의 복위를 인정받을 계획이었다. 이를 위해 성삼문은 성승과 유응부, 박쟁을 별운검으로 세웠다. 임금의 호위를 담당하는 별운검은 무장을 할 수 있었기 때문이다. 성삼문은 의경세자, 한명회, 권람, 신숙주 등도 그 자리에서 제거할 생각이었다.

성삼문의 단종복위운동이 착착 진행되고 있을 때, 문득 한명회는 성삼문을 비롯한 세종과 문종의 충신들이 갑자기 연회에 참석하는 것이 이상하다는 생각이 들었다. 증거는 없으나 느낌이 좋지 않았던 한명회는 세조를 설득하여 연회 장소를 변경하고 별운검은 절대 연회장에 들어오지 못한다는 어명을 내리게 하였다.

연회를 하루 앞두고 갑작스럽게 변경 사항이 생기자 거사를 계획한 성삼문은 급히 회의를 소집했다. 이때 성삼문, 박팽년 등은 계획이 어긋난 이상 거사 날짜를 바꾸자고 주장했고 성승, 유응부, 박쟁 등 별운검을 맡은 이들은 계획대로 거사를 진행해야 한다고 주장했다. 한마디로 내분이 일어난 것이다. 이로 인해 거사 날짜는 미뤄졌고, 6월 1일에는 아무 일도 일어나지 않았다. 하지만 문제가 생겼다. 완벽해 보였던 계획에 차질이 생기자 마음이 바뀐 사람이 생긴 것이다.

단종 복위에 찬성했던 하급관리 김질은 거사가 미뤄지자 두려운 나머지 자신의 장인 정창손에게 이를 누설하였다. 당시 우찬성이었던 정창손은 6월 2일 동이 트자마자 입궐하여 세조에게 이 사실을 밀고하였고 성삼문 등이 즉시 체포되어 끌려왔다. 성삼문은

사육신과 정난공신

이름	출생	과거급제	사망	특이사항
정인지	1396년 (태조 5년)	1414년(태종 14년) 장원, 19세	1478년(성종 9년)	정난공신 1등, 좌익공신 2등
한명회	1415년 (태종 15년)	1452년(문종 2년) 음서, 38세	1487년(성종 18년)	정난공신 1등, 좌익공신 1등
권람	1416년 (태종 16년)	1451년(문종 1년) 장원, 36세	1465년(세조 11년)	정난공신 1등, 좌익공신 1등
신숙주		1439년(세종 21년) 3등, 23세	1475년(성종 6년)	정난공신 2등, 좌익공신 1등
박팽년	1417년 (태종 17년)	1434년(세종 16년), 18세	1456년(세조 2년) 병자옥사(단종 복위), 거열, 40세	사육신
이개		1436년(세종 18년), 20세	1456년(세조 2년) 병자옥사(단종 복위), 거열, 40세	사육신
성삼문	1418년 (태종 18년)	1438년(세종 20년), 21세	1456년(세조 2년) 병자옥사(단종 복위), 거열, 39세	사육신
유성원	미상	1444년 (세종 26년)	1456년(세조 2년) 병자옥사(단종 복위), 자살	사육신
유응부	미상	무과 급제	1456년(세조 2년) 병자옥사(단종 복위), 거열	사육신
하위지	1412년 (태종 12년)	1438년(세종 20년) 장원, 27세	1456년(세조 2년) 병자옥사(단종 복위), 거열, 43세	사육신
김질	1422년 (세종 4년)	1450년(문종 즉위년), 29세	1478년 (성종 9년)	좌익공신 3등, 변절

담담히 단종 복위 계획을 인정했다. 분노한 세조는 집현전을 폐지하고 혹독한 고문을 가했으나 아무도 단종의 이름을 입에 올리지 않았다.

6월 7일, 박팽년은 고문 끝에 감옥에서 죽음을 맞았고 6월 8일, 성삼문, 성승, 유응부, 박쟁, 이개, 하위지 등은 거열형[34]을 당했다. 이미 목숨을 잃은 박팽년도 이날 사지가 찢겼다. 이 사건은 병자년에 일어났다 하여 '병자옥사'라 부르고, 단종의 결백을 지키며 목숨을 잃은 이들을 '사육신'이라 한다. 병자옥사의 진압에 가장 큰 공을 세운 사람은 놀라운 직감으로 거사 자체를 무산시킨 한명회였다. 한명회는 도승지로 승진하였고, 단종 복위와 연관된 800여 명의 관련자들은 처형되었다.

의경세자의 죽음과 한명회의 출세

병자옥사 이후 단종은 창덕궁에서 쫓겨나 금성대군의 집에서 머물고 있었다. 그러던 중 1457년(세조 3년) 1월, 단종의 운명을 바꿔놓을 사건이 일어난다. 바로 명나라에서 상황으로 있던 정통제가 복위한 것이다. 세조는 단종이 상왕의 신분인 것에 위협을 느꼈다. 명나라 황제가 그랬듯 살아 있다면 상왕은 언제라도 복위가 가능했다. 세조는 서둘러 단종을 노산군으로 강등시켜 강원도 영월로 유배했다.

단종이 유배를 떠난 지 불과 한 달 뒤, 세조의 우려는 현실로 드러났다. 경상도 순흥에 유배 중이던 금성대군이 순흥부사 이보흠과

---

34 팔과 다리를 각각 2개의 수레에 묶은 뒤 서로 반대 방향으로 몰아 찢어 죽이는 형벌.

비밀리에 군사를 일으켜 단종의 복위를 꾀한 것이다. 사전에 발각되긴 하였으나 역모를 꾸민 이상 단종과 금성대군을 사사해야 한다는 목소리가 커졌다.

같은 해 9월, 세조의 장남 의경세자가 20세의 젊은 나이로 세상을 떠났다. 의경세자의 죽음으로 후계자를 잃은 세조의 불안은 극에 달했다. 세조의 남은 혈육은 차남 해양대군(당시 8세), 장손 월산군(당시 4세), 손자 자산군(당시 1세) 등 세 명뿐인데 모두 어린아이였다. 세조가 왕위를 차지할 수 있었던 것은 단종이 어리고 힘이 없기 때문이었다. 만약 세조가 일찍 승하한다면 누가 왕위를 계승해야 왕실이 안전할지 장담할 수가 없었다.

세조의 불안과 절망은 금성대군과 단종의 죽음으로 이어졌다. 세조는 금성대군을 사사하고 단종에게는 몰래 사람을 보냈다. 조카이자 선왕을 사사했다는 오명이 두려웠기 때문이다. 세조가 보낸 사람에게 죽임을 당한 단종의 시신은 수습되지 못했고 장례도 치르지 못했다.

불안 요소를 모두 제거한 세조는 세자를 다시 세웠다. 적장자 계승의 원칙대로라면 의경세자의 장남 월산군을 후계자로 세워야 했으나 그는 고작 4세에 불과했다. 월산군이 너무 어린 것이 마음에 걸린 세조는 해양대군을 세자로 세웠다. 세조의 혈육 중에서는 그나마 가장 나이가 많았기 때문이다. 의경세자의 죽음으로 가장 크게 이득을 본 사람은 한명회였는데, 그의 셋째 딸이 세자빈으로 간택되었다. 임금과 사돈 관계가 되는 것, 그중에서도 세자의 장인이 되는 것은 실력으로 승진하여 높은 관직에 오르는 것과 차원이 다른 출세였다.

1461년(세조 7년), 세자의 장인 한명회는 강원도와 함경도의 도체찰사로 임명되었고, 상당부원군[35] 겸 병조판서에 올라 군권을 장악했다. 한명회가 세자를 보호해주길 바랐던 세조의 뜻이었다. 같은 해 원손(인성대군)이 태어나자 한명회의 권력은 그야말로 나는 새도 떨어뜨릴 정도가 되었다.

세자빈의 죽음과 한명회의 좌절

한명회의 앞날은 탄탄대로였다. 그런데 이변이 일어났다. 원손을 낳은 지 6일 만에 세자빈 한씨가 17세의 나이로 세상을 떠난 것이다. 세자빈 한씨의 뜻하지 않은 죽음은 한명회를 좌절시켰다. 하지만 세자빈이 승하한 뒤에도 한명회에 대한 세조의 신임은 변함이 없었다. 1462년(세조 8년) 한명회는 평안도, 황해도, 강원도, 함길도 등 무려 4개도의 도체찰사로 임명되었고 우의정에 올랐다. 이때 영의정은 신숙주, 좌의정은 권람으로 정승 세 명이 모두 한명회의 친구이자 동지였다.

1463년(세조 9년) 한명회는 좌의정으로 임명되었다. 권력의 정점을 눈앞에 둔 상황이었지만 한명회는 이미 한 번 맛본 '세자의 장인'이라는 자리가 보장해주는 달콤함을 잊을 수가 없었다. 하지만

---

35 부원군은 조선시대 임금의 장인, 즉 국구(國舅) 또는 정1품 공신에게 준 작호를 받는 사람의 본관 지명을 앞에 붙였다. 일반적으로 딸이 궁중에 들어와 정실 왕후가 되면 왕비의 부친은 자동으로 부원군이 되었다.

하나 남은 막내딸은 너무 어려 간택 후보에 이름을 올릴 수가 없었다. 고민 끝에 한명회는 먼 친척인 한백륜(한명회의 10촌 동생)의 첫째 딸을 세자의 후궁으로 입궁시켰다. '소훈[36]'의 품계를 받은 한백륜의 딸은 한명회의 외손자인 인성대군을 잘 키워야 하는 책임을 안고 입궁하였다. 하지만 한명회는 또 한 번 좌절을 겪게 된다. 인성대군이 3세의 나이로 세상을 떠난 것이다. 화려한 권모술수와 처세술을 발휘했던 한명회도 세자빈 한씨와 인성대군의 죽음을 어찌할 수는 없었다.

게다가 시간이 흐르면서 세조는 비대해진 공신 세력을 견제할 새로운 세력을 만들기 시작했다. 세조가 발탁한 새로운 세력은 바로 능력 있는 종친이었다. 종친은 과거시험을 보거나 행정 관료가 되는 것이 금지되어 있었으나 세조는 종친에게도 과거시험을 치를 수 있게 허락하였다. 세조에게 반대하는 종친은 거의 다 숙청되었기 때문에 남은 종친들은 왕위에 전혀 위협이 되지 않았다. 세조는 종친이라는 이유로 야심과 능력을 감추고 살아야 하는 괴로움을 잘 알았다. 왕위만 넘보지 않는다면 종친은 신하들을 견제하고 왕실을 보호할 수 있는 최고의 재원이었다.

그리하여 등장한 인물이 정선공주(태종과 원경왕후의 막내딸)의 손자인 남이와 임영대군의 아들인 구성군 이준이다. 남이와 이준은 1441년(세종 23년)에 태어난 동갑내기로, 남이는 1457년(세조 3년) 17세의 나이로 무과에 장원으로 급제하였고, 이준은 1466년(세조 12년)

---

36 세자의 정식 후궁 중 가장 낮은 품계로 종5품이다. 위로 종4품 '승휘', 종3품 '양원', 종2품 '양제'가 있다.

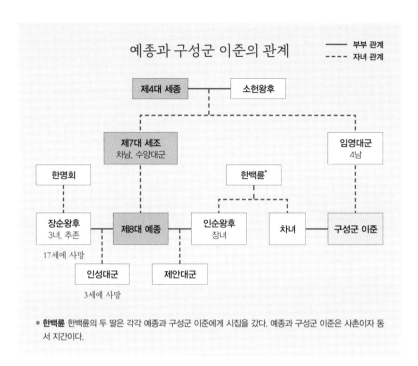

예종과 구성군 이준의 관계

— 부부 관계
---- 자녀 관계

제4대 세종 — 소헌왕후

제7대 세조
차남, 수양대군

임영대군
4남

한명회

한백륜*

장순왕후
3녀, 추존

17세에 사망

제8대 예종

인순왕후
장녀

차녀

구성군 이준

인성대군

3세에 사망

제안대군

* **한백륜** 한백륜의 두 딸은 각각 예종과 구성군 이준에게 시집을 갔다. 예종과 구성군 이준은 사촌이자 동서 지간이다.

무과에 장원으로 급제하여 이름을 떨쳤다. 특히 한백륜의 둘째 딸을 아내로 맞은 구성군 이준은 세조뿐 아니라 세자(예종)와도 사촌이자 동서지간으로 매우 각별한 사이였다.

이시애의 난과
신(新) 공신 세력의 등장

1467년(세조 13년), 한명회는 정치 생명의 위기를 맞았다. 함경도 지방호족 출신 이시애가 반란을 일으키면서 한명회가 자신과 결탁했다고 주장한 것이다. 당시 세조는 왕권이 안정되자 북방민의 등용을 억제하고 중앙 관리를 파견하여 북도를 다스리고 있었는데, 그 대표적인 인물이 한명회와 신숙주였다. 이에 불만을 품은 이시애와 반란 세력은 조정에서 파견한 함길도 절제사 강효문을 제거하고 반란을 일으켰다. 이시애는 곧바로 조정에 사람을 보내 강효문을 제거한 것은 한명회이고, 신숙주와 결탁하여 모반을 도모하려 했으며, 자신들의 행동은 반란이 아닌 의거라고 주장했다. '반란과 역모'의 누명을 씌워 수많은 이들을 숙청해왔던 한명회가 반란의 연루자가 되어버린 것이다.

진상을 확인하기 위해 세조는 일단 반란 세력으로 지목된 한명회와 신숙주를 체포하고 종친인 구성군 이준을 총사령관으로 임명, 남이와 함께 반란군을 토벌하도록 명했다. 반란군 토벌의 총사령관으로 임명된 구성군 이준은 평안도, 황해도, 강원도, 함길도의 병마도총사로 임명되었다. 군사를 이끌고 출병한 구성군 이준은 이시애와의 전면전에서 승리하였고, 이어서 도착한 남이는 반란군의 거점지역을 격파하였다. 길주로 도주했던 이시애가 부하의 배신으로 붙잡혀 오자 구성군 이준은 그를 현장에서 참형에 처한 뒤 효수함으로써 4개월 만에 '이시애의 난[37]'을 완전히 평정했다. 이 공을 인정받아 남이는 오위[38] 도총부 도총관(오늘날의 수도방위사령부 사령관) 겸 공조판서로 임명되었고, 구성군 이준은 일약 병조판서로 파격 임명되었다.

---

37 1467년(세조 13년) 5월부터 8월까지, 함경도 길주의 호족 이시애 등이 세조의 집권 정책에 반대해 일으킨 반란이다.
38 조선시대 중앙군으로 수도방위사령부와 같은 기능을 수행했다.

그로부터 한 달도 채 지나지 않아 구성군 이준은 다시 영의정으로, 남이는 병조판서로 승진하였다. 당시 두 사람의 나이는 겨우 27세로, 조선 역사상 최연소 영의정이자 최연소 병조판서였다. 세조는 이시애의 난을 평정한 것을 기념하여 적개공신으로 봉했다. 1467년(세조 13년) 구성군 이준과 남이를 1등으로, 총 45명의 '새로운' 공신이 탄생했다. 세조가 정치 경험이 풍부하지 않은 20대의 두 사람에게 이처럼 엄청난 권력을 준 것은 그들이 한명회와 같은 공신 세력을 견제하길 바라서였다.

지난 10년 동안 한명회가 권력을 가질 수 있었던 것이 세조의 뜻이었다면 구성군 이준과 남이가 새롭게 부상하는 것 역시 세조의 뜻이었다. 하지만 훈구공신들을 견제하고자 했던 세조의 의지는 실현되지 못했다.

세조의 죽음과 한명회의 전성시대

1467년(세조 13년) 영응대군(세종의 8남)이 44세의 나이로 세상을 떠났다. 세조는 그의 죽음에 큰 충격을 받았고 점점 더 불교에 심취했다. 이 무렵 세조는 피부병이 점점 심해져 치료를 위해 수시로 궁을 비웠는데, 이때 만들어진 것이 '원상제'이다. '원상'이란 '승정원의 재상'이라는 뜻으로, 임금의 병환이 깊거나 궁을 비웠을 때 정승이 국왕의 비서기관인 승정원을 대신 맡아 다스리는 것을 의미한다. 세조의 의도에 따라 새로운 공신 세력과 권력을 나눠야 하는 상황에 몰렸던 한명회로서는 세조의 병환이 또 다른 기회였다. 원상대신이 된 한명회는 다시 한번 도약의 기회를 잡는다.

1468년(세조 14년) 9월 6일, 죽음을 앞둔 세조는 자신의 악업을 참회하며 계유년과 병자년(사육신의 난)에 자신이 숙청했던 신하들과 연좌된 200여 명의 무죄방면을 선언하였다. 9월 7일, 세조는 세자에게 왕위를 물려주었고 바로 다음 날 52세의 나이로 세상을 떠났다. 세조라는 든든한 보호막이 사라진 상황에서 구성군 이준과 남이는 한명회의 적수가 되지 못했다.

예종이 즉위한 지 겨우 한 달이 조금 넘은 10월 27일, 한명회는 주특기인 역모를 내세워 남이를 제거했다. 다음 날 한명회는 남이의 옥사를 다스린 공을 인정받아 '익대공신' 1등으로 봉해졌다. 이때 한명회와 함께 익대공신으로 봉해진 이들은 모두 37명이었다. 그들 대부분은 구(舊)공신 세력이었는데, 이들을 '훈구파'라고 불렀다. '남이의 난'은 훈구공신 세력이 종친 중심의 신(新)공신 세력을 상대로 거둔 완벽한 승리였다.

1469년(예종 1년) 1월, 임영대군이 세상을 떠나자 구성군 이준은 아버지의 초상을 치르기 위해 영의정에서 물러났고 곧바로 한명회가 영의정으로 임명되었다. 세조 말년 신(新) 공신 세력의 등장으로 잠시 위태로웠던 한명회는 예종이 즉위한 지 석 달 만에 완벽하게 지위를 회복하였고, 오히려 더 큰 권력을 갖게 되었다. 이제 한명회는 영의정이자 훈구파를 대표하는 조정의 원로였다. 그의 앞날을 막을 수 있는 사람은 아무도 없었다.

성종의 즉위로
권력의 정점에 서다

훈구파는 조정을 다시 장악했고, 한명회는 일인지하 만인지상의 영의정이 되었다. 훈구파의 대다수는 공신이었는데 이들은 공신으로 책봉될 때 땅과 노비 등을 받았고 높은 관직에 임명되었다. 당시 훈구파의 위세를 가장 잘 보여주는 것이 바로 뇌물을 통한 청탁, '분경[39]'이다. 권력의 핵심 한명회는 그동안 분경을 통해 엄청난 재산을 축적해왔다. 그런데 즉위 이듬해 친정을 시작한 예종은 하급관리나 지방관이 권세가의 집을 방문하는 것이 발각될 경우 종친이나 공신을 막론하고 극형으로 다스리겠다며 분경 금지를 선언했다.

한명회를 비롯한 훈구파는 일순 긴장하였으나 이내 자신들의 방패막이를 찾았다. 바로 정희대비였다. 예종의 어머니이자 세조의 왕비인 정희대비는 10남매의 막내였다. 그녀의 친족들은 분경을 비롯하여 온갖 비리들을 계속해서 저지르며 예종과 왕실의 체면을 깎아왔으나 예종은 어머니 정희대비 때문에 이들을 제대로 처벌할 수 없었다. 비리의 온상인 분경을 금지하고 원상대신들을 견제하고자 했던 예종의 의지는 친족과 원상대신들을 옹호하는 정희대비로 인해 지지부진해졌다.

그로부터 불과 몇 달 후인 1469년 11월 28일, 예종은 즉위 1년 3개월 만에 20세의 젊은 나이로 갑작스럽게 세상을 떠났다. 예종이

---

39 권세가들의 집을 방문하여 뇌물을 주고 관직을 사거나 승진을 청탁하는 것.

승하한 당일, 한명회는 의경세자의 둘째 아들이자 자신의 막냇사위인 자을산군을 제9대 성종으로 즉위시켰다. 13세의 자을산군은 친형이자 세조의 장손인 월산대군(당시 16세)과 예종의 외아들인 제안대군(당시 4세)을 제치고 왕위에 올랐다. 임금의 장인이자 왕비의 아버지가 된 한명회의 권력은 더욱 커졌다.

13세인 성종이 친정을 하기까지는 무려 7~8년이라는 긴 시간이 있었다. 한명회는 곧바로 성종에게 위협이 될 수 있다는 명분으로 구성군 이준을 숙청한다. 조정에서 물러난 구성군 이준은 모든 행동을 조심하며 지냈으나 한명회는 몇몇 사람들이 구성군 이준을 칭송했던 일을 기어코 역모로 둔갑시켰다. 국문 끝에 구성군 이준의 결백이 밝혀졌으나 한명회는 끈질기게 처벌을 주장했고, 결국 구성군은 폐서인되어 경상도에 유배되었다. 최후의 종친 세력을 제거한 한명회의 권력은 그야말로 무소불위였다.

1471년(성종 2년) 한명회는 '성종을 추대하는 데 공을 세우고 성종의 다스림을 보좌한 공'으로 좌리공신에 봉해졌다. 좌리공신에 봉해진 사람은 무려 75명이었는데, 이는 그때까지 봉해진 공신 중 최대 규모였다. 이 기록은 중종반정 이후 113명이 정국공신으로 봉해지면서 깨지게 된다. 좌리공신 명단에는 한명회를 포함한 원상대신 13명 전원이 포함되어 있었다. 이로써 한명회는 제6대 단종부터 제9대 성종에 이르기까지 무려 네 번이나 공신[40]으로 봉해졌고, 각각 1등의 녹훈을 받았다. 조선 역사상 네 번 공신이 된 인물도, 네

---

40 정난공신 1등(단종 1년), 좌익공신 1등(세조 1년), 익대공신 1등(예종 즉위년), 좌리공신 1등.

번 모두 1등의 녹훈을 받은 인물도 한명회뿐이다.

성종의 왕권 강화와
한명회의 몰락

1474년(성종 5년), 성종의 왕비이자 한명회의 넷째 딸인 공혜왕후 한씨가 19세의 나이로 자식 없이 세상을 떠났다. 세조의 아들 의경세자와 예종 모두 20세를 넘기지 못한 것처럼 왕실로 시집보낸 한명회의 두 딸 모두 20세를 넘기지 못한 것이다. 이어서 1475년(성종 6년) 한명회와 함께 훈구파를 대표했던 신숙주가 세상을 떠났다. 영원할 것만 같았던 훈구파의 권세가 세월 앞에서 서서히 무너지기 시작한 것이다. 1476년(성종 7년) 정희대비는 수렴청정을 거둔다는 교지를 내렸다. 당황한 한명회는 "성종이 즉위한 뒤 나라가 저절로 다스려진 것은 오로지 정희대비의 덕"이라는 궤변을 늘어놓으며 수렴청정을 거둔다는 교지를 만류했으나 정희대비의 뜻은 완고했다.

친정을 시작한 성종은 두 달 뒤 도승지를 교체한다. 성종의 승지는 항상 한명회의 측근으로 구성되어 있었다. 성종이 이처럼 단호한 모습을 보이자 그동안 훈구파의 눈치를 보느라 제 기능을 하지 못했던 대간[41]이 강경한 목소리를 내기 시작했다. 대간은 한명회

---

41 임금에게 간언하는 '사간원'의 '간관'과 관리의 비리를 조사·탄핵하는 '사헌부'의 '대관'을 합쳐서 부르는 말. 사간원과 사헌부는 임금의 자문 역할을 하는 '홍문관'과 함께 언론을 담당하고 여론을 형성하여 '삼사'라 불렸고, 삼사의 관리들은 '언관', 즉 언론을 담당하는 관리로 불렸다.

의 말과 행동이 지극히 불경스럽다며 처벌을 요구했고, 성종이 처벌을 망설이자 대사헌 윤계겸은 사직으로 의지를 드러냈다. 달라진 조정의 분위기를 감지한 한명회는 사직을 청했고 성종은 이를 수락했다. 한명회로부터 자발적으로 사임을 받아낸 성종은 원상제도를 혁파하고 자신이 총애하던 숙의 윤씨를 왕비로 책봉했다. 만삭의 몸으로 왕비가 된 윤씨는 석 달 뒤 건강한 원자(연산군)를 낳는다.

새로운 왕비의 책봉과 원자의 탄생으로 성종의 왕권은 안정을 찾았고, 청탁이 아닌 과거시험을 통해 조정에 등장한 신진 관료들이 많아지면서 한명회는 자연스럽게 권세로부터 멀어지게 되었다. 은퇴한 한명회는 권력에 대한 미련으로 명나라와의 관계에 집착했다. 세조 시절부터 수십 년간 쌓아온 명나라와의 관계는 한명회가 임금을 압박할 수 있는 마지막 무기였기 때문이다.

1481년(성종 12년) 6월, 한명회의 오랜 친구인 명나라 환관 '정동'이 조선에 사신으로 왔다. 이에 사신을 위한 연회를 베풀게 되었는데, 이때 한명회는 정동을 자신의 개인 공간인 '압구정'으로 초대하고 성종에게 궁중에서 사용하는 보첨만[42]을 하사해달라고 요청했다. 자신의 권세가 여전하다는 것을 과시하기 위해서였다. 하지만 성종은 이를 단박에 거절하며 궁중의 장막이 필요 없는 곳으로 연회 장소를 바꾸라고 명했다.

실록에 따르면 성종의 거절을 들은 한명회는 안색이 달라졌다고 한다. 불쾌한 표정을 감추지 못한 것이다. 성종이 장막을 내어주지 않자 한명회는 갑자기 아내의 병환 때문에 연회에 참석할 수 없

---

42 처마에 잇대는 장막.

다고 말을 바꿨다. 공과 사를 구분하지 못하는 한명회의 언행은 분명 도를 넘어선 것이었다. 이에 승정원에서 일제히 한명회를 불경죄로 다스려야 한다고 탄핵하였다. 탄핵이 거세지자 한명회는 마지못해 변명을 늘어놓았으나 성종은 그의 직첩[43]을 거두고 도성 밖으로 쫓아내라고 지시했다. 이것이 바로 '압구정 사건'으로, 한명회는 자존심을 크게 구기게 되었다. 넉 달 뒤 성종은 한명회를 다시 복직시켰으나, 이는 한명회가 권세를 회복한 것이 아니라 성종의 너그러움과 아량을 보여주기 위한 눈가림에 불과했다.

　1483년(성종 14년) 폐비 윤씨의 아들 연산군이 세자로 책봉되었고, 한명회는 세자의 고명을 청하는 주문사로 임명되었다. 이때 많은 사람들이 명나라에 사신으로 가는 한명회에게 송별의 시를 지어주었는데 승정원에서 이 시를 모아 책으로 만들었다. 그러자 성종은 왕명을 어기고 '두루마리'가 아닌 '책'으로 만든 것을 힐책했다. 끝까지 권세에 미련을 버리지 못한 한명회의 구질구질한 월권을 지적한 것이다. 변명을 늘어놓았던 압구정 사건 때와 달리 한명회는 곧바로 대죄[44]하였다.

43　조정에서 내리는 벼슬아치의 임명장.
44　죄인이 자신의 잘못에 대하여 처벌을 기다림.

천수를 누린 뒤 맞은
명예로운 죽음

1484년(성종 15년) 성종은 한명회에게 명예롭게 은퇴한 신하에게 내리는 궤장[45]을 하사하였다. 네 번이나 공신에 1등으로 봉해지고, 두 번이나 임금의 장인이 되어 세도정치[46]로 일세를 풍미했던 한명회의 시대가 저물고 있었다.

1487년(성종 18년) 10월, 한명회가 위독하다는 소식을 들은 성종은 승지를 보내 문병하도록 했다. 11월, 끝내 병석에서 일어나지 못한 한명회는 73세의 나이로 세상을 떠났다.

집안이나 인맥에 기대지 않고 스스로 자수성가한 한명회의 인생은 드라마틱했다. 태어나서는 부모에게 외면당했고, 일찍 고아가 되어 가난에 시달렸으며, 38세까지 관운이 풀리지 않아 고생했다. 그러나 권력의 흐름을 읽는 눈만큼은 탁월하여 수양대군의 야망을 한눈에 알아보고 그의 욕망을 현실로 만들어줌으로써 권력을 거머쥐었고, 화려한 세도가의 길을 걸었다. 매우 독특하고 비정상적인 방법으로 권력을 손에 넣은 한명회는 그 후에도 탁월한 권모술수를 발휘하며 수많은 정적을 빈틈없이 제거하였고 최고의 권세가로 이름을 날렸다.

간신, 권신, 척신의 대명사인 한명회는 분명 훌륭하고 모범적인

---

45 임금이 나라에 공이 많은 70세 이상의 늙은 대신에게 하사하던 의자와 지팡이를 이르는 말.
46 국왕의 위임을 받아 정권을 잡은 특정인과 그 추종 세력에 의해 이루어지는 조선의 정치 형태.

세조~성종 시대의 주요 훈구공신 및 원상대신

이름	탄생	입사 경로	공신 책봉	경력	특이 사항	사망
정인지	1396년 (태조 5년)	1414년 (태종 14년) 문과 급제	정난공신 1등 좌익공신 2등 익대공신 3등 좌리공신 2등	이조판서 병판판서 영의정	집현전 출신	1478년 (성종 9년)
한명회	1415년 (태종 15년)	1452년 (문종 2년) 음서	정난공신 1등 좌익공신 1등 익대공신 1등 좌리공신 1등	도승지 이조판서 병조판서 영의정	문음 출신 최다 1등 공신	1487년 (성종 18년)
신숙주	1417년 (태종 17년)	1439년 (세종 21년) 문과 급제	정난공신 2등 좌익공신 1등 익대공신 1등 좌리공신 1등	도승지 병조판서 영의정	집현전 출신 한명회의 사돈	1475년 (성종 6년)
정찬손	1402년 (태종 2년)	1426년 (세종 8년) 문과 급제	좌익공신 3등 익대공신 3등 좌리공신 2등	우승지 이조판서 영의정	집현전 출신 김질의 장인	1487년 (성종 18년)
김 질	1422년 (세종 4년)	1450년 (문종 즉위년) 문과급제	좌익공신 3등 익대공신 3등 좌리공신 2등	좌승지 병조판서 우의정 좌의정	집현전 출신 정창손의 사위	1478년 (성종 9년)
윤사흔	1402년 (태종 2년)	문음	좌리공신 2등	동부승지 공조판서 우의정	정희대비의 남동생	1485년 (성종 16년)

정치가와는 거리가 멀다. 하지만 조선 역사상 가장 유명한 정치가 이자 한 시대를 만들었던 인물이다. 한명회가 권력을 장악하고 사용한 방법이 옳았는지 옳지 않았는지, 그 시대가 좋았는지 좋지 않았는지를 판단하는 일은 후대의 몫이다. 한명회를 닮은 혹은 닮고

단종~성종 시대의 공신

시기	공신	임명 대상
1453년 (단종 1년)	정난공신	계유정난 평정, 안평대군과 김종서의 '역모'를 진압한 인물
1455년 (세조 1년)	좌익공신	단종의 양위와 세조의 즉위에 공을 세운 인물
1467년 (세조 13년)	적개공신	'이시애의 난'을 진압한 인물
1468년 (예종 즉위년)	익대공신	남이의 '역모'를 진압, 평정한 인물
1471년 (성종 2년)	좌리공신	성종의 즉위에 공을 세우고 성종의 통치를 잘 보좌한 인물 '훈구공신(정난, 좌익, 익대)'의 권력 장악을 자축하는 의미가 담겨 있음

자 하는 정치가들이 넘쳐나는 시대를 살아가는 오늘날, 한명회의 인생을 바라보는 것은 큰 의미가 있다. 역사는 한명회가 불가능해 보였던 성공과 출세를 이룬 방법은 물론, 영원불멸할 것 같았던 권력을 잃은 과정까지도 고스란히 우리에게 보여주기 때문이다.

간신의 대명사 유자광과
사림의 종주[47] 김종직의 악연

유자광은 '일신의 영달만을 추구한 간신'의 대명사
로 조선시대 전반에 걸쳐 오명을 떨쳐온 인물이다. 반
면 김종직은 '강직하고 현명한 성인(聖人)'으로 조선시
대 전반에 걸쳐 사림의 종주로 추앙받아온 인물이다.
유자광과 김종직에 대한 평가는 그야말로 극과 극인
셈이다. 이 두 사람의 악연은 역사에 균열을 만들었고,
그 균열을 회복하여 균형을 잡아가는 과정에서 새로운
역사를 만들기도 했다.

서자의 아들과 학자의 아들

유자광은 경주부윤을 역임한 유규의 서자[48]로 태어
났다. 서자의 삶은 대개 팔자 좋은 한량이거나 운명을
비관하며 살거나 둘 중 하나였다. 서자에게는 과거에
응시할 자격도 벼슬할 자격도 주어지지 않았기 때문이
다. 하지만 중요한 공을 세우면 아주 특별한 경우, 양
반이 될 기회가 주어지기도 했다.

---

47 중국 봉건시대에 제후들 가운데 패권을 잡은 맹주를 의미한다. '우두
머리'라는 뜻으로 사용된다.
48 양반과 정실부인이 아닌 양민 여성 사이에서 태어난 아들. 양반과 천
민 여성, 즉 기생이나 노비에게서 태어난 아들은 '얼자'라고 하며 이
들은 서자보다 신분이 훨씬 낮았다. '서얼'은 '서자'와 '얼자'를 합쳐
부르는 말이다.

어린 시절부터 몸이 날래고 기운이 호방하였던 유자광은 출신의 한계를 극복하고자 노력했다. 그는 일찍이 임금의 호위와 수도의 경비를 담당하는 갑사(甲士)[49]가 되었다. 갑사는 그 이름처럼 '으뜸가는 군사'였고 상당한 지위를 인정받긴 했으나 정규 무관은 아니었다. 즉, 양반가의 서자 중 무예에 재능이 있는 자가 할 만한, 알맹이 없는 벼슬 아닌 벼슬이었다. 신분의 한계로 인해 과거 응시가 불가능했던 유자광에게 적합한 일이었다.

김종직은 김숙자의 아들로 태어났다. 김숙자는 이색과 정몽주의 직계 제자인 길재[50]에게 수학하였고, 김종직에게 직접 성리학을 가르쳤다. 김종직이 정식으로 학문에 들어선 나이는 6세였다. 김숙자는 아들에게 기초학습 과정이라고 할 수 있는 〈동몽〉 〈소학〉 〈효경〉을 완전히 암기하여 익히도록 한 뒤 사서오경[51]을 거쳐 〈자치통감〉을 비롯한 역사서와 제자백가의 책을 읽게 하였다. 유교의 기본 경전을 익힌 뒤 역사서를 읽는 것은 학문을 익히는 선비들의 기본 학습 순서였다.

성리학에 정진하기 위한 '기본' 학습 단계를 마무리하였을 때

---

49 조선시대에 오위(伍衛) 가운데 중위(中衛)인 의흥위에 속한 군사. 부유한 양반 자제들 가운데에서 용모가 준수하고 무예에 뛰어난 사람들을 선발하여 서울과 지방의 수비를 맡겼다.

50 길재는 포은 정몽주의 제자로, 고려가 망한 뒤 벼슬길에 나아가지 않았다. 관직에 나아가지는 않았으나 후학을 양성하는 데 힘썼고, 제자들에게는 나라를 위해 일할 것을 당부하였다. 김종직을 시작으로 길재의 제자들은 성종 이후 정계에 진출하였는데 이들을 '사림 (士林)'이라고 부른다.

51 유교의 기본경전으로, 사서는 〈대학〉 〈논어〉 〈맹자〉 〈중용〉을, 오경은 〈시경〉 〈서경〉 〈춘추〉 〈주역〉 〈예기〉를 의미한다. 흔히 사서삼경이라고 하는데, 이때 삼경은 〈시경〉 〈서경〉 〈주역(역경)〉을 칭한다.

김종직의 나이는 26세였다. 20년을 쉬지 않고 학문에 매진한 김종직은 이색으로부터 내려온 성리학을 정통으로 계승했다는 자긍심과 자부심이 강했다. 하지만 자긍심과 자부심이 출세로 직결되는 것은 아니었다.

김종직의 출세와 좌절

26세가 되던 1456년(세조 2년), 김종직은 과거시험에 낙방하는 좌절을 겪는다. 성리학 외길을 걸어온 김종직의 학문적 소양은 발군이었으나 그가 해온 공부는 이른바 합격에 적합한, 입시 위주의 공부가 아니었다. 게다가 낙방한 지 얼마 지나지 않아 아버지 김숙자가 세상을 떠났다. 성리학의 예법에 따르면 초상을 치르는 3년 동안은 부부 관계를 해서도 안 되고 과거에 응시할 수도 없었다.

청년 성리학자 김종직은 삼년상을 마친 뒤 1459년(세조 5년) 서른이 다 되어서야 마침내 과거에 응시하여 합격의 기쁨을 안았다. 그의 첫 관직은 승문원[52]의 말단인 정8품 권지부정자였다. 외교에 관련된 문서를 담당하는 승문원은 김종직이 능력을 발휘하기에 아주 좋은 부서였다.

세조 5년 이후 과거에 합격한 문신들에게는 실력만 받쳐준다면 출세의 길이 열려 있었다. 사육신을 비롯하여 단종 복위 사건을 주도하거나 연루된 학자 대부분이 숙청된 상황이었기 때문에 인재가 몹시 부족했기 때문이다. 이러한 인재 부족 때문에 세조의 시대에는 소수의 공신들과 그들의 일가친척이 권력을 독점하고 있었다.

---

52 조선시대 외교에 관한 문서를 관장하기 위해 설치했던 관청 부서.

권력의 불균형이 심각하고 인재가 부족한 시대적 상황은 서자였던 유자광에게도 기회였지만 정통 성리학자 김종직에게도 기회였다.

김종직은 그 능력과 명성 덕분에 세조의 총애를 받을 기회를 얻었으나 1463년(세조 9년), 독실한 불교도인 세조 앞에서 불사의 단점을 지적하다가 파직을 당했다. 더 본격적인 시련은 1464년(세조 10년)에 발생했다. 당시 세조는 조정에서 관장해야 하는 학문을 천문·지리·음양·의학·사학·시학·율려(음율) 등 7가지로 나눈 뒤 능력 있는 문신들을 선발하여 각각 분야별로 배우도록 하였다. 선발된 신진 문신은 세조의 눈에 들기만 하면 출셋길이 보장된 것이나 다름없었다. 김종직도 선발되었으나 이번에도 그는 "사학(역사)과 시학(문장, 문학)은 본래 유자(선비)의 일입니다만 나머지는 잡학(雜學)인데 문신에게 힘써 배워 능통하게 하라는 것은 좋은 일이 아닙니다"라고 간언하는 바람에 세조의 분노를 샀다.

비록 집현전을 폐지하긴 했으나 세조는 다양한 분야에 걸친 실용 학문과 기술 발전이 얼마나 중요한지 누구보다 잘 알고 있었다. 감히 임금을 가르치려 한 김종직은 곤장을 맞고 파직되었고, 1년이 훨씬 넘어서야 중앙 정계로 돌아올 수 있었다. 외직을 거쳐 돌아온 김종직은 이후 몸을 바짝 낮춘 채 세조의 눈 밖에 나는 말과 행동을 하지 않았다.

유자광의 출세와 좌절

유자광의 출세는 김종직이 몸을 낮추고 있던 시기에 이루어졌다. 1467년(세조 13년) 5월, 함경도의 호족 출신 이시애가 반란을 일으켰다. 당시 유자광은 전라도 남원에서 갑사로 복무 중이었는데 반란이 일어났다는 소식을 듣자 곧바로 한양으로 상경하여 상소문을 올렸다. 역적 이시애의 머리를 바치고 싶다는 유자광의 절절한 상소문은 세조에게 깊은 인상을 주었다. 세조는 일개 갑사인 유자광의 적극적인 행동과 충성심에 감동하였고 상소문의 문장에도 크게 감탄하였다. 세조는 즉시 유자광을 갑사에서 정규 정예병인 겸사복[53]으로 임명하고 그에게 연락관의 임무를 맡겼다. 유자광은 함경도와 한양을 오가며 세조에게 정확한 상황을 보고하였다. 이후 이시애의 난이 성공적으로 진압되자 세조는 그를 정5품 병조정랑으로 임명했다. 그야말로 파격적인 인사 발령이었다.

하지만 세조의 신임이 깊어질수록 서자라는 신분이 계속 발목을 잡았다. 대간들은 유자광의 출신을 거론하며 온당하지 못한 그의 승진을 강력하게 반대했다. 이에 세조는 온천을 하러 온양으로 행차할 때 유자광을 특별히 데려간 뒤 그곳에서 별시를 실시하고 유자광에게 응시하게 했다. 정식으로 과거에 합격했다는 명분을 주기 위해서였다. 하지만 기득권 양반들은 유자광처럼 근본 없는, 개천에서 난 용이 껄끄러웠다. 시험관 신숙주는 '문법이 미숙하다'는 이유로 유자광을 낙방시켰으나 세조는 유자광의 답안지를 친히 살펴본 뒤 그를 장원으로 급제시켰고, 정3품 병조참지로 임명했다. 세조에게 발탁된 지 8개월 만에 비정규직이었던 일개 갑사에서 정3품 당상관에 오른 것이다.

유자광은 세조를 위해 몸을 바칠 각오가 되어 있었다. 하지만

---

53 조선시대 최대의 정예 기병(騎兵) 중심의 친위군(親衛軍). 금군청(禁軍廳)의 한 부대이기도 함.

충성을 바칠 사이도 없이 세조는 건강 악화로 세상을 떠났다. 세조의 죽음으로 잠시 주춤했던 유자광은 예종 즉위 직후 남이의 역모[54]를 고변하면서 위기를 기회로 바꾼다. 남이의 옥사가 마무리된 뒤 유자광은 익대공신 1등에 봉해졌고 그의 입지도 다시 굳건해지는 것처럼 보였다. 하지만 그를 공신으로 책봉한 예종 역시 재위 1년 3개월 만에 세상을 떠나고 말았다.

성종의 즉위 그리고 악연의 시작

예종의 뒤를 이어 즉위한 13세의 성종은 정희대비와 원상들에게 정치를 맡기고 공부하는 것으로 군주의 능력을 키워나갔다. 성종 즉위 후 유자광은 다시 한번 입신양명의 기회를 얻고자 중앙 정계를 맴돌았으나 김종직은 노모의 봉양을 핑계 삼아 사직을 청했다. 성종은 김종직이 편히 노모를 봉양할 수 있도록 그를 함양군수로 임명했다. 이후 김종직은 지방관으로 지내며 후학 양성에 힘썼다.

조정에서 물러나 지방관으로 지내던 시절, 김종직은 제자를 키우며 사림의 종주가 되기 위한 토대를 마련했다. 권력자의 눈치를 볼 필요가 없는 지방에서 김종직은 물 만난 고기처럼 능력을 발휘하였다. 그는 명관으로 명성을 떨쳤고 백성들은 그의 부임 기간을 늘려달라고 청했다. 김종직의 이름을 듣고 몰려온 제자들이 하나둘 과거에 급제하자 김종직의 명성은 더욱 높아졌다. 성종 재위 초기,

---

54 1468년(예종 즉위년)에 남이·강순(康純) 등이 역모의 죄로 처형당한 사건. 예종이 즉위한 뒤 병조판서에서 해임, 겸사복장으로 강등된 남이가 이에 불만을 품은 것을 눈치 챈 유자광은 이를 예종에게 알렸고, 유자광의 고변으로 인해 남이는 역모로 몰려 죽음을 맞았다.

유자광과 김종직은 각각 중앙과 지방에서 재기를 위한 시간을 보냈다.

접점이 전혀 없어 보이는 둘의 갈등은 함양에 있는 한 정자에서 비롯되었다. 함양은 유자광의 본관이었는데 서자로 태어나 당상관까지 출세한 유자광은 함양을 찾았을 때 자랑스러운 마음으로 시한 수를 지어 이를 현판에 새긴 뒤 정자에 걸어두었다. 몇 년이 흘러 함양에 부임한 김종직은 유자광의 시가 새겨진 친필 현판을 보자 이를 불살라버렸다. 김종직은 평소 유자광을 권력만 좇는 소인배로 생각했다. 김종직의 과격한 행동은 여러 사람의 입에 오르내리다가 유자광의 귀에 들어갔다. 유자광은 김종직에게 별다른 감정이 없었으나 이후 원한을 품게 되었다. 김종직과 유자광의 악연은 무오사화로 이어지게 된다.

두 번의 사화와 한 번의 반정

성종은 친정을 시작한 뒤 공신들을 견제하기 위해 신진 사림들을 삼사[55]에 대거 등용하였다. 삼사의 관리 중에는 스승을 하늘처럼 존경하는 김종직의 제자들이 많았다. 성종의 비호 속에 언론이라는 막강한 무기를 손에 쥔 신진 사림들은 점차 공신을 능가하는 힘을 갖게 되었다. 성종은 신진 사림의 입김이 지나치게 커지는 것을 염려했으나 해결 방법을 찾지 못한 채 세상을 떠났다.

성종의 뒤를 이어 연산군이 즉위했을 때, 신진 사림 세력은 화려한 언변으로 스무 살의 임금을 압박했다. 연산군은 인신공격이

---

55 홍문관, 사간원, 사헌부.

난무하는 탄핵과 대안이라고는 없는, 그저 반대를 위한 반대에 목소리를 높이는 삼사의 관리들에게 불만이 쌓였다. 그러던 중 〈성종실록〉에 세조를 강력하게 비난하는 글이 실려 있다는 정보를 듣게 된다. 정보 제공자는 유자광이었다.

유자광은 〈성종실록〉에 실린 김종직의 조의제문[56]이 어떤 의도로 쓰인 글인지 연산군에게 자세히 설명했다. 세조에게 벼슬을 받았으면서 세조를 왕위 찬탈자라고 비난한 김종직에게 분노한 연산군은 조의제문을 실록에 수록한 김일손을 능지처참하고 그의 스승 김종직을 부관참시한 후 김종직과 친밀했던 관리와 선비들을 숙청했다. 이것이 바로 '무오사화'이다. 무오사화 이후 유자광은 사림 전체의 원수가 되고 김종직은 사림의 정신적 지주로 떠올랐다. 이후 유자광은 '갑자사화'에서도 크게 활약하며 선비들을 숙청하는 데 앞장섰다.

세조의 총애를 받아 벼슬길에 오른 뒤 몇 차례나 좌절과 재기를 반복했던 유자광이었지만 연산군이 폐위되고 중종이 즉위하자 몰락의 길을 걸었다. 유자광은 중종반정의 공신이었지만 사화의 원흉으로 지목되어 유배되었고 유배지에서 세상을 떠났다.

반면 무오사화와 갑자사화, 두 번의 사화에서 숙청된 많은 선비의 스승이었던 김종직은 '절의를 지닌 선비'의 대명사로 역사에 기록되었다. 사실 김종직은 '절의'를 고수했다기보다 자신의 가치관을 지킬 수 있는 한도 내에서 현실과 적당히 타협할 줄 알았던 학

---

56 김종직이 지은 세조의 왕위 찬탈을 풍자한 글. 항우에게 죽은 초나라 회왕, 즉 '의제(義帝)'를 애도하는 글을 지었는데, 이것은 세조에게 죽임을 당한 단종을 의제에 비유한 것으로 세조의 찬탈을 은근히 비난한 글이다.

자였다. 그는 세조 시절 관직에 나갔고, 세조의 공신이자 자신을 후원해주었던 신숙주를 평생 존경하였으며, 세도정치와 척신정치로 시대를 풍미한 한명회를 찬탄하는 시를 짓기도 했다. 다만 훗날 그의 학맥을 계승한 제자들에 의해 흠이 될 만한 과거는 철저하게 지워지고 세탁되어 '충절을 지닌 대쪽 같은 학자'이자 '태산 같은 사림의 종주'라는 이미지가 만들어졌다. 김종직의 이미지를 만들어낸 이들은 그 대척점에 있는 유자광을 극악무도한 간신배의 이미지로 역사에 기록하였다.

4장

안정된 기반을 이룩한 조선에 불어닥친 숙청의 피바람!
사화와 반정, 역모로 얼룩진 태평성대의 잔혹한 민낯을 만난다.

태평성대의 그림자

권력 편

임사홍

"조선을 뒤흔든
절대 간신의 진짜 얼굴"

이름 **임사홍**(수식어 : 소인, 간신, 간흉, 극간 등)

국적 **조선**

직업 **관리, 예종과 성종의 사돈**(현숙공주와 휘숙옹주의 시아버지), **연산군의 총신**

정치 노선 **독자적 노선을 걷다가 유배에서 복귀한 뒤 훈구파 중 궁중파의 수장이 되었다.**

결정적 실수 **1478년**(성종 9년) **흙비가 내린 것에 대하여 "대단하지 않은 변괴이니 금주령을 내릴 필요가 없다"는 의견을 올렸다가 대간의 탄핵을 받아 유배에 처해졌다. 유배 기간은 무려 12년.**

애증의 대상 **대간 세력 전부**

대간에게 하고 싶은 말 **"은수저로 태어난 것이 그대들의 잘못이 아닌 것처럼 내가 금수저로 태어난 것도 나의 잘못이 아니다. 내가 아무 행동을 하지 않아도 그대들은 매사 나를 간신이라 비난하니 진짜 간신의 모습을 보여주리라."**

임사홍은 세조와 예종, 성종과 연산군까지 네 명의 임금을 섬기며 권력이 역동적으로 변화하던 시대를 살았던 인물이다. 그가 살았던 시대에는 권력만을 지향하는 인물들이나 부귀영화를 추구하는 이들이 유독 많았다. 하지만 비난받는 사람은 정해져 있다. 바로 임사홍이다. 왜 유독 임사홍만이 비난을 받는 것일까. 그 원인을 찾아보면 참으로 어처구니없는 결론에 이른다. 바로 금수저라는 출신과 타의 추종을 불허하는 빼어난 능력 때문이다.

임사홍은 왕실의 인척이자 공신의 아들로서 권모술수와 정치적 암투가 넘실거리는 권력의 세계를 지켜보며 성장했고 처세술도 뛰어났다. 하지만 임사홍이 출사했을 때 세상은 바뀌어 공신 세력은 힘을 잃어가고 신진 사림 출신인 삼사 관리들의 목소리가 커지고 있었다. 실력으로 관직에 오른 삼사의 관리들은 젊고 유능하고 임금의 총애까지 받는 임사홍이 '차세대 권신'이 될 것을 지나치게 우려했다. 임사홍은 공신의 장남이었고 효령대군의 손녀사위였으며, 그의 아들들은 예종의 사위이자 성종의 사위이며 영응대군의 사위였다. 임사홍을 경계한 삼사의 관리들은 잠재적 권신이 될 가능성을 지녔다는 이유로 성종을 압박하여 그를 끝내 유배했다.

유배 기간이 끝나자 이번에는 임사홍이 한양에 들어오는 것을 막기 위해 노력했다. 별다른 잘못도 저지르지 않은 관리 한 사람을 배척하기 위해 수많은 이들이 일치단결했으나 임사홍을 비난할 근거가 턱없이 부족했다. 삼사의 관리들은 임사홍이 조정에 있는 것이 싫었고, 유배지에서 돌아오는 것이 두려웠다. 그리고 그 두려움은 현실이 되었다.

1503년(연산군 9년), 20여 년 만에 조정으로 돌아온 임사홍은 순식간에 군주의 마음을 사로잡으며 강력한 권력을 손에 넣었다. 사림 출신 대간들은 임사홍이 권신이 될 것을 늘 두려워했다. 하지만 임사홍은 관직에 머물렀던 기간보다 유배지에서 보낸 기간이 더 길었고, '권신'으로서 활약을 펼친 기간은 3~4년에 불과했다. 문제는 임사홍이 정말 유능한 인재였다는 것이다. 천 일 남짓한 짧은 시간 동안 임사홍은 자신을 공격한 정적들을 철저하게 응징하였고, 모든 복수가 끝난 뒤에는 장렬하게 목숨을 잃었다.

역사는 임사홍의 복수를 '갑자사화'로 기록했고 그는 간신의 대명사가 되었다. 하지만 모든 복수를 완수한 임사홍은 아무 여한이 없었을지도 모른다. 권력도, 임금도, 고고한 선비도, 역사에 오명이 남는 것도, 그 어떤 것도 두려워하지 않았던 임사홍은 그래서 영원히 미움을 받고 있다. 그렇다면 절대적인 간신의 대명사로 자리매김하며 역사에 커다란 자취를 남긴 임사홍은 과연 어떤 인물이었을까?

비범한 능력으로
세종과 세조의 총애를 받은 임원준

임사홍의 아버지는 임원준이다. 간신의 대명사로 이름을 날린 아들에 비하면 인지도가 약한 편이나 그는 한 시대를 풍미했던 '풍천 임씨' 가문을 일으킨 인물이다. 임원준의 출세 배경은 조상의 은덕이나 가문의 연줄에 기댄 것이 아니라 능력으로 일군 것이었다.

임원준은 23세가 되던 해 밀양으로 유배를 가게 되었다. 이때 임원준이 워낙 비상한 인물이라는 소문을 들었던 경상도 관찰사는 그를 유배지로 데려가는 동안 몇 가지 시험을 해보았다. 먼저 글을 지어보라고 하였는데 과연 문장력이 출중하였다. 경상도에 도착해서 관기[1] 500명의 이름이 적힌 기생명부를 보여준 뒤 이름을 외워보라고 시키자 임원준은 명부에 쓰인 순서대로 한 사람의 이름도 빠짐없이 외웠다. 이에 크게 감탄한 관찰사는 세종에게 장계[2]를 올렸다.

"이처럼 재주가 뛰어난 사람은 흔히 얻을 수 없습니다. 비록 작은 죄가 있다 하더라도 스스로 이미 깨닫고 반성하고 있으니 버리지 마시고 용서하시어 불러 쓰시기 바랍니다."

장계를 읽은 세종은 임원준을 한양으로 불러 시를 지어보라고 명했다. 이때 임원준이 즉석에서 지은 시를 읽은 세종은 그의 잘못을 용서하였고 곧바로 집현전 찬서국[3]에서 일하도록 벼슬을 하사하였다. 인재를 보는 눈이 누구보다 정확하고 까다롭기로 정평이 난 세종에게 발탁된 임원준은 당대 최고의 학자들로 구성된 집현전에 입성했다. 이는 아직 과거시험에 급제하지 않은 신진 학자에게 대단한 영광이었다. 당시 세종은 세자(문종)에게 정무를 맡기고 훈민정음을 비롯한 학문 연구에 본격적으로 매진하고 있었는데, 집현전에서는 성리학뿐 아니라 언어와 과학기술, 천문, 수리, 의학, 농업을 비롯하여 무예와 병법 등 다양한 학문을 총망라하여 연구하고

---

1   관청에 속하여 가무(歌舞), 기악(技樂) 따위를 하던 기생.
2   왕명을 받고 지방에 나가 있는 신하가 자기 관하의 중요한 일을 왕에게 보고하던 일 또는 그런 문서.
3   집현전의 산하기관 중 하나로 서적을 편찬하는 기관.

있었다. 이곳에서 임원준은 그야말로 물 만난 고기처럼 학문을 마음껏 배우고 익히며 능력을 키워나갔다.

임원준의 능력을 알아본 것은 세종이었지만 그가 관리로서 능력을 발휘하게 된 것은 세조의 즉위 이후였다. 1456년(세조 2년), 마침내 정규 과거시험인 식년문과에 우수한 성적으로 급제한 임원준은 집현전을 거쳐 예문관 직제학⁴으로 임명되었다. 임금의 말과 명령을 대신 글로 작성하는 일을 담당하는 예문관은 글씨와 문장력이 빼어난 임원준의 능력을 충분히 발휘할 수 있는 부서였다.

직제학으로 재직할 당시 임원준의 문장력에 대한 일화가 있다. 1457년(세조 3년) '상황'으로 밀려났던 명나라 영종 황제(제5대 정통제)가 제7대 천순제로 복위하였다. 영종 황제는 중국 역사상 유일하게 오랑캐에게 인질로 사로잡혔던 인물로, 영종 황제의 복위는 조선에게도 매우 중요한 외교적 문제였다. 당시 조선에서도 억울하게 왕위에서 물러난 단종이 상왕의 신분이었기 때문이다. 영종 황제의 복위는 단종에게 희망적인 소식이었고, 세조에게는 가슴이 철렁한 소식이었다. 조정의 상황이야 어쨌든 명 황제의 복위를 축하하는 외교사절을 보내야만 했다.

이미 완성된 표문⁵을 읽은 세조는 황급히 임원준을 불렀다. 하지만 마침 외출 중이었던 임원준은 뒤늦게 부랴부랴 입궐하였다. 한시가 급했던 세조는 임원준을 보자 화가 치밀어 올랐다.

"임금이 신하를 부르는 것은 일정한 시간이 없는 것인데 어찌

---

4 조선시대 홍문관·예문관·규장각의 정3품 관직. 예문관의 직제학은 도승지가 겸하였다.
5 외교문서의 하나로, 황제에게 올리는 글을 말한다.

한가하게 외출을 할 수 있는가? 그대의 죄를 물을 것이니 일단 황제에게 바칠 축하의 글을 짓도록 하라."

마음 같아서는 당장 엄벌을 내리고 싶었으나 외교 문제가 더 시급했기 때문에 간신히 화를 참고 글을 쓰라고 명한 것이다. 분노한 세조 앞에서 임원준은 유유히 글을 써 내려갔다. 잠시 후, 임원준이 지은 글을 본 세조는 그만 눈 녹듯이 화가 풀려버렸다. 그가 지은 표문이 그만큼 명문장이었던 것이다. 이후 다른 신하들이 임원준을 비난하거나 탄핵하자 세조는 오히려 그를 칭찬하며 이렇게 말했다.

"재주가 일국에서 뛰어나니 공이 죄를 덮을 만하다."

문장으로 세종에 이어 세조까지 사로잡은 임원준은 이후 세조의 총애 속에서 호조, 병조, 예조, 형조 등 4조의 참판[6]을 거쳐 예조판서에 이어 우참찬과 좌참찬에 올랐다. 공신이 아님에도 임원준이 의정부의 우참찬과 좌참찬에 오를 수 있었던 것은 세조의 신임이 깊었기 때문이다.

세조는 독실한 불자로 잦은 병환에 시달리면서 풍수에 민감했고 의학에도 관심이 많았다. 의학과 풍수에 능통했던 임원준은 세조가 직접 저술한 의학이론서 〈의약론〉을 주해[7]하기도 했다. 사람들은 성리학이 아닌 잡학에 불과한 의학과 풍수에 박식한 임원준을 비난했다. 하지만 임원준은 실용적 가치를 중시했다. 임사홍은 아버지 임원준의 가치관과 비범한 능력을 고스란히 물려받았다.

---

6   6조(이조, 병조, 예조, 형조, 공조, 호조)의 종2품 관직. 육조의 으뜸인 정2품 '판서'를 보좌한다. 정2품 이상의 관직을 '정경(正卿)'이라 하였고, 정2품 이상인 관리의 정부인을 '정경부인'이라 하였다.
7   본문의 뜻을 알기 쉽게 풀이함.

과거에 급제하여
음서 출신의 꼬리표를 벗다

임원준은 세종에게 발탁되었으나 세종에게'만' 충의를 다하지 않았고, 세조의 총애를 받았으나 단종의 양위에 관여하지 않았다. 충신도 아니었고 변절자도 아니었던 임원준은 권력보다 시대의 흐름에 순응하며 자신의 능력을 펼치는 것을 더 중요시했다. 임원준은 그를 비난하는 정적들의 코를 오직 능력으로 납작하게 눌러놓았고, 임금의 총애를 받았으며, 조정에서 매우 중요한 존재로 자리매김했다. 임원준의 이러한 처세는 임사홍에게 깊은 영향을 주었다.

임원준의 장남으로 태어난 임사홍은 아버지의 다재다능한 자질을 물려받아 한 번 읽거나 들은 문장을 잊어버리는 일이 없을 만큼 기억력이 좋았고, 서체(글씨)와 문장력도 빼어났다. 학자로서의 면모도 뛰어났으나 굳이 성리학에 구애받지 않았다. 그는 양반 관료들이 역관의 소임으로 치부했던 중국어에도 능통했는데, 외국어를 직접 하는 것은 선비의 품위를 떨어뜨리는 행동이라는 당대의 상식을 가볍게 무시하고 자발적으로 중국어를 배우고 익혔다. 임사홍은 명나라와의 외교를 담당할 때 역관에게만 의존하는 것이 오히려 불필요한 허례허식이라고 생각했다. 그는 명분이나 허세보다 현실을 더 중시하는 정치가였다. 임사홍이 양반 주류의 상식을 가볍게 무시할 수 있었던 것은 그의 배경이 든든했기 때문이다. 임사홍은 효령대군의 손녀사위로, 평범한 양반이 아니라 왕실의 일원이었다.

90세가 넘도록 장수했던 효령대군은 당시 왕실의 큰어른이었다. 세조의 총애를 받는 임원준의 아들이자 세조가 의지하는 효령대군의 손녀사위인 임사홍은 음서[8]로 관직에 진출했는데, 그의 벼슬은 사재감[9]의 사정이었다. 사재감은 정치와는 거리가 먼 부서였으나 재물을 만지는 자리였기에 부귀영화를 누릴 수 있었다. 하지만 임사홍의 목표는 사재감에서 근무하며 부를 축적하는 것보다 훨씬 크고 높았으며 능력도 충분했다.

1465년(세조 11년) 임사홍은 알성문과에 급제하였고, 1466년(세조 12년) 문과에 3등으로 급제하여 '음서 출신'이라는 꼬리표를 벗어던졌다. 그러나 과거급제로 실력을 입증한 임사홍은 전도유망한 관리였다.

1468년 세조가 승하했다. 오랜 시간 병환에 시달리던 세조는 죽음을 직감하자 세자(예종)에게 양위하였고, 바로 다음 날 세상을 떠났다. 그러나 세조의 뒤를 이어 왕위에 오른 예종은 재위 1년 3개월 만에 갑작스럽게 세상을 떠났다. 예종 승하 당일, 정희대비는 원상대신들과 함께 의경세자[10]의 차남 자을산군을 임금으로 삼는다는 교지를 내렸다. 예종이 승하하기 전, 이미 궁 안에서 대기 중이었던 자을산군은 교지를 받자마자 조선의 제9대 임금으로 즉위하였다. 그가 바로 성종으로, 조선왕조 역사상 선왕 승하 당일 왕위에 오른 유일한 임금이다.

성종의 즉위는 정희대비와 원상대신의 정치적 결탁이었다. 이

---

8 공신이나 전·현직 고관의 자제를 과거에 의하지 않고 관리로 채용하던 일.

9 조선시대 궁중의 어류, 육류, 소금, 땔나무, 횃불 등의 일을 관장했던 부서.

10 세조와 정희왕후의 장남. 1457년(세조 3년) 20세의 나이로 이유 없이 요절하였다. 그
   후 세조는 차남 해양대군(예종)을 세자로 삼고 그에게 왕위를 물려주었다.

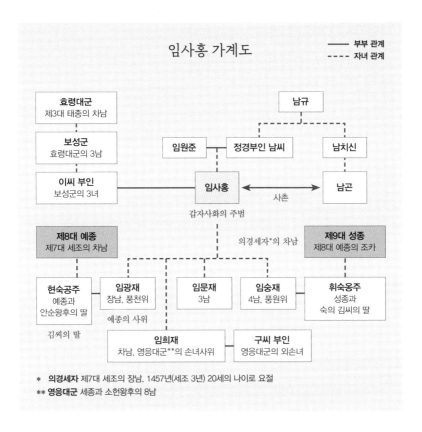

임사홍 가계도

—— 부부 관계
---- 자녀 관계

효령대군
제3대 태종의 차남

남규

보성군
효령대군의 3남

임원준 —— **정경부인 남씨** ---- **남치신**

이씨 부인
보성군의 3녀

임사홍 ◄──► **남곤**
갑자사화의 주범   사촌

제8대 예종
제7대 세조의 차남

의경세자*의 차남

제9대 성종
제8대 예종의 조카

현숙공주
예종과
안순왕후의 딸

임광재
장남, 풍천위

예종의 사위

임문재
3남

임숭재
4남, 풍원위

휘숙옹주
성종과
숙의 김씨의 딸

김씨의 딸

임희재
차남, 영응대군**의 손녀사위

구씨 부인
영응대군의 외손녀

* **의경세자** 제7대 세조의 장남. 1457년(세조 3년) 20세의 나이로 요절
** **영응대군** 세종과 소헌왕후의 8남

를 말해주듯 1471년(성종 2년), 정희대비는 성종을 무사히 즉위시키고 잘 보좌한 것을 자축하며 훈구공신들을 '좌리공신'에 임명했다. 이때 신숙주, 한명회 등 13명의 원상대신 전원을 포함하여 70명이 넘는 인원이 공신으로 봉해졌다. 이때 임사홍의 아버지 임원준도 좌리공신 3등에 봉해졌다. 이미 왕실의 사위였던 임사홍은 공신의 장남이라는 혜택을 손에 넣었다.

성종의 마음을 사로잡아
공주의 시아버지가 되다

왕실의 사위이자 공신의 장남이라는 배경은 임사홍에게 훈장인 동시에 시기의 표적이었다. 훈구 세력에게 임사홍은 유능한 차기 수장인 반면 신진[11] 사림에게 임사홍은 그 자체로 비난의 대상이었다. 하지만 성종이 친정을 시작했을 때, 사림 출신 대간은 훈구 세력의 눈치를 보며 끌려다니는 모습을 보이기도 했다. 반면 '훈구' 출신 임사홍은 정승이라도 금지령을 어기면 처벌받아야 한다고 거침없이 주장하곤 했다. 대간 세력은 자신들이 차마 하지 못하는 말을 시원하게 대신하는 임사홍의 자신감과 교만함이 불편했다. 하지만 성종은 임사홍에게 호감을 느꼈다. 임사홍이 성종의 총애를 받자 대간 세력의 시기와 질투는 더욱 커졌다.

1472년(성종 3년) 6월, 사헌부 지평[12] 박시형은 원상제도[13]를 혁파해야 한다고 주장한다. 원상들이 권력을 독점하는 상황을 정면 비판한 것이다. 관료들을 감찰, 탄핵하는 것이 대간의 임무였으나 직접적으로 비난을 받은 원상대신들은 분노했다. 파장이 커지자 대사헌 김지경을 비롯한 사헌부 고위관리들이 나서서 훈구공신들을 감싸고 동료 박시형을 비난하는 사건이 발생하였다. 사헌부는 '원상

---

11 유학 중에서 성리학을 신봉하는 선비와 학자를 이르는 말. 성리학을 국학으로 삼고 유교 경전에 대한 과거시험을 통해 관료로 선발, 통치 체계를 구축했던 조선시대를 대표하는 지배 계층이다.
12 사헌부의 정5품 관직.
13 승정원의 재상이라는 뜻으로, 임금이 병이 깊거나 어린 임금이 즉위할 경우 임금을 보좌하여 정무를 맡아보던 임시 벼슬.

의 설치는 매우 좋은 것'이라 생각하고 있으며, '박시형의 주장은 사헌부의 의견이 아니라 그저 개인적인 의견일 뿐'이라고 변명했다. 엄중하고 공정해야 할 사헌부가 그 기능을 잃은 채 현실 권력인 훈구공신들의 눈치를 본 것이다. 이 사건으로 인해 대사헌 김지경은 외직인 전라도 관찰사로 임명되었고, 사헌부 관원들은 교체되기에 이르렀다.

이때 임사홍은 교체 인원으로 발령을 받아 사헌부 집의[14]로 임명되었다. 사헌부 관리가 된 임사홍은 가장 먼저 전(前) 대사헌 김지경이 '원상의 세력을 무서워하여 공격하지 못한 것'이라고 맹렬하게 비난했다. 그리고 종친이나 대신을 가리지 않고 부정부패나 위법, 불법을 행한 사람은 누구라도 엄격하게 탄핵하며 사헌부의 위상을 세웠다. 임사홍이 집중적으로 탄핵한 인물은 바로 한명회였다. 이처럼 임사홍은 훈구와 사림 어느 쪽의 눈치도 보지 않았다. 그래서 양쪽 모두에게 내쳐진 인물이 되었으나 정작 그는 조금도 개의치 않았다.

1474년(성종 5년) 공혜왕후 한씨가 19세의 나이로 자식 없이 세상을 떠나고, 1475년(성종 6년) 한명회와 함께 훈구공신 세력을 이끌었던 신숙주가 눈을 감았다. 훈구 세력이 서서히 저물어갈 무렵, 임사홍은 경사를 맞았다. 그의 장남 임광재가 예종의 장녀 현숙공주와 혼인한 것이다. 성종은 예종의 사식인 현숙공주와 제안대군에게 마음의 빚이 있었다. 예종의 적장자였던 제안대군을 제치고 왕위에 올랐기 때문이다. 그래서 많은 재산도 하사하였고 혼인에도 많은

---

14 사헌부의 종3품 관직.

신경을 썼다. 그렇게 고르고 고른 현숙공주의 남편이 바로 임사홍의 장남 임광재였다. 덩달아 임사홍의 지위도 대군의 손녀사위에서 공주의 시아버지로 승격했다.

왕비 윤씨의 폐위를 반대하다

1476년(성종 7년) 친정을 시작한 성종은 자신이 신임했던 '현석규'를 도승지로, 임사홍을 동부승지로 임명하며 승정원을 정비한다. 이미 원상제를 혁파하긴 했으나 임금과 가장 밀접한 기관인 승정원에는 여전히 한명회의 영향이 남아 있었기 때문이다. 이어서 임사홍은 우부승지와 좌부승지를 거쳐 우승지로 승진[15]하였다.

같은 해, 성종은 후궁이었던 숙의 윤씨를 왕비로 책봉했다. 왕비 윤씨는 책봉된 지 석 달 후 성종의 첫아들을 낳았다. 바로 연산군이다. 정통성이 미약했던 성종에게 원자의 탄생은 의미가 컸다. 왕의 아들이 아니었던 성종은 재위 기간 내내 부족한 정통성을 보완하고자 성군이 되기 위해 노력하였다. 하지만 성종의 왕권을 세우는 데 가장 중요한 것은 바로 '원자'였다. 원자의 탄생은 성종에게 후계자가 생겼다는 뜻이었고, 이는 그 누구도 성종의 왕위를 넘볼

---

15 승정원은 6조 체제에 대응하여 여섯 명의 승지가 있었는데, 직급은 모두 '정3품'으로 동일하지만 위계질서와 담당 업무가 철저하였다. 승지의 권한은 모든 승지를 대표할 수 있는 도승지(이조)가 가장 높았고, 좌승지(호조), 우승지(예조), 좌부승지(병조), 우부승지(형조), 동부승지(공조) 순이었다.

수 없다는 것을 의미했다. 성종은 신하들이 택한 임금이었지만, 연산군은 태어난 순간 왕위에 오를 자격을 완벽하게 갖추었다. 이것이 바로 임금의 적장자가 가진 존엄함이었다. 성종의 기쁨을 누구보다 잘 알았던 임사홍은 '개국 이래 오늘과 같은 경사는 없었다'며 하례하였다. 하지만 원자의 탄생으로 모두가 기쁨에 빠져 있을 때 전혀 생각지도 못한 문제가 일어났다. 그것은 바로 원자의 어머니인 왕비 윤씨의 '성품'이었다.

간택 후궁 중 한 명이었던 윤씨는 성종의 총애 덕분에 왕비의 자리에 오를 수 있었다. 후궁 시절부터 그녀는 성종을 향한 애정을 숨김없이 드러내곤 했다. 이러한 솔직한 모습에 매료된 성종은 공혜왕후의 삼년상이 끝나자 윤씨를 왕비로 삼았다. 왕비로 책봉된 윤씨가 곧바로 원자를 낳았으니 그녀에게 남은 것은 꽃길밖에 없었다. 남편은 이미 왕이었고, 가만히 있어도 아들이 왕이 될 것이었다. 그런데 왕비 윤씨에게 가장 중요한 것은 꽃길이 아니라 성종의 사랑이었다. 윤씨는 성종이 다른 후궁을 총애하는 것을 견딜 수가 없었다. 왕비의 가장 큰 미덕은 후궁들을 잘 통솔하여 왕실의 번영과 화목을 이끄는 것이었다. 하지만 윤씨는 성종이 다른 후궁을 찾으면 죽어버리겠다며 비상을 몸에 지니고 다녔다.

윤씨의 성품에 질린 성종은 그녀를 후궁으로 강등시켜 친정으로 보내는 것에 대해 대비들에게 상담했고, 이 문제를 대신들과 논의하였다. 왕과 왕비의 불화는 가정사인 동시에 국가적인 문제였다. 대신들과 대간들은 원자를 낳은 왕비를 내치겠다는 의지를 보이는 성종에게 어떤 말을 해야 할지 갈피를 잡지 못한 채 고민했다. 이때 우승지 임사홍은 윤씨에게 죄가 없는 것은 아니지만 예로부터 투기하지 않는 일은 어려우며, 왕비를 바꾸면 나라의 근본인 원자의 지위가 흔들릴 수 있다고 주장했다. 성종은 임사홍의 설득에 마음이 흔들렸다. 성종이 주저하는 모습을 보이자 비로소 신하들은 일치단결하여 왕비의 출궁을 반대하였다.

이렇게 사건이 마무리되는가 싶었으나 왕비 윤씨는 계속해서 문제를 일으켰다. 1477년(성종 8년), 분노한 성종과 대비들은 윤씨의 폐비와 출궁 문제를 재차 논의했다. 윤씨의 소행은 지나쳤고, 윤씨를 반드시 폐위하여 출궁시키고자 하는 대비의 의지가 확고했기에 이번에는 반대하는 신하가 거의 없었다. 하지만 임사홍은 홀로 눈물을 흘리며 원자를 위해서라도 폐비만은 불가하다며 끝까지 반대했다. 임사홍의 충심은 수렴되었고 결국 폐비 문제는 몇 년 뒤로 미뤄지게 된다. 이때의 임사홍은 분명 누구의 눈치도 보지 않고 조정의 공사와 시비를 구분하여 임금을 바른길로 인도한 '바른 신하'였다.

과부 조씨 사건과
성종의 가치관

공신의 아들이었지만 원상 한명회를 거침없이 비난하고, 대비들의 압박에 굴하지 않고 폐비를 막아낸 임사홍은 독보적인 존재였다. 그는 기득권을 지닌 훈구 세력의 편에 서지 않았고, 탄핵과 여론을 무기로 힘을 키워가는 대간들 편에 서지도 않았다. 실력에 대한 자신감과 학연이나 지연, 혈연에 의지할 필요가 없었던 명문가 특유의 오만함으로 동료 관리들과도 잘 어울리지 않았다. 동료 관리들은 권력의 눈치도 보지 않고 인맥에 의지하지도 않으면서 임금의 총애를 받는 임사홍이 싫었다. 그러던 중 1477년(성종 8년) '과부 조씨 사건'이 발생하였다.

남편을 잃고 홀몸이 된 과부 조씨는 중매로 '김주'라는 남자와 재혼했다. 조씨의 재산에 의지하여 살아가던 친정 오빠와 언니는 그녀가 재혼하면 손 벌릴 곳이 없어질 게 두려워 김주를 찾아가 폭행과 협박을 했다. 하지만 아무 성과가 없자 김주가 조씨를 강간했다며 관아에 고발했다. 하지만 조사 결과 사실이 아니라는 것이 밝혀지자 허위를 신고한 조씨의 오빠와 언니가 무고죄로 처벌받을 상황이 되었다. 다급해진 조씨의 오빠와 형부는 여기저기 뇌물을 바쳤는데, 이때 뇌물과 함께 사정을 전해 듣게 된 인물 중 한 명이 바로 승정원의 승지 한한(韓韓)이었다. 당시 도승지는 현석규였는데, 한한은 그를 제외한 우승지 임사홍과 동부승지 홍귀달 등에게만 사정을 이야기하였다.

이윽고 사헌부에서 과부 조씨 사건을 전해 들은 성종이 승지들에게 이 사건에 대해 의견을 묻자 동부승지 홍귀달은 친정 오빠의 입장에서는 강간으로 오해할 소지도 있다며 무고죄는 너무 과하다고 변호했다. 뇌물의 효과였다. 하지만 사정을 미리 듣지 못한 도승지 현석규는 승지들이 자신만 빼고 이야기를 맞춘 것에 당황하였고, 성종이 보는 앞에서 홍귀달을 '너'라고 부르는 등 막말을 퍼부으며 드잡이를 했다. 분노한 성종은 승지 전원을 교체했고, 이어서 어전에서 무례한 행동을 하며 동료를 함부로 대한 현석규에 대한 탄핵이 올라왔다.

그런데 성종의 행동은 뜻밖이었다. 성종은 현석규를 오히려 사헌부의 대사헌으로 승진시켰고, 반대 상소가 줄을 잇자 오히려 형조판서로 승진시켰다. 현석규를 처벌하지 않겠다는 의지였다. 이는 현석규에 대한 성종의 신임이 컸음을 보여주는 동시에 과부의 재혼에 대하여 결벽증을 가진 성종의 성품이 반영된 결과였다. '과부 조씨 사건'은 재혼한 여성의 자식들에게 관직을 차별하는 법을 관료들의 반대를 무릅쓰고 제정하여 〈경국대전〉에 새겨넣은 성종의 가치관을 엿볼 수 있는 사건이다.

'흙비 사건'으로
대간의 적이 되다

'과부 조씨 사건'으로 승지 전원을 교체하고 현석규를 파격적으로 승진시키는 등 다소 감정적인 인사 발령을 했던 성종은 얼마 뒤 임사홍을 다시 승정원으로 부른다. 승정원은 임금의 뜻을 파악하여 왕명을 전달해야 하는 부서인 만큼 노련하고 현명한 신하가 필요했기 때문이다.

1478년(성종 9년) 4월, 임사홍은 '도승지'에 임명되었다. 하늘에서는 임사홍이 도승지가 된 것을 축하하듯 흙비가 내렸다. 당시에도 봄이 되면 흙비(황사)가 내리는 일이 잦았다. 조선에서 흙비는 천재지변 중 하나로 여겨졌는데, 천재지변은 대개 '임금의 부덕함'을 원인으로 삼곤 했다.

다음 날, 경연[16]에서는 자연스럽게 흙비에 대한 이야기가 나왔다. 이때 삼사(사헌부, 사간원, 홍문관)의 관리들은 입을 모아 "이는 하늘의 경고이니 자숙하며 금주령을 내려야 한다"고 주장했다. 그러자 임사홍은 매해 반복되는 흙비는 천재지변이 아니라 자연재해이므로 굳이 임금이 나서서 자숙을 보여야 할 만큼 대단한 일이 아니라고 주장했다. 또한 금주령에도 반대하며 금주령이 내려져도 권세가 있는 자들은 어차피 술을 마실 것이고, 법을 어겨도 처벌을 받지 않거나 가벼운 처벌만 받을 것이므로 술을 빚어 먹고사는 백성들만 고초를 겪을 것이라고 지적했다. 구구절절 맞는 말이었다. 임사홍은 자연현상에 가까운 흙비와 같은 하찮은 문제로 '군주의 자숙'을 들먹이는 것은 지나친 일이라 생각했고, 특히 삼사의 젊은 대간들이 군주의 행동에 트집을 잡거나 대신들을 너무 과격하게 공격하는 것이 더 큰 문제처럼 보였다. 성종의 생각도 임사홍과 같았다. 성종 역시 작은 문제를 습관적으로 부풀리는 대간의 행동에 질려가고 있었다.

하지만 이 작은 사건으로 인해 임사홍은 대간의 집중적인 공격을 받게 된다. 대간은 일치단결하여 임사홍이 '전형적인 소인'이기 때문에 처벌해야 한다는 주장을 쏟아냈다. 처음에 성종은 임사홍을 변호하였지만 그럴수록 대간의 공격은 강도가 심해졌다. 성종은 대간의 체면을 보아 억지로 한발 양보하며 임사홍이 '언로를 방해'한 부분도 일부 있다고 인정하였다. 그럴수록 대간은 임사홍이 '소인'이라며 더욱 거세게 그의 처벌을 요구했다.

---

16 임금과 신하가 학문을 토론하고 경서를 통해 조정의 현안에 대한 의견을 나누는 일 혹은 그런 자리.

대간에게 시달리던 성종이 견디다 못해 임사홍을 소인이라 단정하는 이유를 물었다. 답변은 궁색하였다. 그러면서도 임사홍은 소인이며 그를 처벌해야 한다는 목소리는 더욱 커졌다. 성종의 입장은 곤란해지고 임사홍의 불만도 커져가던 그때, 제3의 사건이 발생했다. 보성군[17]의 손자 이심원이 임사홍을 탄핵한 것이다.

성녕대군의 재산을 둘러싼 왕실의 감정싸움

'과부 조씨 사건' 당시 성종이 현석규를 감싸며 승진시키자 사헌부 지평 김언신과 무령군 유자광이 강도 높게 현석규를 비난하는 상소를 올린 적이 있었다. 성종은 짐짓 화를 내며 김언신을 하옥하였으나 두 달 뒤 그의 강개함을 칭찬하며 격려하는 것으로 사헌부의 체면을 세워주었다. 그런데 이심원은 이 문제를 다시 끄집어내며 당시 김언신과 유자광이 올린 상소의 배후에 임사홍이 있었다고 탄핵한 것이다. 이심원은 누구이며, 왜 이미 해결된 사건을 들먹이면서 임사홍을 탄핵했던 것일까?

여기에는 또 다른 사연이 있었다. 제3대 태종은 원경왕후와의 사이에서 네 명의 아들을 두었는데, 그중 늦둥이 막내아들로 태어난 성녕대군을 무척 아꼈다. 태종은 성녕대군에게 많은 재산을 하

---

17 제3대 태종의 차남인 효령대군의 아들. 이심원에게는 할아버지가 되고, 원천군의 형이자 임사홍의 장인.

사했으나 안타깝게도 그는 열 살의 어린 나이로 세상을 떠났다. 이후 제4대 세종은 자신의 셋째 아들 안평대군[18]을 성녕대군의 양자로 입적시켜 대를 잇도록 하였다. 덕분에 안평대군은 성녕대군의 막대한 재산을 물려받게 되었다. 하지만 계유정난으로 안평대군이 사사되자 효령대군은 자신의 막내아들 '원천군'을 성녕대군에게 출계[19]시켜 성녕대군의 재산을 물려받게 하였다. 그 후 원천군이 정부인과의 사이에서 아들을 두지 못한 채 세상을 떠나자 효령대군은 원천군의 서자에게 대를 잇도록 했다. 바로 여기서 문제가 시작되었다.

성녕대군의 막대한 재산이 원천군의 서자에게 돌아가는 것이 아까웠던 보성군은 '서출은 후사로 삼을 수 없다'는 여론을 일으키며 자신이 성녕대군의 후사가 되겠다고 나섰다. 이는 종친 간의 재산 다툼이었기에 법보다 여론이 중요했다. 이때 임사홍의 아버지 임원준이 나서서 사돈 보성군을 지지하며 힘을 실어주었다. 이에 고무된 보성군은 손자 이심원에게도 자신의 편을 들어달라고 요청하였다. 하지만 이심원은 할아버지 보성군의 청을 단호하게 거절하였고, 보성군의 사위 임사홍까지 탄핵하였다. 재산싸움에서 비롯된 불똥이 조정으로 번진 것이다. 이심원의 탄핵이 계기가 되어 임사홍은 유배되었고, 보성군은 손자 이심원에게 원한을 품게 되었다.

이렇게 상황이 마무리되려는 찰나 또 다른 변수가 나타났다. 임사홍의 며느리 현숙공주가 눈물을 흘리며 성종에게 시아버지를 용

---

18 세종과 소헌왕후의 셋째 아들.

19 양자로 들어가서 그 집의 대를 이음.

서해 달라고 호소한 것이다. 이심원이 집안일에 조정을 끌어들였다면, 현숙공주는 친족의 정에 호소하여 조정에서 내린 처벌을 되돌리려 한 것이다. 성종은 예종의 피붙이에게 유독 약한 모습을 보였는데 현숙공주가 직접 읍소하니 곤란한 지경이 되었다. 하지만 현숙공주의 행동은 임사홍에 대한 대간의 비난이 더욱 거세지는 결과를 가져왔다. 성종은 현숙공주에 대한 미안함과 대간의 압박 사이에서 어찌할 바를 몰랐다.

한편 현숙공주는 성종이 처벌을 번복할 것이라고 생각했고, 병이 났다는 핑계를 내세워 임사홍이 유배지에 가는 것을 막으며 시간을 벌었다. 임사홍은 유배의 명이 떨어진 뒤 반년이 지난 11월까지 한양에 머물렀다. 이것이 오히려 부작용을 가져왔다. 며느리를 내세워 임금의 마음을 움직일 수 있는 임사홍의 권세를 경계한 대간은 더욱 강도 높은 비난을 퍼부었고, 결국 임사홍은 현숙공주의 병이 낫자마자 유배지로 향해야 했다.

대간의 끊임없는 견제와 12년 만의 귀환

유배지로 떠난 임사홍을 변호하는 사람은 아무도 없었다. 게다가 유배 기간이 기약 없이 계속되면서 임사홍은 실의에 빠졌다. 처음에는 그를 위로하며 찾아왔던 친구들도 서서히 발길을 끊었다. 임사홍이 유배된 동안 왕비 윤씨는 결국 사약을 받았고, 훈구 세력을 대표하던 한명회는 '압구정 사건'으로 인해 정계에서 은퇴하였

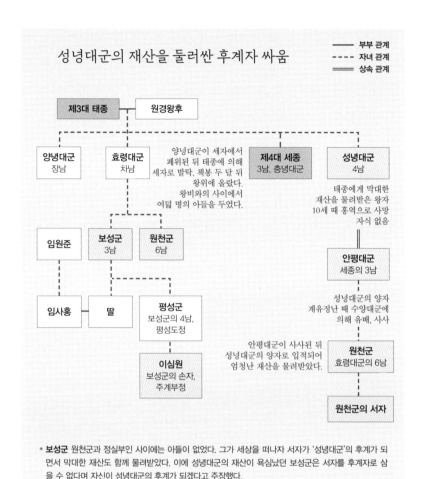

성녕대군의 재산을 둘러싼 후계자 싸움

— 부부 관계
- - - 자녀 관계
═══ 상속 관계

제3대 태종 —— 원경왕후

양녕대군 장남

효령대군 차남

양녕대군이 세자에서 폐위된 뒤 태종에 의해 세자로 발탁, 책봉 두 달 뒤 왕위에 올랐다. 왕비와의 사이에서 여덟 명의 아들을 두었다.

제4대 세종 3남, 충녕대군

성녕대군 4남

태종에게 막대한 재산을 물려받은 왕자 10세 때 홍역으로 사망 자식 없음

임원준

보성군 3남

원천군 6남

안평대군 세종의 3남

임사홍 —— 딸

평성군 보성군의 4남, 평성도정

성녕대군의 양자 계유정난 때 수양대군에 의해 유배, 사사

안평대군이 사사된 뒤 성녕대군의 양자로 입적되어 엄청난 재산을 물려받았다.

이심원 보성군의 손자, 주계부정

원천군 효령대군의 6남

원천군의 서자

* **보성군** 원천군과 정실부인 사이에는 아들이 없었다. 그가 세상을 떠나자 서자가 '성녕대군'의 후계가 되면서 막대한 재산도 함께 물려받았다. 이에 성녕대군의 재산이 욕심났던 보성군은 서자를 후계자로 삼을 수 없다며 자신이 성녕대군의 후계가 되겠다고 주장했다.

다. 대간의 기세는 점점 등등해졌고, 대신을 향해서도 인신공격을 서슴지 않았으며, 성종이 국왕 고유의 권한인 인사권을 발휘할 때마다 담당자에 대하여 반사적으로 비난을 퍼부었다. 대간의 월권이 심해지자 성종은 임사홍을 불러 이를 견제하고자 했으나 그의 이름 석 자만 거론되어도 언관[20]들은 기함을 하며 결사적으로 반대하

였다. 임사홍은 몇 년이 지나도록 조정에 돌아오지 못했다.

1485년(성종 16년), 성종은 임사홍을 위로하기 위해 임사홍의 장남 임광재를 '숭덕대부 풍천위'로 임명하여 풍천 임씨 가문이 왕실의 일원임을 만천하에 공표했다. 임사홍에 대한 성종의 총애가 여전하다는 것을 알게 된 대간은 더욱 경계심을 높였다.

대간이 임사홍을 비난하고 그의 복귀를 반대하는 것에는 사실 뚜렷한 이유나 명분이 없었다. '임사홍은 소인이기 때문에 무조건 안 된다'는 논리였다. 대간에게 질려가던 성종은 임사홍의 재주가 아쉬웠고, 떠밀리듯 그를 유배 보냈던 것에 대하여 미안한 마음까지 들었다. 그러던 중 왕실과 조정에 작은 변화가 일기 시작했다.

한명회와 월산대군의 죽음 그리고 임사홍의 사면

1487년(성종 18년) 한명회가 세상을 떠나자 명나라와의 외교를 담당할 인물이 필요해졌다. 성종은 중국어에 능통하고 문장과 의전에 능숙한 임사홍을 부르고 싶었다. 하지만 임사홍을 부르려면 대간과 끝도 없이 싸워야 했다. 성종은 우회적으로 이 문제를 해결하기로 했다.

1488년(성종 19년) 6월, 성종은 모화관[21]에 거둥하여 무사들의 무

---

20 언론을 담당한 홍문관, 사간원, 사헌부의 관리.
21 조선시대 명나라와 청나라의 사신을 영접하던 곳.

예를 시험하고 환궁하던 길에 '풍천위' 임광재와 현숙공주의 집에 들렀다. 그리고 날이 저물도록 그곳에 머물면서 환궁하기 전 면포와 쌀 등의 선물을 잔뜩 하사했다. 더이상 임사홍에 대한 대간의 비난에 연연하지 않겠다는 것을 행동으로 보여준 것이다.

같은 해 12월, 성종의 친형 월산대군이 35세의 젊은 나이로 세상을 떠났다. 월산대군은 의경세자의 장남으로, 성종보다 왕위 계승 서열이 높았다. 하지만 그는 동생 성종이 왕위에 오르는 것에 불만을 품지 않았고, 혹시라도 있을지 모를 구설수를 피하고자 평생 몸가짐을 조심하며 살았다. 월산대군에 대한 성종의 마음은 각별할 수밖에 없었다.

월산대군의 죽음은 임사홍에게 기회를 주었다. 1489년(성종 20년) 정월, 성종이 임사홍을 사면하고 그에게 월산대군의 무덤 앞에 세울 신도비의 비문을 지을 것을 명한 것이다. 임사홍의 문장과 글씨는 당대 최고였기 때문에 대간은 반대할 명분이 없었다. 그리하여 '흙비' 사건과 이심원의 탄핵이 빌미가 되어 유배된 지 무려 12년 만에 마침내 임사홍은 한양으로 돌아오게 되었다.

일단 유배에서는 풀려났으나 조정에 돌아가는 것은 무리였다. 그가 관직에 기용되는 것을 극력 반대하는 대간이 조정을 장악하고 있었기 때문이다. 이제 임사홍은 대간이 그를 싫어하는 것 이상으로 대간에게 증오를 느꼈다.

임사홍의 막내아들, 성종의 사위가 되다

1490년(성종 21년), 성종은 임사홍을 관압사[22]로 임명하여 명나라의 외교를 맡게 하였다. 임사홍이 유배에서 풀려난 뒤 처음으로 맡은 조정의 업무였다. 관압사는 그리 중요한 소임이 아니었음에도 기다렸다는 듯 반대가 빗발쳤다. 하지만 중국어를 비롯한 외국어에 능통하고 문학에도 조예가 깊은 임사홍을 대신할 만한 인물을 찾는 것은 어려웠다.

임사홍에 대한 비난이 끈질기게 계속되자 성종은 자신의 딸 휘숙옹주를 임사홍의 막내아들 임숭재와 혼인시켜 그를 위로했다. 이로써 임사홍은 예종에 이어서 성종과도 사돈이 되었다. 정계 복귀는 막았으나 오히려 성종의 총애로 인해 임사홍의 입지가 더욱 확고해지자 대간들은 분통이 터졌다. 휘숙옹주와 임숭재의 혼인에 대한 〈성종실록〉의 기록은 이를 증명한다.

> 임사홍은 소인(小人)이다. 불의로써 부귀를 누렸는데 그 아들 임광재가 이미 공주에게 장가를 가고, 지금 임숭재가 또 옹주에게 장가를 갔으니 복이 지나쳐 도리어 재앙이 발생하여 불이 그 집을 태워버렸던 것이다. 착한 사람에게는 복을 주고 악한 사람에게는 재앙을 주니 천도(天道)는 속이지 않는 것이다.
>
> — 〈성종실록〉 1491년(성종 22년) 8월 27일(신미)

---

22 조선시대에 중국에 주로 말을 조공할 때 파견되었던 사행(使行)으로, 외교상 중요한 문제는 담당하지 않는 것이 통례였다.

휘숙옹주와 임숭재의 혼인날 불이 난 것에 대하여 '악한 사람에게 재앙을 준 하늘의 뜻'이라며 악의적으로 해석한 것이다. 하지만 천벌을 받기를 바라는 대간과 사관의 바람에도 불구하고 임사홍은 조금씩 입지를 다시 세워갔다.

휘숙옹주를 며느리로 맞은 임사홍은 도승지로 임명되었다. 임사홍에게 정식 관직이 주어지자 즉각적으로 탄핵이 올라왔다. 그러자 성종은 임사홍을 선위사[23]로 임명하여 외교 업무를 맡긴 뒤 사역원과 승문원에서 중국어를 가르치는 일을 하게 했다. 권력에서 한 발짝 떨어져 있도록 배려한 것이다. 하지만 임사홍을 선위사로 삼은 것은 옳지 못하다는 탄핵은 1년 넘게 계속되었다. 실로 끈질기고 집요한 악의였다. 임사홍은 수십 년째 계속되는 비난을 견디면서 대간에게 복수할 날을 기다렸다.

임광재의 죽음과
임숭재를 향한 연산군의 총애

대간을 향한 임사홍의 복수는 1494년(성종 25년) 12월, 성종이 승하하고 연산군이 즉위하면서 본격적으로 시작되었다. 성종이 전략적으로 성장시킨 대간 세력은 이세 조정의 핵심으로 부상하였다. 임금을 바른길로 이끈다는 사명감과 과도한 자신감에 취한 대간은

---

23 조선시대에 여러 나라의 사신(使臣)이 입국하였을 때 그 노고를 위문하기 위하여 파견한 관리.

이제 막 즉위한 연산군의 모든 행동마다 '바르지 않다'는 간언을 올리며 제약을 걸었다.

하지만 대간이 간과한 것이 있었다. 취약한 정통성을 지닌 성종은 '성군'에 대한 압박을 받았고, 그래서 지나치다 싶은 대간의 의견까지도 늘 수렴하곤 했다. 성군이라면 언로를 막아서는 안 된다는 강박 때문이었다. 하지만 연산군은 성종과 달리 임금으로서의 자존감이 넘쳤다. 연산군은 성종이 대간으로 인해 괴로워하는 것을 보면서 성장했고, 성종처럼 대간의 말을 고분고분 따르거나 대간의 체면을 세워줄 생각이 없었다. 연산군은 사사건건 임금을 가르치려 드는 대간의 건방진 말과 행동에 불쾌함을 느꼈고 이들을 제압할 시기를 엿봤다.

1495년(연산군 1년), 예종의 부마이자 임사홍의 장남인 풍천위 임광재가 세상을 떠났다. 왕실과 인연을 맺게 해준 소중한 첫아들을 잃은 임사홍은 슬펐다. 하지만 그에게는 왕실과 인연이 깊은 또 다른 아들이 있었다. 바로 성종의 사위이자 임사홍의 막내아들인 풍원위[24] 임숭재였다. 성종의 딸 휘숙옹주의 남편이었던 임숭재는 '부마'라는 신분을 이용하여 궁에 자주 드나들 수 있었는데, 아버지를 닮아 정치적 감각이 비상했던 그는 연산군의 심리를 꿰뚫고 있었다. 게다가 예술, 춤과 노래에 일가견이 있고 얼굴도 아름다워 예술을 사랑하는 연산군의 총애를 듬뿍 받았다. 신하들은 임숭재를 향한 연산군의 총애에 불안함을 느꼈다.

---

24 부마는 공주 및 옹주의 남편을 의미한다. 부마의 지위를 뜻하는 '위' 앞에는 부마의 본관을 붙였는데, 임숭재의 경우 그보다 먼저 부마로 임명된 형 임광재가 '풍천위'의 칭호를 받았기 때문에 글자를 바꿔 '풍원위'로 임명되었다.

공식적인 기록은 없으나 연산군은 평소에도 임숭재의 집을 자주 찾았다고 전해진다. 그 과정에서 임사홍과도 비공식적으로 만났을 것이다. 임사홍은 연산군이 성종과는 전혀 다른 기질을 지닌 군주라는 것을 파악하였다. 이 무렵 연산군은 친어머니 폐비 윤씨의 복수를 내세워 신하들을 보다 더 완벽하게 제압하고자 했고, 임사홍은 어떻게든 중앙 정계로 복귀하여 자신을 고립시킨 대관들에게 복수하고 싶었다. 이렇듯 두 사람의 목표는 서로 다른 것 같았으나 공통점이 있었다. 연산군을 만난 뒤에도 권력을 잡기까지는 지루한 기다림이 이어졌지만 긴 유배 생활을 통해 임사홍은 이미 기다림에 이력이 나 있었다.

무오사화와
위축되는 대간 세력

1497년(연산군 3년) 연산군은 공신의 적장자들의 작위를 일괄적으로 한 자급씩 올려주었는데, 이는 즉위 초기의 관례였다. 이때 대간들은 일제히 연산군에게 반대하면서 사직으로 맞섰는데, 연산군이 의지를 꺾지 않자 절대로 포상을 받으면 안 되는 인물 몇 명만 반대하는 쪽으로 범위를 축소했다. 이때 대간들이 1년 가까이 결사적으로 반대한 인물이 바로 임사홍이다. 대간은 여전히 임사홍이 조정에 복귀할 경우 발생할 파급력과 잠재력을 경계했던 것이다. 이 사건은 대간에 대한 감정이 좋지 않았던 연산군이 임사홍에게 관심을 갖는 계기가 되었다.

연산군이 재위한 지 4년째 되던 1498년, '무오사화[25]'가 발생한다. 당시 24세였던 연산군은 환갑의 유자광을 능수능란하게 다루며 사건을 최대한 확대했고, 사림의 종주로 불리던 김종직을 부관참시[26]하고 김일손을 비롯한 신진 사림들을 숙청하였다. 이때 김종직의 제자였던 임사홍의 둘째 아들 임희재도 유배를 떠났다. 하지만 잃는 것이 있다면 얻는 것도 있는 법. 무오사화로 인해 훈구파에 대한 무분별한 탄핵을 일삼던 대간이 힘을 잃고 왕권이 강화되면서 마침내 임사홍에게 재기의 기회가 찾아온 것이다.

당시 연산군은 임숭재를 총애하여 자주 그의 집에 드나들었고 연회 자리에서 함께 춤을 추기도 했다. 이는 평소라면 대간의 비난을 받을 행동이었지만 무오사화의 여파로 인해 대간은 소극적으로 변해 있었다. 게다가 임금의 사생활을 정치에 깊숙이 개입시켰던 성종과 달리 연산군은 신하들이 임금의 사생활을 알거나 이에 대하여 거론하는 것을 극도로 싫어하였다. 따라서 대간은 연산군이 사적으로 '매부'인 임숭재와 어울리는 것을 감히 비판할 수 없었고, 임숭재의 공식 지위인 '부마'는 행정직 관리가 될 수 없었기 때문에 견제의 대상이 되지 못했다.

무오사화의 여파가 잠잠해진 1500년(연산군 6년), 연산군의 총애와 신뢰가 충분하다고 판단한 임숭재는 아버지 임사홍의 억울함을

---

25 조선시대 4대 사화 가운데 첫 번째 사화로, 사림의 종주로 추앙받던 김종직의 제자 김일손 등이 유자광을 중심으로 훈구파에게 화를 입은 사건이다. 사초(史草)가 발단이 되어 일어난 사화(士禍)라 하여 '사화(史禍)'라고도 한다.
26 죽은 뒤에 큰 죄가 드러난 사람에게 내려진 극형. 무덤을 파고 관을 꺼내어 시체를 베거나 목을 잘라 거리에 내걸었다.

호소하는 상소문을 올린다. 1503년(연산군 9년) 1월, 연산군은 임사홍에게 정식 인사 발령을 내렸고, 임사홍은 임금의 부름을 받아 당당하게 정계로 돌아왔다.

궁중파와 부중파의 대립과 갑자사화

무오사화 이후 좀처럼 속내를 알기 어려운 연산군의 공포정치는 대간의 침묵과 순종을 불러왔다. 임금을 바른길로 이끌겠다는 포부로 말과 글을 무기로 삼았던 대간의 기세는 순식간에 위축되었다. 살아남은 소수의 사림 출신들은 마음속으로 반발했으나 감히 표출하지는 못했다. 이 와중에도 권력을 잡은 세력이 있었는데 바로 훈구파였다. 대간에게 휘둘리면서 잃어버렸던 권력이 다시 손에 잡히기 시작하자 훈구 세력은 이를 독점하기 위해 궁중파와 부중파로 분열했다. 임사홍은 궁중파의 수장으로 자리매김하며 빠른 속도로 정권을 장악해 나갔다. 임사홍이 권력을 차지하게 된 과정에서 등장한 가장 드라마틱한 사건이 바로 '갑자사화'이다.

1504년(연산군 10년), 한밤중에 성종의 후궁 귀인 정씨와 귀인 엄씨를 때려죽인 연산군은 자신의 생모인 폐비 윤씨의 죽음과 관련된 인물들을 모조리 숙청하기 시작한다. 폐비 윤씨의 죽음에 동조했던 이들은 사림 출신 대간들이 아니라 대부분 훈구공신들이었기 때문에 파장은 걷잡을 수 없이 커졌다.

얼마 뒤 폐비의 죽음에 결정적인 역할을 했던 인수대비가 세상을 떠나자 관리들은 최후의 방패막이를 잃었다. 야사에 따르면 갑자사화가 일어나기 전 임사홍은 연산군에게 폐비 윤씨가 죽기 전 남긴 피 묻은 금삼과 유언을 전했다고 한다. 간신 임사홍이 포악한 군주의 마음을 교묘하게 이용하여 피바람을 일으켰다는 것이다. 하지만 연산군이 폐비 사건에 대해 전혀 모르는 것은 아니었다. 무엇보다 임사홍은 왕비 윤씨의 폐위에 반대했다는 명분이 있었다. 그리고 정적들을 숙청하는 데 연산군과 임사홍은 손발이 잘 맞았다. 속으로는 권력을 원하면서 겉으로는 고결한 척하는 대간을 증오하고 경멸하는 마음이 같았기 때문일 것이다.

연산군은 임사홍에게 숙청을 맡기고 전폭적인 지원을 아끼지 않았다. 마침내 복수할 기회를 잡은 임사홍은 자신의 정계 복귀를 집요하게 방해했던 사림 세력을 모조리 제거했다. 숙청이 끝난 후 연산군은 숙청 대상이었던 훈구 세력이 가진 재산을 몰수하고 특혜를 박탈했다. 이것이 바로 '갑자사화'이다.

갑자사화는 두 달이 넘게 계속되었는데, 이때 연산군은 그동안 자신의 행동을 비판했거나 그의 마음에 들지 않았던 신하들을 닥치는 대로 처형하였다. 직급, 부서, 나이, 공로에 관계없이 많은 이들이 처형되었다. 이들의 공통점은 하나, 연산군의 심기를 거슬렀다는 점이었다. 갑자사화를 통해 임사홍도 개인적인 복수를 완수했다. 후대에 사림 출신 사관이 작성한 기록에 따르면 당시 온 조정이 임사홍을 승냥이나 호랑이처럼 두려워하였다고 한다.

갑자사화는 '훈구파에 의해 사림들이 화를 입은 사건'으로 알려져 있다. 공포를 통해 강력한 왕권을 구축하고자 했던 연산군과 복수심에 불타는 임사홍에 의해 강직한 선비들이 죄 없이 목숨을 잃

무오사화 이후 다시 권력을 잡은 훈구파의 분열

	부중파	궁중파
출신	훈구 세력 중 공신 중심	훈구 세력 중 왕실 친인척 중심
목표	무오사화 이후 찾아온 권력 독점	부중파에 맞선 권력 독점 새로운 '사건'의 필요성
주요 인물	유자광 外 연산군과 친인척 관계가 없는 공신 계열 신하들	임사홍 임숭재(성종의 부마, 연산군의 매부) 박원종(월산대군의 처남) 신수근 형제(연산군의 처남)
결과	갑자사화 이후 기반 상실	갑자사화 이후 권력 독점

은 비극이라고도 한다. 하지만 갑자사화 당시 숙청 대상은 사림뿐 아니라 훈구파에 속하는 대다수의 부중파 세력도 포함되어 있었다. 가진 것이 많았던 훈구파는 잃은 것이 더 컸다. 갑자사화의 원인과 실상은 실로 복잡했다. 분명한 것은 갑자사화의 승자는 연산군이 며, 가장 큰 수혜자는 임사홍이었다는 것이다.

폭주하는 연산군과 아들들의 연이은 죽음

갑자사화 이후 연산군은 왕권을 견제하는 장치들을 제거해나갔 다. 언론양사로 불리던 사헌부의 기능은 축소되었고 사간원과 홍문 관은 아예 폐지되었다. 연산군은 훈구공신들이 받은 과전을 몰수하고 그 자리에 금표를 세워 자신의 사냥터로 삼았다. 공신들로서는 재산의 기반을 잃어버린 것은 물론이요, 50년 넘게 누려오던 특혜까지 빼앗긴 셈이었다.

연산군은 공신들에게서 몰수한 재산을 자신의 취미 생활을 위해 아낌없이 사용했다. 새로운 궁을 짓거나 궁궐의 후원을 꾸몄고, 이전보다 더 웅장하고 사치스러운 연회를 위해 아름답고 기예가 빼어난 여성들을 전국 각지에서 선발하기 시작했다. 임금의 사적인 취미 생활이 원활하게 이루어지도록 돕는 '특별 관리'도 선발되었으니, 바로 전국의 미녀를 선발하여 한양으로 데려와 연산군에게 바치는 일을 담당하는 '채홍사'였다. 연산군의 최측근으로 부상한 임사홍은 장악원[27] 제조[28]로 있던 아들 임숭재와 함께 채홍사가 되었다.

이때의 채홍사 경력은 임사홍이 훗날 두고두고 희대의 간신으로 맹비난을 받는 원인이 된다. 하지만 임사홍은 채홍사 업무를 숙청만큼 열심히 하지 않았다. 이를 증명하는 것도 바로 실록이다. 연산군은 임사홍의 채홍 실적이 부진하다며 공개적으로 망신을 주었다는 기록이 남아 있다. 채홍사들이 선발하여 한양으로 데려온 여인들은 '운평'이라 불렸고, 운평 중에서 외모와 기예가 뛰어난 여인들을 '흥청'이라고 불렀다. 흥청은 다시 연산군의 승은과 총애를 받

---

27 조선시대 궁중에서 연주되는 음악 및 무용에 관한 모든 일을 맡아보던 관청. 왕실의 행사가 있는 곳이라면 어디든 장악원의 음악인들이 동원되었다.

28 조선시대 잡무 및 기술 계통의 관직으로, 왕실 관련 업무 및 접대·어학·의학·천문·지리·음악 등 당상관 이상의 관원이 없는 관청에 겸직으로 배속되어 각 관청을 통솔하던 관직이다. 〈경국대전〉에 따르면 도제조는 정1품, 제조는 2품 이상이며, 장악원 제조(提調)는 종1품, 정2품, 종2품 사이의 문신이 겸하는데 장악원의 업무를 총괄한다.

는 '천과홍청', 승은을 입긴 했으나 연산군이 만족하지 못했던 '반천과홍청', 승은을 입지 못한 '지과홍청'으로 나뉘었는데, 천과홍청의 위세는 대단하였다고 한다.

연산군은 인간의 본성을 제약하는 유교 질서와 성리학을 내세운 사림의 위선에 혐오를 감추지 않았다. 성리학을 받들거나 최소한 사대부를 존중하는 임금에게 익숙한 신하들은 연산군을 어떻게 보좌해야 할지 몰라 전전긍긍했다. 말 한마디에 목이 달아날 수도 있기 때문이었다.

반면 임사홍과 임숭재 부자는 연산군의 어심을 읽는 데 탁월했다. 임사홍의 둘째 아들 임희재는 사림의 종주인 김종직의 제자로 무오사화 때 유배되었고 갑자사화 때 사사되었다. 임사홍과 임숭재는 연산군에게 임희재의 목숨을 구걸하지 않았다. 오히려 임희재의 죽음 앞에 초연한 모습을 보임으로써 연산군의 신임을 얻었다. 폭군의 총애에 기대어 얻은 권력의 대가는 이처럼 참혹했다.

임희재가 목숨을 잃은 것과 반대로 임숭재는 죽기 직전까지 연산군의 엽색 행각을 책임지며 총애를 받았다. 임숭재를 향한 연산군의 총애가 커질수록 임사홍의 위세도 높아졌다. 하지만 영원할 것 같던 연산군과 임숭재의 관계는 갑자사화 이듬해인 1505년(연산 11년) 11월, 임숭재가 세상을 떠나면서 끝이 났다. 임사홍은 아들들을 잃은 허무함을 권력으로 채워나갔다.

중종반정과
임사홍의 몰락

임희재와 임숭재, 두 아들의 죽음 이후 임사홍은 더욱 권력에 몰두했고, 연산군은 더욱 쾌락에만 집중했다. 연산군이 믿을 만한 신하는 얼마 없었고 임사홍의 존재감은 더욱 커졌다. 중종반정으로 연산군이 폐위되기 전, 임사홍은 승진을 거듭했다. 1506년(연산군 12년) 4월에는 이조판서로 임명되었고, 7월에는 우참찬[29]에 이어 좌참찬으로 승진했다. 임사홍은 몇 번이나 사직을 청했으나 연산군은 들어주지 않았다. 임사홍을 공공의 적으로 여겨온 조정의 신하들은 그의 승승장구를 무력하게 지켜보았다. 살아남으려면 비겁하더라도 말과 글과 자존심을 모두 버린 채 입을 다물 수밖에 없었다.

그러던 중 9월, 연산군의 측근 중 한 명인 박원종을 필두로 연산군을 폐위시키고 진성대군을 임금으로 세우려는 반정이 일어났다. 연산군에 대한 두려움이 워낙 컸기 때문에 반정을 입에 올리는 것은 조심스러운 일이었다. 하지만 연산군에게 재산을 압수당한 부중파의 주요 인물들이 반정에 가담했다. 이들 중에는 갑자사화 전까지 특혜를 마음껏 누려온 정권의 부역자들도 많았다. 중종반정을 일으킨 주역은 불의를 참지 못하는 고결한 선비들이 아니었다. 반정대장인 박원종이 가장 먼저 포섭한 인물은 전(前) 이조참판 성희안이었다. 성희안은 연산군이 사냥을 나갔을 때 군율을 어겼다 하

---

29 삼정승(영의정, 좌의정, 우의정)을 좌·우찬성(종1품, 정원 각 1명), 좌참찬(정2품, 정원 1명)과 함께 보좌하는 의정부의 정2품 관직.

여 좌천되었고, 시(詩)가 형편없다는 이유로 종9품 부사용(하급 무관)으로 좌천된 인물이었다. 즉, '연산군의 폭정에 불만을 품은 바르고 의로운 충신'이 아니라 연산군의 심기를 거스르는 바람에 출세가 막혀 반정에 동참한 것이었다. 이후 포섭된 조정 주요 인물들도 성희안과 사정이 크게 다르지 않았다. 반정이 성공할 경우 상황이 자신들에게 불리하게 돌아갈 것이라고 여긴 고위 대신들도 동참 의지를 보였다. 반정에 동참한 고위 관리의 대부분은 갑자사화 이후 실권을 잃은 부중파였다.

반정 세력은 심지어 무오사화를 주도하며 사림의 숙청을 이끈 유자광까지 합류시켰다. 남이의 옥사와 무오사화를 지휘한 유자광의 노련한 권모술수가 필요했기 때문이다. 이렇게 다수의 부중파와 무관들로 구성된 반정 세력은 궁중파를 대표하는 임사홍과 연산군의 처남인 신수근만 제거 대상으로 삼았다. 연산군은 처음부터 제거 대상이었으나 신수근은 회유 대상이었다. 연산군을 폐위한 후 임금으로 세우려고 하는 진성대군(중종)의 장인이었기 때문이다. 만약 신수근이 반정에 합류한다면 성공 확률이 높아질 뿐 아니라 명분과 실리를 모두 챙길 수 있었다. 반정이 성공할 경우 신수근은 임금의 장인이 되어 훨씬 큰 권력을 휘두를 수 있으니 챙길 수 있는 이득도 막강했다.

하지만 뜻밖에도 신수근은 반정에 합류하자는 제안을 거절했다. 연산군에 대한 의리와 신하의 도리를 지키고자 한 것이다. 반정 직전, 신수근과 그의 형제들은 박원종이 보낸 이들에 의해 목숨을 잃었다. 반면 임사홍은 반정에 대한 그 어떤 정보도 얻지 못했고 회유하려는 접촉도 없었다. 그는 처음부터 반정의 목표이자 이유였다. 반정군은 임사홍을 제거하기 위해 사람을 보냈고, 임사홍은 저항 없이 죽음을 맞았다.

백성들은 군주가 바뀌는 것에 아무런 관심이 없었지만 반정군은 '폭군 타도'를 외치며 창덕궁 앞에 집결하였다. 소식이 퍼지자 반정군에 합류하는 것이 유리하겠다고 판단한 문무백관들이 슬금슬금 모였다. 날이 밝자 반정군은 환관을 보내 연산군에게 옥새를 요구했다. 연산군은 순순히 옥새를 내어주었고, 반정군이 데려온 진성대군이 제11대 중종으로 즉위하였다.

중종반정은 성공한 역모가 되었고, 역사는 승자의 뜻에 따라 기록되었다. 중종반정 이후 공신으로 봉해진 이들은 중종반정을 충신이 간신을 물리친 것으로 미화시켜 연산군을 폭군으로, 임사홍을 간신으로 역사에 각인시켰다.

죽음 그리고
절대 간신의 탄생

중종반정의 성공 이후 임사홍은 조선 최악의 절대 간신으로 다시 태어났다. 바른말을 고해도 공공의 적이었고, 유배지에서도 견제의 대상이었던 임사홍은 권력을 되찾자 살벌하게 복수를 진행했고, 기꺼이 역사에 오명을 남기는 길을 선택했다. 임사홍을 싫어했던 이들은 그가 죽은 후에도 통쾌하지 않았을 것이다. 사람들은 임사홍이 죽은 후에야 마음 놓고 말과 글로 그를 두 번, 세 번 거듭 난도질했다. 공신들은 이미 죽은 임사홍을 부관참시하고 가산을 몰수해야 한다고 주장했다. 그렇게 임사홍은 부관참시되었고, 몰수된 재산은 중종반정의 공신들이 나누어 가졌다.

중종반정에 참여한 인물들은 충신의 피가 끓는 고결한 선비들이 아니었다. 무능한 이들도 있었고 부정부패에 찌든 인물도 있었다. 하지만 이들은 일치단결하여 임사홍에게 모든 죄를 덮어씌웠고, 공신으로 책봉되어 많은 특권을 누리기 시작했다. 이들은 입으로는 연산군이 여색을 밝힌 것을 비난하면서 앞다투어 자신의 딸과 조카딸을 중종의 후궁으로 바쳐 더 큰 부귀영화를 얻었다. 백성들의 삶은 조금도 나아지지 않았고, 신하들에 의해 군주가 된 중종은 한 조각의 왕권도 갖지 못했다. 중종 즉위 후 공신들은 연산군의 재위 기간(12년)에 맞먹는 10년 가까이 조정을 좌지우지하였고, 중종은 반정 3대장인 박원종, 성희안, 유순정이 모두 사망할 때까지 허수아비 임금 노릇을 했다.

반정공신들이 모두 세상을 떠난 뒤 다시 정계에 진출한 사림들은 임사홍을 희대의 간신으로 묘사하여 실록에 기록했다. 임사홍은 간악한 간신의 대명사가 되었고, 사림은 억울한 피해자로 묘사되었다. 하지만 비상식적일 정도로 악의가 충만한 임사홍에 대한 평가와 지나칠 정도로 미화된 사림의 충절은 오히려 우리에게 여러 가지 질문을 던져주고 있다.

훈구 세력의 시작,
공신은 어떻게 만들어졌는가?

조선이 건국된 후 제3대 태종이 즉위할 때까지 세 번의 공신 책봉이 있었으나 숫자나 규모나 능력 면에서 왕권을 위협할 만한 수준은 아니었다. 이는 공신 세력에게 특혜나 권력을 주는 것에 인색했던 태종의 정치력 덕분이기도 했다. 이후 태종에서 세종 그리고 문종까지 3대에 걸친 약 50년 동안 조선의 기틀은 완전히 잡혔고 왕실과 조정은 탄탄하게 안정되었다. 암투나 반란이 없으니 반란을 진압할 일도, 공신을 봉할 일도 없었다.

세조에 의한 공신 임명 – 공신의 시대가 열리다

공신들이 사회 전반에 걸쳐 무소불위의 권력을 휘두르며 전횡을 일삼던 시대를 만들어낸 임금은 바로 세조이다. 단종 즉위 이듬해 계유정난을 통해 권력을 장악한 세조는 왕위에 오르기 전 정난공신을 탄생시켰고, 임금이 된 후 두 번이나 더 공신을 봉했다. 세조의 뒤를 이어 즉위한 예종과 성종도 즉위 초반 공신을 임명했는데 주요 공신의 경우 중복되는 경우가 많았다. 반복적으로 공신에 임명될 때마다 이들의 재산과 권력은 눈덩이처럼 불어났다. 게다가 13세의 성종을 임금으로 세운 공신 세력은 무려 7년이라는 세월 동안 임

조선 건국 초기의 공신 임명 1

임금	시기	공신호	인원	책봉 이유	주도자
제1대 태조	1392년 (태조 즉위년)	개국공신	52명 (39명으로 축소)	건국에 공을 세움	태조, 정도전
	1398년 (태조 7년)	정사공신	29명	제1차 왕자의 난 성공	태종 (이방원)
제2대 정종	1400년 (정종 2년)	좌명공신	46명 (40명으로 축소)	제2차 왕자의 난 성공	태종 (이방원)

금을 능가하는 권세를 누렸다.

영원할 것 같았던 공신의 시대는 연산군이 공포정치와 피의 숙청으로 강력한 왕권을 발휘하자 순식간에 힘을 잃었다. 연산군은 두 번의 사화를 일으켜 많은 선비들을 숙청하는 동시에 자신의 비위를 거스른 공신들의 재산을 가차 없이 몰수하였고 권력을 빼앗았다. 수십 년 동안 공신들이 누려온 특권을 완벽하게 박탈한 것이다. 이는 놀라운 업적이었다. 하지만 그렇게 얻은 재물과 권력을 오로지 자신의 쾌락을 위해 사용함으로써 연산군은 '폭군'으로 낙인찍혔고, 결국 그에게 불만을 품은 신하들에 의해 폐위되었다.

중종반정 그리고 위훈삭제와 기묘사화

연산군을 폐위시키고 그의 배다른 동생 중종을 즉위시킨 신하들은 다시 공신의 시대를 만들었다. 중종반정 이후 임명된 공신의 숫자는 무려 100명이 넘었는데 많은 이들이 친인척 관계였다. 이로

써 몇몇의 특정 가문이 권세를 독점하게 되었고, 이들이 차지한 재산과 권세는 왕실과 백성들을 압박하기에 충분했다.

다행히 중종반정의 주요 공신들이 세상을 떠난 뒤 혜성처럼 등장한 조광조에 의해 '위훈삭제'라는 전대미문의 개혁이 일어나게 된다. 위훈삭제는 중종반정 이후 임명된 공신 중 실제로는 공이 없는 '가짜 공신'을 명단에서 삭제한 것인데, 이때 거의 80명에 가까운 이들이 공신 자격을 잃었다.

하지만 위훈삭제 3일 뒤 중종은 마음을 바꿨고, 조광조와 그를 따르던 관리와 선비들은 역적으로 낙인찍혀 세상을 떠났다. 이 사건을 '기묘사화'라고 한다. 기묘사화 이후 공신의 시대는 계속되었고, 중종 말년에는 권력이 외척에게 넘어갔다.

조선 건국 초기의 공신 임명 2

임금	시기	공신호	인원	책봉 이유	주도자
제6대 단종	1453년 (단종 1년)	정난공신	43명	김종서, 황보인 등을 척살하고 안평대군의 역모를 처단하여 정사를 안정시킴	수양대군 (세조)
제7대 세조	1455년 (세조 1년)	좌익공신	44명* (41명)	단종의 양위와 세조의 즉위를 도움	세조
	1467년 (세조 13년)	적개공신	44명	이시애의 난을 진압함, 종친 구성군 이준, 남이 등이 포함되어 '신(新) 공신' 세력 형성	세조
제8대 예종	1468년 (예종 즉위년)	익대공신	37명	적개공신 남이의 역모를 평정, '신(新) 공신' 세력이 대거 위축되고 '구(舊) 공신(정난, 좌익)' 세력이 정권을 다시 장악하는 계기가 됨	유자광 예종
제9대 성종	1471년 (성종 2년)	좌리공신	73명	성종의 즉위와 통치를 잘 보좌함, '구(舊) 공신(정난, 좌익, 익대)' 세력이 정권을 독점하는 것을 자축	한명회 신숙주 정희대비
제11대 중종	1506년 (중종 1년)	정국공신	104명	중종반정에 참여, 1519년 (중종 14년) 조광조의 주장으로 70명 이상 삭제되었으나 기묘사화 이후 대부분 다시 회복	중종 박원종 성희안 유순정
	1507년 (중종 2년)	정난공신	22명	이과의 역모 평정, 책봉 10년 뒤 대부분 삭제	노영손

* 공신 인원 44명, 공신록 기록 41명 = 좌익공신이었던 성삼문 등이 사육신의 난 때 처형되어 공신록에서
 삭제되었다.
* 정난공신과 좌익공신의 주요 인물은 거의 동일함.
* 1457년(세조 3년) 단종 복위 사건을 주도한 성삼문 등은 좌익공신에서 삭제됨.

김안로

**"잔인한 숙청으로
권력을 장악한 권신"**

이름	**김안로**

국적 조선

직업 장원급제 출신의 엘리트 관리, 정치가, 중종의 사돈(효혜공주의 시아버지), 당대의 권신

정치 노선 김안로파의 수장

결정적 실수 '작서의 변(1527년, 중종 22년)'과 '가작인두 사건(1533년, 중종 28년)' 등 정치 공작을 연이어 성공시키며 경빈 박씨와 복성군을 제거한 김안로는 이에 고무되어 1537년(중종 32년) 문정왕후를 폐위시키려 하였다. 하지만 오히려 역습을 당해 하루아침에 중종에게 내쳐졌고 유배지에서 사사되었다.

애증의 대상 남곤

남곤에게 하고 싶은 말 "내가 하루 밖에 있으면 조정이 하루 편안하고, 일 년을 밖에 있으면 조정이 일 년 동안 편안하다고? 증거 있소? 단지 당신 생각 아니오? 고작 그 이유로 나를 유배 보냈단 말이오? 좋소, 내가 궁으로 다시 돌아가는 날은 당신들 모두 줄초상이 날 것이외다."

'폭군' 연산군이 폐위되고 연산군의 이복동생 진성대군이 반정을 통해 제11대 중종으로 즉위했다. 연산군이 홀로 움켜쥐고 있던 부와 권력은 중종이 아니라 반정을 주도한 공신들이 나눠 가졌다. 폭군으로부터 종묘와 사직을 지켜내고 조정을 다시 바르게 안정시켰다고 생각한 공신들은 보상으로 주어진 부와 권력으로 사치와 쾌락을 마음껏 누렸다. 느닷없이 왕위에 오른 중종은 임금을 폐하고 옹립할 힘을 가진 신하들을 두려워했기에 공신들은 군주의 눈치를 볼 필요조차 없었다. 공신들이 이끄는 대로 왕위에 앉은 중종은 자신이 왕이 된 이유를 잘 알고 있었다. 능력이 뛰어나서도, 학문과 덕이 깊어서도 아니었다. 그저 성종이 남긴 아들 중 폐위된 연산군 외에 유일한 적자였고, 중종의 어머니 자순대비가 왕실의 가장 큰 어른이었기 때문이다.

절대군주 연산군의 폐위와 반정 임금 중종의 즉위

평범한 자질을 가진 왕자에 불과했던 중종은 왕위에 올랐을 때 기쁨보다 두려움이 더 컸다. 막강한 왕권을 휘둘렀던 이복형 연산군이 폐위되었다는 것에도 놀랐지만, 감히 신하들이 임금을 폐하고 세울 수 있다는 점이 가장 큰 공포였다. 반정이 성공하여 자신이 임금으로 즉위했다는 것은 반정이 다시 일어날 수도 있고, 또 성공할 수도 있다는 것이기도 했다. 자신을 왕으로 세운 신하들이 지켜주지 않는다면 자신 역시 연산군처럼 폐위될 가능성이 있었다.

최초의 반정 군주 중종은 즉위 직후부터 생존을 위해, 왕위를 지키기 위해 권력과 위엄을 신하들에게 아낌없이 내어주었다. 심지어 중종은 신하들의 뜻에 따라 조강지처까지 내쫓았다. 중종의 아내는 반정 동참을 거부하고 죽음을 맞은 신수근의 딸로 연산군의 처조카였다. 신하들이 역적의 딸을 왕비로 세울 수 없다고 주장했다. 중종은 아내를 폐위하고 싶지 않았으나 신하들의 뜻을 저버렸을 때 일어날 결과가 두려웠다. 그가 할 수 있는 의사 표현은 그저 눈물이 전부였다. 신하들은 그다지 망극한 마음 없이 왕비 신씨를 폐출시킨 후 곧바로 공신 가문 출신의 아름다운 여인들을 후궁으로 입궁시켰다.

중종은 아내를 잊지 못했으나 신하들의 강압으로 맞은 후궁은 어여뻤고, 새로 맞은 공신 가문 출신의 왕비는 어질고 현명했다. 게다가 재위 10년이 넘자 반정을 주도한 핵심 공신들이 하나둘 세상을 떠났다. 피의 숙청을 동반하는 사화나 옥사 없이 정권을 교체하고 왕권을 다시 세울 기회가 자연스럽게 온 것이다.

중종은 기본적으로 아무도 믿지 않는 성품이었지만 자신의 편이 되어줄 신하만큼은 매우 신중하게 골랐다. 중종의 선택을 받은 인물은 두 사람이었다. 그중 한 명은 새로운 시대를 만들고자 한 열렬한 개혁가로 후세에 기록되었고, 다른 한 명은 일신의 영달을 추구한 냉정한 권력가로 이름을 남겼다. 개혁가는 바로 '조광조'이고, 권력가는 단연 '김안로'이다. 역사상 가장 강력한 권력을 지녔던 인물로 평가받고 있는 김안로, 그는 과연 누구일까?

공신들의
시대가 열리다

　김안로는 중종 재위 기간 동안 가장 강력한 권력을 손에 넣었던 인물이다. 김안로가 조정을 장악한 과정은 매우 치밀하였는데, 이는 중종 시대의 특징과도 관련이 있다.

　중종 초기, 권력을 움켜쥔 세력은 반정을 성공시킨 공신들이었다. 이들은 권력과 부귀영화를 포기할 생각이 조금도 없었지만, 그래도 폭군 연산군 시절과는 다르다는 모습을 보이긴 해야 했다. 그래서 삼사를 부활시키고 대간에게 언론의 자유를 주었다.

　공신들에 비하여 상대적으로 청렴한 삼사의 대간들은 반정 이듬해인 1507년(중종 2년), 유자광을 탄핵했다. 신분의 구별이 엄격했던 조선에서 서자였던 유자광은 세조에게 발탁되어 파격적으로 벼슬을 받아 출세한 인물이었다. 유자광은 비록 조정에 세력을 구축하지는 못했으나 이시애의 난(1467년, 세조 13년), 남이의 옥사(1468년, 예종 즉위년), 무오사화(1498년, 연산군 4년) 등 굵직한 사건마다 기회를 놓치지 않고 공을 세워 임금의 총애를 받았다. 이러한 처세를 높이 산 반정 세력은 유자광을 미리 포섭하기도 했다. 반정이 성공하고 공신으로 임명될 때까지 유자광과 반정공신들은 같이 이득을 누렸다. 그런데 대간이 유자광을 탄핵하자 공신들은 단박에 대간의 편에 섰다. 혈연이나 혼인으로 맺어진 정치 세력이 없던 유자광은 대간이 탄핵 목표로 삼기에 제격이었고, 공신들은 대간의 편에 섬으로써 자신들의 기득권을 지키는 동시에 깨끗한 정치인으로 이미지를 포장할 수 있었다.

대간과 공신들은 유자광을 임사홍에 버금가는 간신으로 매도하며 연산군 정권의 부역자와 잔재를 다 청산한 척했다. 유자광을 몰아낸 공신들은 정정당당하게 권력을 탐하고 부귀영화를 누렸다. 실록에 따르면 당시 국토의 절반을 공신들이 차지하였고, 공신들의 하인은 3천 명에 이르렀으며, 공신의 적장자는 젖먹이조차 왕자들보다 더 좋은 대우를 누렸다고 한다. 자신들이 그토록 비난했던 연산군의 사치스러움을 오히려 계승하여 대대손손 발전시키며 누린 셈이다.

중종반정과 삼사의 회복

반정공신 중 가장 강력한 권력과 막대한 재산을 거머쥔 것은 반정 3대장이라 불린 박원종, 성희안, 유순정이었다. 하지만 이들을 견제할 세력 또한 만만치 않았다. 중종의 즉위와 함께 복권된 사림들은 주로 언론을 담당하는 삼사에 포진하였고, 공신들의 비리가 밝혀지면 곧바로 맹렬하게 탄핵했다. 사화의 비극과 유배의 고충을 겪으며 사림의 말과 글은 더욱 정교하고 예리해졌다. 창과 칼이 아닌 오직 문자로 사람을 죽이거나 살릴 수 있을 정도였다. 공신들은 중종의 눈치는 보지 않아도 대간의 눈치는 보았기에 그나마 조정은 균형을 유지할 수 있었다.

게다가 중종에게는 운도 따랐다. 1510년(중종 5년) 영의정 박원종이 세상을 떠났고, 중종 7년에는 영의정에 오른 유순정이 석 달 만에 세상을 떠났으며, 중종 8년에는 유순정에 이어 영의정으로 임명된 성희안까지 세상을 떠났다. 반정 3대장이 모두 세상을 떠나자 공신 세력이 가지고 있던 조정의 주도권이 흔들리기 시작했고, 본분을 회복한 대간의 기세는 더욱 강해졌다.

공신들의 목표는 대개 쟁취한 특권을 충분히 누리고 무사히 세습하는 것이었다. 그래서 공신들은 조정을 이끌어나갈 뚜렷한 방향이나 비전이 미비했다. 공신들이 믿는 것은 오직 하나, 그들의 방패막이가 되어주는 중종이었다. 공신들에게 중종은 그들의 권익을 보장해주는 착한 임금이었다. 만약 이때 '그'가 등장하지 않았다면 중종 시대는 성종 때처럼 권세를 지키려는 대신과 과격한 탄핵을 일삼는 대간의 대립으로 요약되었을지도 모른다. 하지만 반정 3대장이 차례로 세상을 떠난 시점에 바로 '그 남자'가 등장했다. 비리와 탐욕에 얼룩진 부패한 공신들과는 차원이 다른, 시대의 모순을 바로잡고자 하는 신념과 기개를 지닌 '조광조'였다.

원자의 탄생과
조광조의 등장

1515년(중종 10년), 재위 10년을 맞은 중종은 임금으로서의 권위와 역할을 서서히 자각하고 있었다. 중종의 마음가짐이 달라진 계기는 원자의 탄생이었다. 반정 이후 맞은 왕비(장경왕후)가 첫딸 효혜공주를 낳은 지 4년 만에 마침내 아들을 낳은 것이다. 장차 자신의 뒤를 이어 왕위에 오를 원자가 태어나자 중종은 왕위에 대한 불안과 후계자에 대한 걱정에서 벗어날 수 있었다.

　하지만 원자를 얻은 기쁨이 채 가시기도 전, 장경왕후가 세상을 떠났다. 장경왕후의 장례는 중종의 애틋한 슬픔 속에서 치러졌다. 장경왕후는 중종의 첫 아내 신씨가 폐출된 후 후궁을 거쳐 왕비가 된 인물로, 반정대장 박원종의 조카딸이었다. 윤씨를 왕비로 삼은 것은 박원종의 입김 때문이었으나 중종은 그녀를 점차 진심으로 존중하고 사랑했다.

　같은 해 6월 8일, 이조판서 안당은 성균관 유생으로 있던 조광조와 진사 김식 등을 천거하였다. 조광조는 조지서 '사지'로 임명되었다. 조지서[30] 사지[31]는 중종이 즉위하면서 복귀된 관직이라는 점에서 의미는 있으나 정치에 참여하거나 출세에 도움이 될 만한 관직은 아니었다. 게다가 정식으로 대과를 치르지 않고 천거를 통해 임명된 자리였기에 구설에 오르기도 좋았다. 조광조는 조지서 사지로 발령을 받은 지 두 달 뒤 치러진 알성시에서 장원으로 급제하며 실력을 입증했다.

30　육조의 하나인 공조의 예하 기관으로 종이 만드는 일을 관리·담당하였던 부서. 궁실, 성지, 관공서의 청사, 가옥, 토목 및 각종 공예품과 기와, 도자기 등을 담당하는 공조에는 조지서 외에 상의원 등이 있다.

31　조지서는 사지(司紙)·별제(別提)·제조(提調) 등 네 명의 관원이 담당하였는데, 이 중 우두머리인 '사지(司紙)'는 종6품의 관직으로 1466년(세조 12년)에 만들어졌다. 하지만 성종 때 폐지되어 별제(別提)만 네 명으로 두었다가 중종 즉위 초 다시 복귀되었다.

조정을 충격에 빠뜨린
한 장의 상소문

장경왕후의 초상을 마친 지 넉 달이 지난 8월 8일, 중종은 한 장의 밀봉 상소문을 받는다. 상소는 담양부수 박상과 순창군수 김정이 함께 올린 것으로, 반정 직후 폐출된 중종의 조강지처 신씨를 다시 왕비로 모셔 오고 신씨를 폐위한 박원종의 관작을 추탈³²해야 한다는 내용이었다. 폐출된 신씨를 복권시키고 반정공신 박원종의 관직을 추탈하라는 것은 반정공신을 부정하는 것으로 자칫 중종의 왕위까지 흔들릴 수 있는 일이었다. 폐출된 신씨를 복권할 생각이 전혀 없었던 중종은 비답을 내리는 대신 일단 상소문을 승정원에 두도록 하였다. 상소를 본 중종이 어떤 의사도 표시하지 않았기 때문에 신하들은 이 문제를 어떻게 처리해야 할지 의견이 분분했다.

그로부터 3일이 지난 8월 11일, 대사헌 권민수와 대사간 이행 등을 필두로 사헌부와 사간원의 관리들이 나서서 박상과 김정을 탄핵하였다. 대간이 나서서 박상과 김정의 처벌을 요구하자 그제야 중종은 두 사람을 파직하고 유배에 처했다. 그런데 홍문관에서 반대의 목소리를 냈다. 상소를 올린 사람을 죄주게 되면 언로가 막힐 수 있다는 이유였다. 즉, 중종의 처벌 자체가 잘못된 것은 아니라는 소리였다.

안심한 중종은 홍문관의 의견에 동의하는 한편 이들을 처벌하지 않는다면 상소의 내용이 '그릇되었음'을 사람들이 모를 것이라

---

32 죽은 사람의 죄를 논하여 살았을 때의 관직을 깎아 없앰.

고 답했다. 상소의 내용은 논란의 여지가 컸으나 중종과 삼사가 적당하게 서로의 의견을 수렴하면서 이 사건은 사람들의 기억에서 차츰 희미해져 갔다.

중종의 마음을 훔친 선비,
조광조

비슷한 시기 문과에 급제한 조광조는 성균관 전적으로 임명되었고, 3개월 뒤 사간원 정언에 임명된다. 언론을 담당하는 사간원은 품계가 낮은 관리도 임금에게 간언할 수 있고, 임금과 학문과 정치를 논하는 것이 가능했다. 또한 사간원은 홍문관, 사헌부와 함께 과거에 합격한 사람만이 발령받을 수 있었고, 아무리 정승판서의 자손이라도 부정부패를 저지른 조상을 두었다면 들어가는 것조차 불가능한 '깨끗한' 부서였다. 즉, 인맥보다 실력이 우선이며 임금의 눈에 들면 출세가 보장된 곳이었다.

임금에게 간언하는 임무를 담당하는 사간언의 관리, 즉 대간이된 조광조는 중종의 마음을 단숨에 사로잡았다. 당시 조정은 겉으로는 평온해 보였으나 그 안은 난세 그 자체였다. 무오사화와 갑자사화, 그리고 중종반정과 공신들의 득세를 거치며 유생들 사이에서는 보신과 퇴폐 풍조가 만연하였다. 과거를 실시해도 제대로 된 답안지를 내놓는 인물이 거의 없을 정도로 학풍은 바닥에 떨어진 상태였고, 권력과 결탁하지 않은 실력 있는 인재를 찾는 일은 매우 어려웠다. 세자 수업을 받은 적도, 군주의 위엄을 갖춰본 적도, 나라를 제대로 다스려 본 적도 없는 중종은 이런 상황을 타개하고 싶었으나 방법을 몰랐고, 그를 보좌할 인재도 만나지 못했다. 그러던 중 조광조가 등장하자 중종은 눈이 확 밝아지는 것 같았다. 신하의 직분에 맞는 반듯한 자세와 온화하면서도 확신에 찬 말솜씨, 깊이 있는 학문적 소양을 지닌 조광조는 중종이 찾던 이상적인 신하였다.

조광조에게 매료된 중종은 그를 경연 검토관으로 임명하고 조광조와 함께 공부하며 제왕이 가야 할 길을 배워나갔다. 조광조에 대한 중종의 신뢰는 절대적이었다. 임금의 변화는 조정의 변화로 이어졌다. 학문과 입신양명의 의미를 잃은 채 방황하던 젊은 유생들은 조광조를 이상형으로 삼았고, 공신 정치에 질린 관리들도 조광조를 열렬하게 지지하였다. 공신들 또한 조광조와 대립하거나 마찰을 빚는 것을 꺼렸다. 논쟁하거나 구설에 오른다면 작게는 체면을 잃거나 크게는 특혜와 재산까지 잃을 것이 뻔했기 때문이다. 중종은 조광조와 만난 후 하루아침에 다른 사람이 되었는데 실록에서는 두 사람의 관계를 이렇게 기록하기도 했다.

조광조가 말하자 중종은 얼굴빛을 가다듬으며 들었고, 서로 진정으로 간절히 논설해 날이 저무는 줄도 모르다가 환관이 촛불을 들고 가자 그제야 그만두었다.

조광조의 급진 개혁과
현량과의 부작용

중종의 전폭적인 지지와 신뢰 속에서 조광조는 정몽주의 성균관 문묘종사[33]를 성공시키고 소격서[34]를 혁파하는 등 성리학의 이상에 맞는 개혁을 실시하였다. 정몽주의 문묘종사가 유생들에게 자긍심을 고취시키고 학풍을 크게 진작시켰다면, 소격서 혁파는 사림 전체에 짜릿한 승리감을 선사했다. 소격서 혁파는 성리학을 따르는 모든 사대부의 오랜 염원이었기 때문이다. 이어서 조광조는 제대로 된 인재를 등용하기 힘든 과거제도의 폐단을 극복하기 위한 대안으로 새로운 제도를 제안하였다. 학문과 덕행이 뛰어난 인재를 천거 받아 시험을 치른 뒤 급제한 자에게 곧바로 관직을 제수하는 '현량과'의 실시를 주장한 것이다.

영의정 정광필을 비롯한 대신들은 기존의 과거제도를 버리고 현량과에 의지하는 것은 문제가 될 수 있다며 반대하였으나 중종은 조광조의 손을 들어주었다. 조광조의 말 한마디가 정승을 능가하는 영향력을 발휘하자 위로는 중종부터 온 조정이 조광조를 우러러보았고, 대신들은 조광조의 눈치를 보았으며, 유생과 사림은 조광조에게 열광했다. 반정 3대장이 살아 있을 때도 조정 장악력은 조광조에 미치지 못할 정도였다.

1519년(중종 14년) 4월, 현량과를 통해 28명의 새로운 관리가 선

---

33 문묘(文廟)란 '공자를 받드는 사당'을 의미하는 말로, 문묘종사란 '공자와 함께 제사를 지낸다'는 뜻이다.
34 나라에 천재지변이 생겼을 때 하늘에 제사를 지내는 도교식 제례 담당 관청.

발되었다. 합격자 전원은 조광조를 지지하는 젊은 선비들이었다. 이는 붕당을 지어 당파를 만든다는 오해를 사기에 충분하였고, 공정성에 있어서 비난의 소지가 다분했다. 하지만 조광조라는 이름은 모든 비난을 방어하기에 충분하였다. 공신, 대간에 이어 제3의 세력이자 가장 강력한 세력으로 급부상한 현량과 출신들은 조광조의 개혁에 힘을 실어주었다.

현량과 출신의 관리들은 정치적 경험이 거의 없는 젊은 나이에 조광조를 추종한다는 이유만으로 순식간에 조정을 장악하였다. 이들은 자신들에게 반대하는 사람은 무조건 소인으로, 자신들은 군자로 칭하며 대신들을 몰아붙였고, 대신의 의견은 바른 것이라도 반대의 목소리를 드높였으며, 조광조의 의견은 문제가 있어도 무조건 옳다고 주장했다. 여기에 대간까지 합세하여 노골적으로 조광조만을 지지하였다.

조광조의 죽음과
기묘사화의 후유증

정몽주의 성균관 문묘종사와 소격서의 혁파, 현량과의 실시까지 조광조의 개혁은 모두 중종과의 신뢰 관계 속에서 이루어졌다. 하지만 숨 쉴 틈 없이 계속되는 조광조의 바른 개혁은 중종의 심신을 점점 피곤하게 만들었고, 조광조를 추종하는 대간은 밤새워 상소를 올리거나 사직을 하는 등 과격한 방법으로 중종을 몰아세웠다. 이런 상황이 계속되다 보니 중종의 마음 한구석에서 조정을 주도하는 것은 자신이 아닌 조광조와 그의 추종자들이라는 의심이 들기 시작했고, 의심은 점점 확신으로 굳어졌다.

조광조를 조정의 중심인물로 만든 것은 중종의 신뢰였고, 아직 젊고 미숙한 관리들의 방자함을 용인해준 것도 중종이었다. 하지만 패기를 넘어 조정을 분열시키는 젊은 관리들의 오만함과 과격함은 도를 넘어섰다. 이들은 국정 운영 경험이 풍부한 대신들의 의견을 무시하면서 자신들의 실수에는 책임을 지지 않았다. 중종은 점점 조광조와 그를 추종하는 젊은 관리들에게 질리기 시작했다. 중종을 오래 겪어온 노련한 대신들은 어심의 미묘한 변화를 알아차렸고 조심스럽게 기회를 기다렸다.

현량과 실시 이후 약 반년이 지난 1519년(중종 14년) 10월, 조광조는 정국공신[35] 중 공이 없는 이들의 훈작을 삭제해야 한다고 주장했다. 이 주장은 반정으로 임금이 된 중종을 곤란에 빠뜨렸고, 정국공신 출신 대신들에게 심각한 위기의식을 일으켰다. 조광조는 중종이 망설이는 것을 알면서도 위훈삭제를 몰아붙였고, 결국 중종은 100명이 넘는 정국공신 중 3분의 2에 해당하는 76명을 공신 명단에서 삭제했다. 정국공신 개정에 성공한 조광조와 대간, 사림은 승리감에 취했다.

그로부터 나흘 뒤, 중종은 밀지를 내려 조광조와 그를 따르는 인물들을 체포하고 정국공신 명단을 다시 원래대로 복귀시켰다. 그리고 한 달 뒤, 조광조와 그를 추종하던 신진 관리들을 사사한다.

---

35 1506년(중종 1년) 중종반정에 공을 세운 사람에게 내린 칭호 또는 그 칭호를 받은 사람.

이 사건을 '기묘사화'라고 한다. 중종과 조광조의 짧은 밀월과 개혁은 그렇게 끝났다.

기묘사화의 원인과 과정, 결과는 명확했다. 중종의 밀지를 받은 정국공신 홍경주가 남곤, 심정 등 일부 대신들과 함께 신진 관리들과 그들의 수장인 조광조를 숙청한 사건이었다. 이 사건으로 조광조와 현량과를 통해 조정에 진출한 신진 관료들은 하옥을 거쳐 유배되었고 얼마 뒤 사사되었다. 이때 숙청된 이들은 70여 명으로 유배지에서 탈주하여 자살한 김식을 제외하고 전원이 사약을 받아 목숨을 잃었다. 혜성처럼 등장했던 조광조와 그를 추종했던 선비들을 '기묘사림', 그리고 이때 숙청된 선비들을 '기묘명현'이라 한다.

기묘사화로 인해 어쩌면 조선 최초로 '붕당'이 될 뻔했던 조광조의 세력은 역사에서 사라졌다. 조정은 다시 개혁 이전으로 돌아갔고, 붕당의 탄생은 조금 늦춰졌다. 잠시나마 엄격함을 유지했던 조정과 지방관아의 기강은 순식간에 문란함을 되찾았고, 학풍은 또다시 땅에 떨어졌다. 삼사의 대간들은 지난날 칼날 같던 과격함을 잃은 채 위축되었고, 권력을 쥔 관리들은 일신의 영달만을 추구하는 것을 부끄러워하지 않게 되었다.

기묘사화에서 살아남은 김안로, 공주의 시아버지가 되다

1520년(중종 15년) 4월, 중종은 이제 만 5세가 된 원자를 서둘러 세자로 책봉하였다. 기묘사화의 여파를 잠재우고 임금의 권위를 세워 왕실의 정통성을 보여주기 위해서였다. 같은 해 12월, 중종은 10세가 된 장녀 효혜공주의 혼사를 진행하였다. 이때 김안로의 아들 김희가 부마로 간택되었다. 효혜공주의 혼사가 결정되고 나자 조광조에게 집중되었던 중종의 총애는 김안로를 향했다.

조광조보다 한 살이 많은 김안로는 기묘사화 당시 38세에 불과했으나 경력은 이미 15년이 넘는 중견 관리였다. 1501년(연산군 7년) 20세의 나이로 소과 진사시에 합격한 김안로는 1506년(중종 1년) 별시 문과에서 장원으로 급제하며 중앙 정계에 진출하였다. 문과 장원 급제자에게 주어지는 특혜에 따라 곧바로 성균관 전적(정6품)으로 부임하였고, 얼마 뒤 사가독서의 명을 받는다. 국가 차원에서 인재를 양성하기 위해 젊은 문신들에게 휴가를 주어 학문에 전념하게 한 사가독서 제도는 주로 장래가 촉망되는 뛰어난 젊은 관리에게 주어졌기 때문에 출세가 보장된 정통 엘리트 코스였다. 특히 새로운 젊은 인재가 부족했던 중종 즉위년에 사가독서에 선발되었다는 것은 매우 큰 의미가 있었다.

1년 동안 사가독서를 마친 김안로는 1507년(중종 2년) 홍문관과 사간원을 두루 거쳐 경연관으로 임명되었다. 그 과정에서 김안로는 뛰어난 실력과 반듯한 처세로 자신의 존재감을 세워나갔다. 김안로의 의견은 곧 해당 관청의 입장이 되었고, 인사이동을 할 때마다 부서를 대표하는 얼굴이 되었다. 그만큼 김안로는 돋보이는 신진 관리였다.

얼마 지나지 않아 김안로는 삼사를 움직이는 핵심 인물로 부상했고, 대신들은 인재를 추천할 때마다 반드시 그의 이름을 명단에 올렸다. 중종 또한 김안로를 눈여겨보고 장경왕후가 승하하자 그에

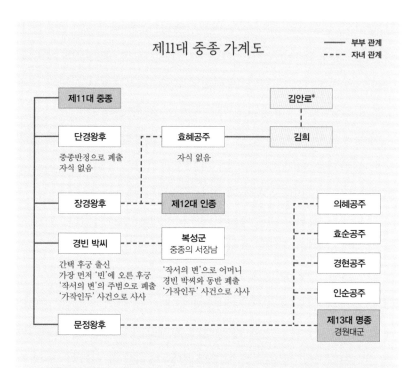

제11대 중종 가계도

— 부부 관계
---- 자녀 관계

제11대 중종

김안로*

단경왕후
중종반정으로 폐출
자식 없음

효혜공주
자식 없음

김희

장경왕후

제12대 인종

의혜공주

효순공주

경빈 박씨
간택 후궁 출신
가장 먼저 '빈'에 오른 후궁
'작서의 변'의 주범으로 폐출
'가작인두' 사건으로 사사

복성군
중종의 서장남
'작서의 변'으로 어머니
경빈 박씨와 동반 폐출
'가작인두' 사건으로 사사

경현공주

인순공주

문정왕후

제13대 명종
경원대군

* **김안로** 기묘사화 당시 조광조의 무리로 판명되어 유배에 처해졌던 김안로는 아들 '김희'가 효혜공주와
혼인하여 중종의 부마가 된 덕분에 기사회생하였다. 이후 '세자 보호'를 빌미로 막강한 권력을 행사했다.

게 비문을 짓는 일을 맡기기도 했다. 공신 출신이 아니었음에도 중
종과 대신들로부터 고루고루 신임을 받은 김안로는 자연스럽게 차
기 조정을 이끌어갈 주역으로 자리매김하였다.

　순탄하게 출세 가도를 걷던 김안로의 미래는 조광조의 등장으
로 더욱 밝아졌다. 김안로를 위시한 삼사는 조광조를 지지하였다.
중종의 총애가 넘치던 당시, 조광조를 지지하는 것은 곧 조정의 주
도권을 갖는 것이었다. 하지만 중종의 변심과 함께 기묘사화가 일
어나면서 갑작스럽게 조광조가 사사되자 그를 지지했던 조정 관리

들은 한순간에 나락으로 떨어졌다. 김안로도 그중 한 명이었다.

기묘사화의 여파로 인해 김안로는 생애 첫 유배를 가게 되었다. 조광조를 지지했던 젊은 선비들이 유배지에서 사약을 받았고 김안로는 처음으로 죽음의 두려움을 느꼈다. 하지만 하늘은 그의 편이었다. 사약을 받지 않았을 뿐 아니라 이듬해인 1520년(중종 15년) 아들 '김희'가 효혜공주의 부마로 간택되면서 유배에서 풀려나게 된 것이다. 이제 김안로는 중종의 사돈이자 왕실 가족이었다.

조광조를 지지했던 김안로가 중종의 총애를 잃지 않았던 이유는 그가 현량과 출신도 아니고, 조광조를 추종하여 권력을 얻은 관리가 아니었기 때문일지 모른다. 젊은 관리들과 유생들의 희생을 줄이고자 했던 대신들의 노력도 있었다. 어쨌거나 김안로는 조광조를 지지했음에도 기묘사화의 광풍 속에서 살아남았고, 죄인에서 공주의 시아버지로 신분이 바뀌며 인생 대역전을 맞았다.

권력을 남용했다는
탄핵을 받고 유배되다

중종은 조선 임금 중 대표적인 자식 바보였다. 본인은 평생을 검소하게 살았으나 자식들의 사치와 방종은 말리지 않았고, 출가한 자식들이 궁에 오는 날에는 버선발로 달려나가 맞이했다고 한다. 그런 중종이었으니 어려서 어미(장경왕후)를 잃은 효혜공주가 시집을 가게 되었을 때 얼마나 애틋하였을지는 두말할 필요가 없을 정도다. 가례를 올리기 하루 전, 중종은 눈에 넣어도 아프지 않을 효혜공주가 행여 시집살이라도 할까 염려한 나머지 김안로를 특별히 불러서 공주에게 부디 잘 대해주라고 당부했다. 공주의 시아버지라는 지위는 자식 사랑이 극진한 임금으로부터 간절한 부탁을 받고 또 이를 들어줄 수 있는 자리였다. 공주를 향한 중종의 사랑은 김안로에 대한 배려로 이어졌다.

1522년(중종 17년) 정월, 김안로는 시를 잘 지은 것에 대한 상으로 중종에게 특별히 만든 활을 선물 받았다. 이듬해인 1523년(중종 18년) 8월, 이미 당상관의 신분이었던 김안로는 정시 문과에 응시하여 장원으로 급제하였다. 이에 중종은 김안로를 종2품 가의대부[36]로 특진시켰다. 이때 모친상 중이던 김안로는 상 중에도 효혜공주와 김희의 집을 짓는 일을 감독했는데, 부마의 집치고 사치가 지나치다 하여 탄핵을 받았다. 그런데 탄핵을 담당하는 사헌부에서 김안로의 권세를 두려워한 나머지 중간에 추궁을 중지하는 일이 일어난다. 사헌부가 알아서 눈치를 보았다는 것은 권력의 중심축이 김안로에게 완전히 이동했음을 보여주는 사건이다.

1524년(중종 19년), 김안로는 이조판서로 임명되었다. 중종의 총애가 김안로에게 집중된 상황에서 그가 관리의 임명권을 쥐고 있는 이조의 수장으로 임명되자 영의정 남곤은 즉각 반발하였다. 육조의 으뜸인 이조는 관리의 인사권을 담당하는 부서인 만큼 권력이 남용될 경우 그 폐해가 커질 수 있기 때문이었다. 기묘사화를 주도한 남곤은 중종의 밀명을 받고 앞장서서 조광조를 숙청한 것

---

36 조선시대 종2품 상계(上階) 문관의 품계로, 1522년(중종 17년) 가정대부에서 가의대부로 개칭되었다.

을 평생 후회했다. 그래서 그는 그 후 권신이 조정을 장악하는 것을 막는 것으로 속죄하고자 했다.

남곤이 보기에 김안로는 겉과 속이 다른 인물로, 심성은 나쁜데 머리는 비상하여 임사홍을 능가할 권신이었다. 문제는 심증만 확실할 뿐 김안로가 딱히 인사 비리를 저지른 증거가 없다는 것이었다. 하지만 영의정 남곤의 의지는 강했다. 그는 대사헌 이항과 함께 김안로가 붕당을 형성하고 권력을 남용했다는 여론을 만들어 '장차 간신이 될지도 모르니 그 싹을 미리 제거해야 한다'는 명분을 내세웠다. 중종은 필사적으로 김안로를 변호했지만 그럴수록 그를 비난하는 여론은 더욱 뜨거워졌다.

김안로는 생애 두 번째로 유배를 갔다. 죽음의 공포에서 벗어나 이제 막 권력의 달콤함을 맛보려는 순간 좌절을 경험한 김안로는 자신을 반대하는 정적들에게 복수할 계획을 세우기 시작했다.

작서의 변과
김안로의 복귀

김안로가 유배된 뒤 효혜공주를 비롯한 왕실 가족들은 그의 석방을 위해 노력했다. 왕실의 입김은 막강했다. 하지만 반대 여론 또한 만만치 않았다.

1527년(중종 22년), 상황은 서서히 바뀌기 시작했다. 김안로를 배척하는 데 가장 앞장섰던 영의정 남곤이 세상을 떠난 것이다. 김종직의 제자로서 사림 출신이었음에도 기묘사화를 주도했던 남곤은 홍경주(희빈 홍씨의 아버지), 좌의정 심정과 함께 기묘삼흉이라 불리며 사림들의 비난을 받았다. 자신의 행동을 후회하며 조광조의 죽음에 괴로워했던 남곤은 사림들의 비난을 기꺼이 감수했다. 그는 세상을 떠나기 전 자식들에게 자신의 행동을 반성하는 유언을 남겼고, 평생 써온 글을 모두 태워 없앴으며, 시신을 비단으로 염습하지 말며, 나라에 시호를 청하거나 무덤 앞에 비석을 세우지도 말라고 당부했다.

그로부터 얼마 지나지 않은 3월, 이상한 사건이 일어났다. 12세가 된 세자(제12대 인종)의 생일 당일, 동궁전 뜰에서 꼬리가 반쯤 잘리고 눈, 입, 귀가 불로 지져진 쥐 한 마리가 나무에 매달려 있는 것을 궁녀가 발견한 것이다. 쥐는 돼지와 모양이 비슷하다 하여 민간에서는 돼지로도 여겼는데 세자가 돼지띠였다. 곧바로 '누군가 세자를 저주한 것'이라는 소문이 퍼졌다. 이때 갑자기 자순대비[37]가 나서서 중종의 후궁 경빈 박씨를 범인으로 지목하는 언문교지를 내렸다.

중종반정 이후 장경왕후, 희빈 홍씨 등과 함께 간택 후궁으로 입궁한 경빈 박씨는 중종의 서장남 복성군과 서장녀 혜순옹주, 서차녀 혜정옹주를 연달아 출산하며 총애를 받았다. 그녀는 중종의 후궁 중에서 가장 먼저 정1품 '빈'의 첩지를 받을 만큼 중종의 사랑을 받았고 중종과 함께한 세월도 20년이 넘었다. 20년 넘게 총애를 잃지 않았던 것은 그만큼 경빈 박씨를 향한 중종의 사랑이 깊을 뿐 아니라 그녀의 처세가 노련했기 때문이다. 그런 경빈 박씨가 느닷

---

37 성종의 세 번째 왕비 정현왕후. 중종의 어머니이자 왕실 최고 어른이다.

없이 세자를 저주했다는 것은 이해하기 어려웠다.

경빈 박씨는 당연히 결백을 주장했고, 그녀를 모시는 궁녀 또한 수십 번의 고문을 받았으나 한결같이 범행을 부인하였다. 증거도 없었다. 하지만 대비는 확고했고, 조정의 여론 역시 이미 경빈을 범인으로 확신하고 있었다. 이 사건으로 경빈 박씨는 아들 복성군과 함께 폐서인[38] 되어 고향 상주로 쫓겨났다. 이를 '작서의 변'이라고 한다.

사실 범인은 경빈 박씨가 아니라 유배지에 있던 김안로였다. 하지만 그 누구도 김안로를 의심하지 못했다. 김안로가 작서의 변을 통해 노린 것은 세자의 신변에 대한 위험을 공론화시킴으로써 중종의 마음을 움직이는 것이었다. 자식 사랑이 극진한 중종이라면 세자에게 위험이 생겼을 때 신하보다 가족을 먼저 찾을 것이라고 계산한 것이다.

김안로의 예상은 적중했다. 여론은 여전히 김안로에게 부정적이었지만 1528년(중종 23년) 1월, 김안로의 유배지는 한양에서 가까운 곳으로 옮겨졌다. 이것만으로도 절반은 성공한 것이나 다름없었다. 중종의 마음이 약해졌음을 눈치챈 김희는 부마라는 지위를 활용하여 자순대비 앞에서 비통한 눈물을 흘리며 아버지의 무죄를 읍소하는 한편 김안로에 다소 호의적이었던 우의정 이행을 은밀하게 찾아가 그의 환심을 샀다. 그 결과 1529년(중종 24년), 김안로는 마침내 유배에서 풀려났다. 남은 것은 화려한 복귀였다.

---

38 양반이나 왕비·세자·대군 등이 죄를 지어 그 신분과 지위를 잃고 서인(庶人)으로 강등되는 것.

1530년(중종 25년) 6월, 중종은 김안로를 도총관[39] 겸 예조판서[40] 그리고 홍문관 대제학으로 임명했다. 같은 해 김안로의 방면과 경빈 박씨의 폐출에 결정적 역할을 했던 자순대비가 세상을 떠났다. 중종은 어머니 자순대비가 세상을 떠나자 김안로에게 더욱 의지하게 되었다. 김안로는 자신의 유배 생활을 '아무 잘못 없이 간신들 때문에 억울하게 고초를 겪는 것'으로 포장하였다. 실제로 김안로는 조광조를 지지했었고 기묘사화로 유배된 적이 있었기 때문에 김안로에 대한 이미지는 나쁘지 않았다. 덕분에 그가 왜 탄핵을 받았으며 왜 유배를 가게 되었는가는 논쟁거리가 되지 않았다. 오히려 김안로는 '유배의 고초를 겪은 청렴한 선비'의 이미지를 구축하였고, 사림 출신 대간들도 김안로의 편에 섰다. 이제 김안로는 거칠 것이 없었다.

왕실과 언론을 장악한 권신의 탄생

1531년(중종 26년), 김안로는 삼사를 움직여 자신의 방면을 반대한 좌의정 심정을 탄핵하였다. 얼마 후 심정은 유배지에서 사약을 받았다. 이 사건은 김안로의 힘이 이미 조정을 장악했음을 보여주는 것이었지만 대부분의 사람들은 이것이 김안로가 손을 쓴 것이

---

39 정2품 무관직.
40 육조의 하나인 예조의 수장으로 정2품 당상관.

라는 것을 몰랐다. 오히려 기묘사화 이후 무소불위의 권력을 휘두르며 부정부패를 일삼았던 심정의 죽음에 통쾌함을 느꼈다. 심정이 기묘사화의 원흉이라는 것은 누구나 알고 있었기 때문이다. 김안로는 자신을 철저히 숨긴 채 삼사를 움직여 심정을 제거했고, 동시에 그를 싫어하는 세력을 자신의 편으로 만들었다. 이것이 바로 남곤이 경계했던 김안로의 본모습이었다.

심정의 죽음으로 김안로가 다시 승승장구하려는 찰나, 며느리 효혜공주와 아들 김희 부부가 연달아 세상을 떠났다. 중종의 마음을 움직일 수 있는 정치적 후원자를 잃은 것이다. 아들과 며느리를 먼저 보낸 김안로는 세간의 동정을 받았고, 중종은 동병상련의 아픔을 지닌 그를 위로하기 위해 벼슬을 마구 내렸다. 효혜공주와 김희가 세상을 떠난 해, 김안로는 예조판서, 이조판서, 한성부 판윤, 오위도총부 도총관, 동지경연사, 성균관사, 지중추부사, 홍문관 대제학, 예문관 대제학 등 무려 10개의 벼슬을 받았다. 한 명의 개인이 한꺼번에 이토록 많은 벼슬에 제수되거나 겸임한 적은 없었다. 천륜을 잃은 불행도 김안로에게는 정치적으로 유리한 상황을 만들어주었다. 이제 그는 오로지 권력을 향해 직진할 뿐이었다.

1532년(중종 27년) 김안로는 세자시강원[41] 좌빈객을 겸하여 차기 권력을 확보하였고, 문과시관으로 임명되어 과거를 주관함으로써 자신을 추종하는 신임 인재들을 대거 선발하였다. 김안로가 장악한 권력은 실로 엄청난 것이었다. 김안로는 권력의 원천이라고 할 수

---

41 조선시대 왕세자의 교육을 담당한 관청. 관원으로는 영의정이 겸임하는 사(정1품)를 비롯하여 부(정1품), 이사(종1품), 좌·우빈객(정2품), 좌·우부빈객(종2품) 등이 있다.

있는 중종의 절대적인 신임을 받았으며 세자를 비롯한 왕실까지도 완벽하게 포섭하였다. 이제 조정을 움직이는 모든 부서가 김안로의 손안에 들어왔다. 그리고 조정은 김안로에게 아부하는 자와 김안로에게 숙청당하는 자로 나뉘었다.

권력과 언론을 장악한 김안로의 시대가 열리다

김안로는 특히 자신에게 해가 되거나 반발하는 이들을 연좌시켜 극형을 내리고 끝내 목숨까지 빼앗는 것에 비상한 재주가 있었다. 정적뿐 아니라 사적으로 조금이라도 마찰이 생기면 반드시 보복하였다. 이 과정에서 공정해야 할 삼사의 대간은 김안로의 수족 역할을 자처하며 그의 복수에 적극적으로 협조했다. 김안로와 땅을 놓고 다투었던 박원종의 서자 박운은 탄핵당했고, 남곤과 함께 김안로를 배척하였던 이항도 유배되었다. 1534년(중종 29년)에는 김안로의 복귀를 도왔던 이행마저도 유배지에서 세상을 떠났다. 김안로를 반대했던 대신들은 모두 제거되었다.

권신을 탄핵하는 것을 본연의 임무로 삼았던 삼사의 대간이 김안로에게 종속된 이유는 무엇일까? 그것은 바로 1519년(중종 14년) 기묘사화 이후 대간의 입지가 엄청나게 위축되었기 때문이다. 1521년(중종 16년) 대사헌 홍숙은 "대간이 어찌 지난날의 폐단을 모르고 감히 교만하겠습니까?"라고 말하며 자신들의 잘못을 반성했다. 중종 또한 전과 달리 조정의 모든 주요 사안에서 대간의 의견보다는 대신들의 의견을 따랐다. 반성하는 마음을 가졌던 대간은 점차 불만을 품기 시작했다. 그 결과 '대신들에 대한 보복'을 위해 김안로와 손을 잡은 것이다. 대간은 김안로와 손을 잡은 덕분에 조금씩 영향력을 회복했으나 공정함을 잃고 권력의 도구이자 시녀로 전락했다.

김안로와 조금이라도 척을 지게 되면 아무리 정승판서여도 조정에서 퇴출되고 유배지에서 사사되는 것이 순리가 되었다. 관리들은 김안로의 눈 밖에 나는 것을 두려워했다. 김안로를 막을 수 있는 사람은 그에게 권력을 통째로 내어준 중종밖에 없었다. 하지만 김안로 한 개인이 모든 권력과 관리들의 생사여탈까지 독점한 기형적인 상황 속에서 임금 중종은 조정의 균형을 잡기는커녕 김안로를 지지하며 방관하였다. 김안로는 조정의 유일무이한 실세가 되었다.

김안로가 권력을
독식할 수 있었던 세 가지 이유

그렇다면 김안로가 이처럼 완벽하게 조정을 장악할 수 있었던 까닭은 무엇일까?

첫 번째 이유는 김안로 자체의 매력이다. 조광조가 그러하였듯이 김안로는 외관상으로 매우 아름답고 깨끗한 선비의 풍모를 갖췄다고 전해진다. 외모의 힘은 절대적이었다. 겉모습만 보아서는 권력을 위해 정적을 냉혹하게 숙청하는 야비함을 조금도 상상할 수 없었다. 김안로를 직접 만난 사람은 그의 실체를 알기도 전 매력적인 외모에서 풍기는 고상한 기품에 매료되었다. 그래서 김안로를 견제하는 사람들은 그가 권력을 가질수록 두려워했다.

두 번째 이유는 중종과 왕실의 절대적인 신임이다. 김안로의 외모가 매력적이라는 것에서 알 수 있듯이 그의 아들 김희 역시 미남이었다. 부마였던 그는 벼슬을 할 수 없는 것에 낙담하지 않았다. 대신 그는 자신의 장기를 마음껏 발휘하며 비선 실세 역할을 훌륭하게 해냈다. 김희의 장기는 왕실 어른들의 사랑을 받는 것이었다. 왕실 어른들이 그를 귀여워하여 자주 부르자 자연스럽게 궁녀들과 환관들도 그에게 호의를 갖게 되었다. 김희는 이를 바탕으로 많은 정보를 얻어냈고, 아버지의 김안로의 든든한 조력자가 되었다. 부마 김희의 탁월한 재능과 처세술은 김안로가 정계에 복귀하는 데 결정적인 역할을 했다.

세 번째 이유는 당시의 시대적 상황이다. 1525년(중종 20년)에서 1530년(중종 25년) 사이, 조선에서는 가뭄, 홍수, 병충해, 전염병 등 자연재해가 계속되었다. 거듭되는 흉년에 백성들의 삶은 참혹해졌고 농산물의 수확량이 줄어들면서 국가재정은 위기에 처했는데, 권력을 가진 자들의 사치풍조는 전혀 줄어들지 않았다. 양민들은 토지를 잃고 노비로 몰락하였고, 소수의 양반 지주들은 급속도로 토지와 재산을 증식하였다. 이들은 양민들의 토지를 헐값에 사들이고 그들을 노비로 삼았으며, 노비들끼리 혼인시켜 자식을 낳게 하였다. 노비의 자식은 태어날 때부터 주인집의 노비로 속했는데, 이들은 양반 지주들의 가장 큰 재산이 되었다. 국가재정을 뒷받침하는 양민의 수는 급속도로 감소하고, 소수의 양반 지주층이 토지를 독식하며 노비를 증식시키는 구조적인 붕괴가 시작된 것이다.

중종 25년, 왕실의 지출은 연산군의 폭정이 절정에 달했던 갑자사화 직전과 비슷한 수준이었다. 세금은 줄어들고 백성은 굶주리는데 왕실의 사치는 더욱 심해진 셈이니 연산군을 폐위시킨 명분을 찾기 어려운 실정이었다. 중종 스스로는 검소함을 추구했으나 그를 제외한 왕족들의 사치는 도를 넘어선 지 오래였고, 중종은 이것을 알면서도 제재를 가하지 않았다. 당연히 민심은 등을 돌렸고, 왕실과 조정에서는 입으로만 걱정할 뿐 이 사태를 해결할 의지가 없었다. 이런 상황에서 김안로가 복귀하여 조정을 장악하자 중종은 아예 그에게 권력을 몰아주고는 정치를 맡겨버린 것이다.

세자의 보호를 명분 삼아
후궁과 왕자를 죽이다

쉬쉬하는 분위기가 강했지만 '작서의 변'이 김안로의 사주를 받은 부마 김희의 짓이라는 이야기가 알음알음 퍼져 나갔고, 종종의 귀에까지 들어갔다. 하지만 중종은 김안로를 내치지 못했다. 김안로에게는 세자를 보호한다는 중요한 명분이 있었기 때문이다. 김안로는 '세자 보호'라는 명분이 얼마나 중요한 것인지 잘 알고 있었다. 그래서 그는 자신의 입지를 더욱 강화하기 위해 이미 상주로 쫓겨난 경빈 박씨와 복성군을 다시 한번 이용하여 '세자 저주 사건'을 계획하였다.

1533년(중종 28년) 세자가 거처하는 동궁에 가작인두[42]가 걸려 있는 사건이 발생하였다. 사람의 머리 모양을 한 가작인두는 흉측하였고, 더욱 끔찍하게도 가작인두에는 세자를 능지[43]하고 왕비[44]를 참해야 한다는 저주의 글이 새겨져 있었다. 사건을 조사하라는 왕명이 떨어지자 대간은 기다렸다는 듯이 경빈 박씨와 복성군을 범인으로 지목했다. 세자가 잘못될 경우 가장 크게 이득을 볼 사람이라는 이유였다.

중종은 머뭇거리며 눈물을 흘렸지만 끝내 경빈 박씨와 복성군에게 사약을 내렸다. 자신이 사랑하던 후궁과 자신의 친아들을 죽인 것이다. 임금이 왕자를 직접 죽인 것은 조선 역사에서 처음 있는 일이었다. 이어서 중종은 경빈 박씨의 딸 혜순옹주와 혜정옹주도 폐서인하였다. '세자를 위해서'였다. 하지만 그 결과 세자의 지위가 아니라 김안로의 권력만 견고해졌다. 김안로의 눈 밖에 나는 바람에 목숨을 잃은 사람은 이미 많았지만, 이제 왕의 피붙이들까지도 그의 손아귀에 놀아나게 된 것이다. 이는 실로 엄청난 일이었다. 경빈 박씨와 복성군은 아무런 죄도, 증거도 없었다. 이들의 죽음은 단지 김안로의 권력을 강화하기 위한 수단이었다.

이제 김안로는 거칠 것이 없었다. 세자의 나이는 이미 스물넷이었고, 중종의 나이는 오십을 바라보고 있었다. 중종이 승하하고 세자가 임금으로 즉위하게 된다면 김안로의 권력은 더욱 커질 것이었다. 그런데 생각지도 못한 변수가 나타났다.

---

42 사람의 머리 모양으로 만든 물건.
43 먼저 팔, 다리 등 사지(四肢)를 절단하고, 그다음 머리를 베어 죽이는 형벌.
44 중종의 세 번째 왕비인 문정왕후.

경원대군의 탄생과
문정왕후의 반격

1534년(중종 29년), 문정왕후가 드디어 아들(경원대군, 제13대 명종)을 낳았다. 문정왕후는 왕비가 된 뒤 공주만 넷을 연달아 낳았는데, 아들 없는 왕비의 입지는 총애받는 후궁보다 못했다. 문정왕후는 왕비였음에도 후궁들과 감히 맞서지 못한 채 숨죽여 지냈고, 왕비의 명분을 지키기 위해 세자(인종)를 지지했다. 그러던 중 왕비가 된 지 17년 만에 드디어 아들을 낳은 것이다. 오십을 바라보는 나이에 늦둥이 왕자를 얻은 중종의 기쁨은 컸고 문정왕후의 입지는 달라졌다. 이는 김안로에게 집중되었던 권력의 구도가 뒤바뀔 수 있음을 의미했다. 하지만 이미 권력에 취한 김안로는 이런 흐름을 제대로 파악하지 못했다. 왜냐하면 김안로는 마침내 권력의 정점인 '정승'의 자리에 올라섰기 때문이다.

문정왕후가 경원대군을 낳은 뒤 문정왕후의 남동생인 윤원로, 윤원형 형제가 새로운 세력으로 떠오르기 시작했다. 그러자 김안로는 세자의 외삼촌인 윤임과 손을 잡고 이들을 견제하였다. 조정에서는 세자를 지지하는 윤임 등을 '대윤'이라 불렀고, 문정왕후의 지지를 받는 윤원로, 윤원형 형제를 따르는 세력을 '소윤'이라 불렀다. 홀로 권력을 독식하던 김안로는 조정이 대윤과 소윤으로 나뉘자 다시 한번 '정적 제거'를 통해 자신의 존재감을 과시하고자 했다. 김안로가 목표로 삼은 인물은 영의정 정광필이었다. 하지만 정광필은 곧고 청렴하여 트집 잡을 만한 것이 없었다. 그러자 김안로는 아주 예민한 사건을 끄집어냈다. 바야흐로 20년 전인 1515년(중종 10년), 원자를 낳은 지 7일 만에 세상을 떠난 장경왕후의 왕릉 문제였다.

정광필은 장경왕후가 승하했을 때 좌의정으로서 왕비가 묻힐 묏자리를 직접 답사한 적이 있었다. 이때 의경세자(덕종)가 묻힌 경릉과 태종이 묻힌 헌릉이 후보로 떠올랐다. 이에 중종은 쌍릉을 만드는 것이 더 낫다는 이유로 장경왕후의 산릉[45]을 헌릉 주변으로 결정했다. 그런데 산릉 공사를 하던 중 무덤 자리에서 큰 돌이 발견되었다. 도승지가 이를 고하자 중종은 왕실 지리관[46]에게 자문을 구했다. 지리관은 돌이 발견된 곳에서 약간 아래로 왕릉을 옮겨도 문제가 없을뿐더러 풍수에는 오히려 더 합당하다고 답했다. 그러자 중종은 안심하며 장경왕후의 무덤 자리를 아래로 옮겨서 사용할 것을 명했다. 그리하여 장경왕후는 중종이 직접 고른 헌릉 부근의 대모산 자락에 묻혔다. 능의 이름은 '희릉(禧陵)'으로 정하였는데, 이는 '후일의 경사를 넓힌다'는 뜻으로 나중에 합장할 것을 염두에 둔 이름이었다. 희릉 공사의 책임자가 정광필이었으며, 당시 묏자리에 돌이 있었다는 것을 확인한 김안로는 이 문제를 이용해 정광필을 공격했다.

1537년(중종 32년), 사간원 정언 이문건이 갑자기 장경왕후의 산릉을 거론하며 당시 돌이 있었음에도 공사를 강행한 것에 의문을 제기하고 능을 옮길 것을 주장하였다. 김안로가 사주한 것이었다. 20년 가까이 아무 문제가 없던 희릉을 옮겨야 한다는 주장이 나오

---

45 임금과 왕비(王妃)의 무덤으로 인산(因山) 전에 아직 이름을 정하지 아니한 능(陵).
46 풍수설에 따라 집터나 묏자리를 잡아주는 사람.

자 중종은 당황하며 반대하였다. 하지만 이틀 뒤 김안로가 직접 나서서 풍수지리설을 들며 천릉[47]을 주장하자 중종은 앞서의 반대를 번복하고 희릉을 옮기라고 명했다. 천릉이 결정되자마자 정광필에 대한 탄핵이 시작되었다. 김안로의 계획은 적중하였고 정광필은 유배되었다. 정광필을 조정에서 몰아낸 김안로는 문정왕후의 남동생인 윤원로, 윤원형 형제의 처벌을 주장하였고 결국 윤원로, 윤원형 형제도 귀양을 가게 되었다. 정적을 제거한 김안로는 안심했다. 그런데 반전이 일어났다.

윤원로, 윤원형 형제가 귀양을 간 바로 다음 날, 중종이 대사헌 양연을 불러 밀지를 내린 것이다. 밀지에는 김안로를 제거하겠다는 뜻이 담겨 있었다. 대사헌 양연은 즉시 사간원과 사헌부의 관리들에게 중종의 밀지를 보여주고 함께 입궐하여 김안로를 탄핵하였다. 김안로의 권력은 중종의 절대적인 신임에서 나온 것이었다. 그런데 중종의 마음이 김안로를 떠났으니 그동안 김안로의 권력 강화 및 유지를 위해 부역해온 대간은 서둘러 중종에게 충성심을 보일 필요가 있었다. 게다가 열렬한 총애 그리고 단순 변심에 의한 숙청은 조광조를 제거할 때 이미 보여주었던 중종의 수법이었다. 김안로의 수족처럼 움직였던 삼사는 순식간에 임금의 편으로 돌아섰다.

이날 김안로는 아들이 혼인하는 날이어서 입궐하지 않고 잔치를 즐기고 있었다. 조광조가 그랬던 것처럼 김안로는 중종이 자신을 버릴 것이라고는 꿈에도 생각하지 못했다. 하지만 김안로가 잔치를 즐기는 동안 대궐에서는 그의 죄목이 낱낱이 밝혀지고 있었

---

47 능(陵)을 옮기는 일.

다. 바로 그날 밤, 김안로는 자택에서 체포되어 유배지로 끌려갔다. 변명할 기회조차 주어지지 않았다. 3일 뒤 중종은 김안로에게 사약을 내렸다. 권력의 핵심이었던 김안로는 그렇게 눈 깜짝할 사이에 사라지게 되었다. 이것이 바로 책임 회피 및 숙청 정치의 대가 중종의 참모습이다.

간신 임사홍과
권신 김안로의 공통점

김안로는 임사홍과 노기[48]를 합쳐 한 몸이 된 사람이다. 그가 하루 밖에 있으면 조정이 하루가 편안하고, 한 해를 밖에 있으면 조정이 한 해가 편안할 것이다.

— 〈중종실록〉 1529년(중종 24년) 2월 16일

김안로의 유배를 강력하게 주장하여 관철했던 영의정 남곤[49]은 세상을 떠나기 전 이렇게 말했다. 남곤은 왜 그토록 김안로가 권력

---

48 당나라 때 사람으로 말재주가 좋고 냉정한 외모를 지녔다고 한다. 거친 옷과 나쁜 밥도 싫어하지 않았으나 성격이 음험하여 국정을 담당할 때 권력을 멋대로 휘둘러 많은 사람을 죽였다. 덕종(당나라 제9대 황제)의 총애를 받았으나 시기심이 많아 자기와 어긋나는 사람이면 사지로 몰아넣었다.

49 기묘사화와 조광조의 죽음에 직접 개입했던 인물로 홍경주, 심정과 함께 '기묘삼흉'으로 불린다. 기묘사화 후 자신의 행동을 후회하고 반성했던 남곤은 세상을 떠날 때까지 김안로의 집권을 막았고, 죽기 전 자신이 남긴 글을 모두 태워버리고 무덤에 비석조차 세우지 말라는 유언을 남겼다.

을 잡는 것을 경계하였을까? 남곤은 중종의 성격을 잘 알고 있었다. 중종은 왕권을 세우기보다는 항상 의지할 신하를 필요로 하였고, 그 대상을 발견하면 그에게 모든 권력을 몰아주었다. 조광조가 사사된 뒤 중종의 마음을 사로잡은 특별한 신하가 없었는데 남곤은 장차 김안로가 그 역할을 하게 될 것을 직감했다. 하지만 권신의 탄생을 미리 막고자 했던 노력은 허사였다. 김안로는 조정에 복귀했고 임금의 마음을 움직여 훨씬 더 큰 권력을 손에 넣었다. 그리고 자신을 배척했던 세력을 제거하며 권력을 쌓고 누렸다.

김안로와 임사홍에게는 몇 가지 공통점이 있다. 두 사람 모두 빼어난 외모와 재주, 학문을 지녔으며 과거를 통해 정정당당히 정계에 진출한 대간 출신이라는 점이다. 일찍부터 임금의 총애를 받았으나 주변의 시기와 질투를 받았고, '장차 권신이 될 가능성이 지나치게 높다'는 이유를 들어 별다른 잘못 없이 유배를 겪어야 했다. 두 번째 공통점은 아들이 부마가 됨으로써 안정된 권력 기반을 다지고 정계에 복귀할 수 있었다는 점이다.

역사는 임사홍은 '간신'으로, 김안로는 '권신'으로 기록한다. 희대의 간신 '임사홍'의 악명에 비하면 김안로는 잘 알려지지 않은 편이다. 하지만 김안로는 임사홍보다 훨씬 엄청난 악습과 폐단을 남긴 인물이다. 임사홍과 연산군은 각각 간신과 폭군을 상징하는 인물로 두고두고 매도되었다. 임사홍과 언산군의 오명은 다소 과장된 부분도 있고 억울한 부분도 있다. 하지만 김안로의 권력 남용과 악행은 훨씬 비난을 적게 받는 편이다. 그 원인은 김안로가 아닌, 오직 자신의 자리 지키기에만 연연하며 정치도 백성도 책임지려 하지 않았던 중종에게 있다.

김안로와 조광조

	김안로	조광조
나이(한 살 차이)	1481년(성종 12년) 탄생	1482년(성종 13년) 탄생
소과 급제	1501년(연산군 7년) 진사시 합격 성균관 입학(21세)	1509년(중종 4년) 생원시 합격 성균관 입학(28세)
대과 급제	1506년(중종 1년) 별시 문과 장원급제(26세)	1515년(중종 10년) 별시(알성시) 문과 장원급제(34세)
급제 후 첫 관직	성균관 전적(정6품)	성균관 전적(정6품)
파격 승진의 계기	경연을 통해 중종의 마음을 얻음	경연을 통해 중종의 마음을 얻음
승진의 디딤돌로 작용한 부서	사간원·홍문관(경연관 겸직)	사간원·홍문관(경연관 겸직)
조정 장악 기간	1530년(중종 25년) ~1537년(중종 32년)	1515년(중종 10년) ~1519년(중종 14년)
영향력	삼사와 대신들의 고른 지지	삼사 및 사림과 유생들의 절대적 지지, 대신들과의 대립
정치 스타일	권력을 활용하여 정적을 확실하게 숙청	임금의 총애를 기반으로 개혁을 단행
숙청 이유	중종의 변심	중종의 변심(기묘사화)
사망	유배, 사사	유배, 사사

조광조에게 사약을 내린 것도, 김안로에게 권력을 준 것도 중종이었으나, 자신의 후궁과 자식들에게 사약을 내린 것도 중종이었다. 중종의 시대에 대장금과 조광조뿐 아니라 김안로라는 선비의 겉모습을 한 괴물 같은 권신 또한 있었음을 기억해야 하지 않을까.

김안로와 중종 시대의 주요 사건

	주요 사건	주요 인물
1506년 (연산군 12년 ＝ 중종 1년)	중종반정, 정국공신(117명) 임명 연산군, 유배지에서 사망 김안로, 별시 장원급제	반정3대장 박원종, 성희안, 유순정 포함 1등 8명, 2등 13명, 3등 31명, 4등 65명
1507년 (중종 2년)	원종공신 이과의 옥사 정난공신 임명 장경왕후 왕비 책봉, 유자광 유배	이과, 노영손(고변인), 유자광
1509년 (중종 4년)	서장남 복성군(母경빈 박씨) 탄생 영의정 박원종 사망(44세)	박원종(정국공신 1등)
1511년 (중종 6년)	효혜공주(母장경왕후) 탄생 서차남 해안군(母희빈 홍씨) 탄생	
1512년 (중종 7년)	영의정 유순정 사망(54세)	유순정(정국공신 1등)
1513년 (중종 8년)	영의정 성희안 사망(52세) 박영문·신윤무의 옥사	성희안(정국공신 1등) 박영문·신윤무(정국공신 1등) 역모로 처형 정막개(고변인, 의정부 노비)
1515년 (중종 10년)	원자(인종) 탄생, 장경왕후 승하 조광조, 별시(알성시) 장원급제 김안로, 장경왕후 묘지문 지음 박상·김정 단경왕후 복위 상소를 올림	조광조, 박상, 김정
1516년 (중종 11년)	박상·김정 사면 조광조 홍문관 입성	조광조, 박상, 김정
1517년 (중종 12년)	정몽주 문묘종사 문정왕후 왕비 책봉	문정왕후
1518년 (중종 13년)	안당 우의정 승진, 소격서 혁파	조광조, 안당

1519년 (중종 14년)	현량과 실시(4월 13일) 정국공신 개정 (76명을 공신록에서 삭제) 기묘사화, 정국공신 원상복귀 김안로 유배	조광조, 심정, 홍경주, 남곤
1520년 (중종 15년)	김안로의 아들 김희, 부마 간택 원자(인종)를 세자로 책봉	김희, 남곤(좌의정) 심정(우의정)
1521년 (중종 16년)	김안로 방면, 효혜공주와 김희의 혼사, 신사무옥	김안로, 김희, 효혜공주 송사련, 안당, 안처겸
1524년 (중종 19년)	김안로 파직, 유배	김안로, 남곤, 이항
1527년 (중종 22년)	영의정 남곤 사망 작서의 변(경빈 박씨와 복성군 폐출)	경빈 박씨, 복성군 자순대비
1530년 (중종 25년)	채소권(김안로의 처남) 좌부승지 임명 김안정(김안로의 형) 이조참판 임명 김안로를 탄핵했던 이항 파직 자순대비 승하	김안로, 이항
1531년 (중종 26년)	이항 유배, 좌의정 심정 사사 효혜공주, 김희 부부 사망 김안로, 도총관(수도방위사령부 사령관) 한성부 판윤(서울시장) 홍문관 · 예문관 대제학(문형)	김안로, 심정
1533년 (중종 28년)	가작인두사건(경빈 박씨 · 복성군 사사)	김안로, 경빈 박씨, 복성군
1534년 (중종 29년)	경원대군(명종) 탄생 이행 유배지에서 사사	김안로, 이행
1535년 (중종 30년)	좌의정 김안로, 희릉(장경왕후) 풍수를 거론	김안로, 정광필
1537년 (중종 32년)	희릉 공사 책임자였던 영의정 정광필 유배 희릉 이장(천릉) 윤원로 · 윤원형 형제 유배 김안로 유배, 사사	김안로, 정광필 윤원로, 윤원형

조선 왕실 풍수 비화
– 세종 왕릉 이야기

　이준경의 가문은 세조 이후 많은 고관을 배출한 명
문가 중의 명문가였다. 갑자사화 당시 할아버지 이세
좌는 예조판서였고 아버지 이수정은 홍문관 관리였다.
홍문관은 대표적인 청요직으로 과거에 급제한 인물
만 벼슬을 받을 수 있고 부패한 관리의 자손은 들어갈
수 없는 곳이었으니 권력과 명예를 두루 갖춘 가문이
었다. 하지만 세조와 예종, 성종과 연산군을 거쳐 부와
명예를 쌓아왔던 이준경의 가문은 갑자사화로 인하여
순식간에 몰락했다.

　야사에 따르면 이준경 가문의 흥망과 몰락에는 그
의 고조할아버지 이인손의 묫자리에 얽힌 사연이 있다
고 한다. 이인손은 고려 후기 학자이자 문인이었던 둔
촌 이집의 손자로 삼형제 중 둘째였다. 이인손 삼형제
는 모두 8명의 아들을 두었는데, 이 8명은 이름 가운데
'극(克)'자를 돌림으로 사용하였다. 그 후에 이인손 형
제의 아들들이 과거에 급제하고 조정에 나가 출세를 하
자 그의 집안은 선망의 대상이 되었다. 집안의 자식들
이 모두 과거에 급제하는 것은 매우 드문 일이었기에
사람들은 이 8명을 '팔극(八克)'이라고 부르기도 했다.

　이인손의 가문은 그가 세상을 떠난 뒤에 더욱 흥성
하였는데 여기에 바로 '풍수'와 관련된 비밀이 있었다.

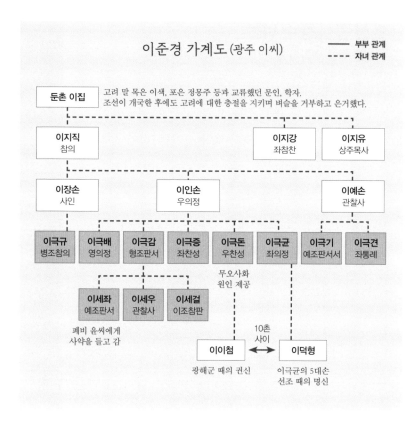

이준경 가계도 (광주 이씨)
—— 부부 관계
----- 자녀 관계

둔촌 이집
고려 말 목은 이색, 포은 정몽주 등과 교류했던 문인, 학자.
조선이 개국한 후에도 고려에 대한 충절을 지키며 벼슬을 거부하고 은거했다.

이지직 참의 | **이지강** 좌참찬 | **이지유** 상주목사

이장손 사인 | **이인손** 우의정 | **이예손** 관찰사

이극규 병조참의 | **이극배** 영의정 | **이극감** 형조판서 | **이극증** 좌찬성 | **이극돈** 우찬성 | **이극균** 좌의정 | **이극기** 예조판서 | **이극견** 좌통례

무오사화 원인 제공

이세좌 예조판서 | **이세우** 관찰사 | **이세걸** 이조참판

폐비 윤씨에게 사약을 들고 감

이이첨
광해군 때의 권신

10촌 사이

이덕형
이극균의 5대손 선조 때의 명신

지관[50]이 이인손의 묏자리를 잡아주면서 이곳은 자손이 크게 잘되는 천하의 명당이니 아무리 가문이 번창하여도 절대 제실을 짓거나 개울에 다리를 놓지 말라고 신신당부한 것이다. 이 이야기를 들은 자손들은 성묫길이 불편하여도 개울에 다리를 만들지 않았고 무덤 옆에 제실을 짓지도 않았다. 그래서였을까, 지관의 말대로 가문은 점점 번성하여 이인손의 다섯 아들은 모두 고관대작이 되었

---

50 풍수설에 따라 집터나 묏자리 따위의 좋고 나쁨을 가려내는 사람.

고, 이들의 후손들도 과거에 급제하여 이름을 날렸다.

　이렇게 세상 사람들의 존경을 받는 당대의 명문가로 가문이 우뚝 서자 이인손의 후손들은 선조들의 묘소에 품격을 갖추고 싶어졌다. 그리하여 지관의 당부를 까맣게 잊고는 이인손의 묘소 옆에 제실을 짓고 성묫길을 편히 가기 위해 개울에 다리도 만들었다. 이 무렵 세조는 세종의 능을 이장할 자리를 찾고 있었다. 세종은 헌릉(제3대 태종의 능)이 있는 대모산 자락에 묻혔는데, 그곳을 묏자리로 삼으면 적장자가 끊어질 불길한 풍수라는 설이 있었다. 이를 증명하듯 문종과 단종은 요절하였고 세조의 장남 의경세자도 20세의 나이로 죽음을 맞았다. 여기에 원손 인성대군까지 3세의 나이로 세상을 떠나자 세조는 세종의 능을 옮기기로 결심하였다.

　하지만 이장할 묏자리를 찾기 전 세조는 죽음을 맞았고, 이에 세종의 능을 이장하는 사업은 예종의 과제가 되었다. 예종은 왕실 지관을 파견하여 풍수적으로 길한 자리를 찾아오라고 명했다. 예종의 명을 받은 왕실 지관은 명당을 찾기 위해 여주, 이천 지역까지 답사했다. 그러던 중 갑자기 비가 내리기 시작했다. 당황한 지관 일행은 주위를 살피다가 이인손의 묘지 옆에 있는 제실에 잠시 들어가 비를 피했다. 그런데 제실에서 바라보니 이인손의 무덤에서 서기가 뿜어져 나오는 것이 아닌가. 비가 그친 뒤 제실에서 나온 지관들은 이인손의 무덤 자리가 천하의 명당임을 확인했다.

　한양으로 돌아온 왕실 지관은 예종에게 여주에 최고의 명당이 있다고 고했다. 그런데 한 가지 문제가 있었다. 임금과 왕비의 능은 도성 10리 밖에서부터 100리 안에 조성하는 것이 원칙이었다. 하루 안에 능행[51]이 가능한 거리여야 했기 때문이다. 한양에서 여주까지

육로로는 180리였다. 명당은 찾았으나 이장할 방법이 없는가 싶은 순간 지관이 한 가지 묘책을 찾아냈다. 육로가 아니라 강을 따라 배를 타고 이동한다면 여주까지 딱 100리였던 것이다. 예종은 이인손의 장남 이극배를 은밀하게 불러 이렇게 물었다.

"임금이 잘되어야 나라가 잘되는 것이냐, 신하가 잘되어야 나라가 잘되는 것이냐?"

"당연히 임금이 잘되어야 합니다."

이극배의 대답이 떨어지자 예종은 기다렸다는 듯이 묏자리를 양보해달라고 청했다. 이극배는 어명을 거부하지 못했고 마침내 1469년(예종 1년), 세종의 능이 이인손의 묏자리로 옮겨졌다. 이곳이 바로 지금의 영릉이다. 이인손의 무덤은 원래 있던 자리에서 30리 정도 떨어진 곳에 이장되었다. 일설에 따르면 이때 세종의 묏자리를 옮긴 덕분에 조선왕조의 운세는 상승하게 되었고, 승승장구하던 이인손의 자손들은 가문의 몰락을 겪게 되었다고 한다.

---

51 임금이 성묘를 위해 능을 찾는 것.

5장

외척과 공신이 사라진 자리를 채운 실력파 사림의 등장은
새로운 분란을 일으켰으니,
스승의 명예와 선비의 체면이 걸린 대립은 당쟁으로 발전했다.

권력의 이동

당쟁편

이준경

"혼군의 시대를 이끌며
당쟁을 예측한 명신"

이름 **이준경**

국적 **조선**

직업 **역적(이세좌)의 손자, 관리, 명종의 고명대신 겸 선조의 원상대신**

정치 노선 **조정의 화합을 중시하는 중도파. '무엇이든 과격한 것은 좋지 않다. 비록 그 뜻이 옳다 하여도 방법이 과격한 것은 옳지 않은 것이다.' 이런 생각 때문에 신진사대부들에게 '훈구파'라는 공격을 받았다.**

결정적 실수 **1567년(명종 22년) 명종이 승하하자 하성군(선조)을 임금으로 세운 것.**

애증의 대상 **율곡 이이**

율곡 이이에게 하고 싶은 말 **"그대를 보고 있노라면 꼭 기묘년의 조광조를 보는 듯하오. 과격을 내세운 개혁이 어떤 결말을 가져왔는지 나는 이미 경험했소. 지금 조정에 필요한 것은 정의로움이 아니라 서로 힘을 합쳐 주상 전하를 잘 보필하는 것이오. 언젠가 그대가 내 위치가 되면 내 말이 무슨 뜻인지 그때 비로소 알게 될 것이오. 지금 그대는 '군자를 자처한 소인배'들을 이끌며 조정을 분열시키는 붕당의 수장이오."**

권력이란 묘한 습성이 있어서 많이 가질수록 더 가지려 하고, 권력의 맛을 한 번이라도 경험한 사람은 인간으로서의 양심과 영혼을 팔아서라도 권력을 갖고자 한다. 그래서 동서고금을 막론하고 권력으로 인해 일어난 비극은 헤아릴 수 없을 만큼 많다. 수양대군은 권력 때문에 조카 단종을 죽였고, 영조는 권력 때문에 하나뿐인 아들 사도세자를 자기 손으로 죽였다. 권력은 부모 자식 사이에도, 형제 사이에도, 심지어 부부 사이에도 나눌 수 없는 것이다.

정도전, 한명회, 김안로 등 시대를 풍미했던 인물들은 모두 '권력'과 '부귀영화' 혹은 '명예'에 대한 집착이 있었다. 이 세 사람은 권력을 쟁취하기까지 많은 역경을 겪었고, 권력 다툼에서 승리하자 기다렸다는 듯 정적들을 잔혹하게 숙청하였다. 이들은 권력을 누리는 동안 '부상'처럼 주어진 부귀영화를 마음껏 즐겼다. 그런데 권력의 단물을 누리면서 살 수 있는 시대를 살았으나 부귀영화를 탐하지도, 권력을 남용하지도 않았던 '정승'이 있었다. 그가 바로 이준경이다.

이준경이 활동한 시대는 권력 남용이 극에 달했던 때였다. 임금은 무력하여 조정을 바로잡을 의지조차 없는 혼군이었고, 관리들 사이에서는 불법과 뇌물이 성행하였다. 출세하여 명예를 드높이는 것보다 사치와 향락을 누리는 것을 더 중요하게 생각하는 관리와 양반들이 차고 넘쳤고, 옳고 그름을 떠나 힘있는 사람에게 줄서기를 하면서 제 한 몸 보전하는 것이 '미덕'이었다. 지방과 중앙의 관리들은 태연자약하게 힘없는 자들을 갈취하여 부를 축적하였고, 그렇게 쌓은 재산을 힘있는 자에게 뇌물로 바치면서도 부끄러운 줄 몰랐다. 이런 혼란의 시대에 권력의 중심에 있으면서도 권력을 추구하지 않았던 이준경은 누구이며 그가 살았던 때는 어떤 시대였을까?

성종과
신진 사림의 성장

이준경은 1499년(연산군 5년) 홍문관 관리였던 이수정의 아들로 태어났다. 그가 태어나기 불과 1년 전, 조선은 건국 이래 최초의 '사화(士禍)'인 무오사화를 겪었다. 무오사화는 〈성종실록〉의 사초[1]가 빌미가 되어 이를 작성한 사관 김일손을 비롯한 사림들이 화를 입은 사건이었다. 김일손은 '사림의 종장[2]' 김종직의 제자로, 1486년(성종 17년) 문과 차석으로 급제한 후 홍문관, 예문관, 승정원, 사간원 등의 요직을 거치며 언관과 사관으로서 강직한 모습을 보여주었다.

김일손이 활약했던 시대는 사림 출신 언관들의 황금기였다. 성종은 세조의 즉위 이후 지나치게 비대해진 훈구공신 세력을 견제하고자 의도적으로 사림을 우대하며 적극적으로 등용하였다. 가문의 음덕이 아닌 실력으로 정계에 진출한 사림 출신들은 스승과 제자의 인연이 깊고 동문수학한 선후배들의 관계가 매우 끈끈하다는 특징이 있었다. 성종 즉위 당시만 하더라도 사림 세력은 공신들에 비하면 비주류였다. 하지만 이들은 학문과 실력, 청렴한 배경에 대

---

1   공식적 역사 편찬의 자료가 되는 기록.
2   모든 사람들이 높이고 우러러보는 사람.

한 자부심이 매우 강했고 임금의 총애와 지지를 받았다.

사림 출신 관리들은 주로 언론을 담당하는 삼사에 진출하였는데, 이들은 소수의 훈구공신들이 권력을 독점하는 것을 강하게 비난하며 탄핵하는 것을 성장의 원동력으로 삼았다. 이들은 비록 대신들에 비해 품계는 낮았으나 탄핵과 상소를 통해 원로 훈구공신인 한명회가 스스로 정계에서 은퇴하게 했고, 성종이 총애하던 임사홍을 유배 조치하는 일에도 성공하였다. 승리감에 도취한 이들은 점점 더 강도 높은 비난과 탄핵을 일삼았고, 대신들에 대한 도를 넘어선 인신공격도 서슴지 않았다. 사림을 통해 훈구공신을 견제하고 정치의 균형을 이루고자 했던 성종은 자신의 의도와 달리 조정이 대간과 대신으로 분열하고, 대간이 임금 고유의 권한인 인사권에 지나치게 개입하자 이를 제어하기 위해 고군분투하였다. 하지만 적절한 해결책을 찾지 못했고 "지금은 호랑이 두 마리(대신과 대간)가 서로 싸우는 것과 같으니 참으로 아름다운 모습이 아니다"라며 조정의 상황을 염려한 지 몇 달 뒤 세상을 떠났다.

김일손과 〈성종실록〉

이처럼 사림파가 '언론'을 무기로 과격한 목소리를 내면서 세력을 확장하는 상황에서 즉위한 인물이 바로 제10대 연산군이다. 19세의 젊은 군주를 맞은 사림파는 임금이 왕권을 확립하기 전 자신들의 입지를 다지기 위해 '성군을 만들기 위해서'라는 명분을 내세워 원로대신들을 거세게 비난하고 임금을 압박하여 조정을 장악해

나갔다. 하지만 취약한 정통성으로 인해 '성군'이 되어야만 한다는 숙제를 안고 있었던 성종과 달리 연산군은 군주로서의 자존감이 하늘을 찌르는 인물이었다. 그렇기에 연산군은 대간과 사사건건 목소리를 높여가며 대립하였다. 연산군을 제대로 파악하지 못한 대간들은 예상치 못한 난관을 만나자 수차례 사직하며 과격하게 맞섰다. 그렇게 국정의 주요 사안을 미뤄가면서 힘겨루기를 하던 중 '무오사화'가 터졌다.

무오사화는 〈성종실록〉을 제작하던 과정에서 발생한 사건으로 사초가 발단이 되었다 하여 '사화(士禍)'가 아닌 '사화(史禍)'라고도 불린다. 조선시대 '실록'은 임금이 사망한 뒤 실록청[3]을 구성하여 선왕이 생존해 있을 때 기록한 사초를 바탕으로 편찬되는 것이 원칙이었다.

사림파의 수장으로 자리를 잡아가고 있던 젊은 선비 김일손은 사관으로서 〈성종실록〉 제작에 참여하였다. 이때 김일손은 자신의 '소신'에 따라 조카의 왕위를 찬탈한 세조를 비난하고 김종서와 사육신 등의 절개를 긍정적으로 기록하였고, 여기에 더하여 자신의 스승이었던 김종직이 지은 〈조의제문〉을 함께 수록하였다. 〈조의제문〉은 김종직이 꿈에서 초나라의 임금 '의제'를 만나 그가 항우에 의해 억울하게 죽음을 맞은 것을 애도하는 마음으로 지은 '조문'으로, 실질적으로 단종의 왕위를 찬탈한 세조를 항우에 빗대 비난한 것이었다. 또한 김일손은 실록청의 책임자인 이극돈의 비리 등에 대해서도 가감 없이 수록하였다.

---

3   조선시대 실록 편찬을 위해 설치한 임시 관청.

임금과 대신이 역사의 기록에 개입하면서 벌어진 비극, '무오사화'

실록청의 책임자였던 이극돈은 사관 김일손이 세조를 노골적으로 비난한 내용에 놀랐고, 자신의 비리가 고스란히 기록된 것에도 당황하였다. 하지만 아무리 실록청의 책임자라 하여도 사초를 함부로 폐기할 수는 없었다. 사관이 아닌 관리가 실록의 내용에 개입하는 것은 불법이었기 때문이다. 하지만 성종 초기 사관의 눈과 입, 붓을 제어할 정도로 막강한 권력을 자랑했던 훈구공신들은 실록 편찬 과정에서 마음 놓고 '역사 왜곡'을 저질러 왔다. 이런 관습에 따라 이극돈은 조용히 김일손을 찾아가 문제가 되는 내용을 삭제해줄 것을 간곡하고 정중하게 요청했다. 하지만 젊은 선비 김일손은 단호하게 거부하였다.

연산군이 즉위할 무렵의 조정에서는 훈구공신의 압박과 입김이 통하지 않았고, 오히려 삼사를 장악한 사림 출신 대간들에게 위축되어 있는 상황이었다. 덕분에 사관 김일손은 소신껏 실록을 작성할 수 있었고, 당상관인 이극돈이 오히려 김일손의 눈치를 보게 된 것이다.

회유에 실패한 이극돈은 고심 끝에 유자광에게 이를 알렸다. 세조와 예종, 성종 시대를 겪으며 출세를 거듭해온 유자광은 신중하고 대담하게 행동했다. 김일손의 사초를 은밀하게 연산군에게 전달하고, 사초에 담긴 김일손의 의도와 의미를 자세하게 설명해준 것이다. 임금은 실록을 볼 수 없는 것이 원칙이었지만 유자광은 노련했고, 연산군의 심리를 자극하는 데 성공했다.

왕권을 지나치게 견제하는 사림파에게 불만이 쌓여왔던 연산군에게 '김일손의 사초'는 기회였다. 연산군은 사건을 확대시키기 위해 노력하였는데, 임금을 능욕한 신하에 대한 상징적인 처벌로써 김일손은 능지처참형을 받았고, 사림파의 정신적 지주이자 김일손의 스승인 김종직은 부관참시되었으며, 김종직의 제자들은 대거 유배되었다. 연산군의 잔혹함을 처음 본 사림파는 목에 칼이 들어와도 직언하던 용맹함을 잃고 입을 다물었다. 이것이 바로 무오사화의 전말이다. 무오사화 이후 언론을 담당해왔던 사림파의 입지는 크게 위축되었고, 연산군의 왕권은 강화되었다.

어머니의 명예 회복을 명분으로 핏빛 숙청을 단행한 '갑자사화'

무오사화로부터 6년이 지난 1504년(연산군 10년), 갑자사화가 일어났다. 갑자사화는 연산군이 자신의 생모인 폐비 윤씨의 죽음을 빌미로 수많은 관리와 선비들을 대거 숙청한 사건이다. 폐비 윤씨의 죽음에 관련된 인물은 훈구파가 대부분이었고, 이때 숙청된 인물 중에는 사림파뿐 아니라 훈구파도 다수였다. 따라서 갑자사화는 '사림파 선비들이 화를 입은 사건'이라고 단정하기 어렵다. 갑자사화의 서막을 알린 인물은 이세좌로, 그는 연산군의 생모인 폐비 윤씨가 사사될 때 사약을 들고 갔던 인물이었다. 이세좌는 이극돈의 조카로 이준경에게는 친할아버지였다. 갑자사화로 이세좌와 아버지 이수정은 사사되었고, 이준경과 그의 형 이윤경은 연좌[4]되어 유배형에 처해졌다.

1504년(연산군 10년) 6세의 어린 나이로 가문의 몰락을 겪고 유배된 이준경은 2년 뒤인 1506년, 중종반정이 성공하면서 죄인의 신분에서 벗어나게 되었다. 중종반정의 명분은 폭군 연산군을 몰아내고 바른 정치로 되돌아간다는 것이었다. 하지만 개국 이후 최대 규모로 봉해진 반정공신의 상당수는 연산군에게 충성을 맹세했던 이들이었다. 임금은 교체되었으나 정권은 교체되지 않은 것이다. 그러던 중 반정3대장인 박원종, 유순정, 성희안이 차례대로 세상을 떠나고, 1515년(중종 10년) 원자(제12대 인종)가 탄생하였다. 원자의 탄생은 중종의 취약했던 입지를 세워주었고, 반정3대장이 사라진 조정에는 새로운 분위기가 서서히 조성되기 시작했다. 이때 등장한 인물이 바로 '조광조'다.

조광조의 스승은 김굉필이었는데, 김굉필은 사림의 종주 김종직의 제자로 〈소학[5]〉에 심취하여 스스로 '소학동자'라 칭하였다. 김굉필은 경상도 관찰사 이극균에 의해 1494년(성종 25년) 유일(遺逸)[6]

4　범죄자와 친족 관계에 있는 자에게 연대적으로 책임을 지우는 제도로, 조선시대에는 가장 중대한 범죄인 역모, 대역 등의 범죄에 적용되었다. 반역죄를 범한 죄인은 능지처참, 죄인의 아버지와 16세 이상의 아들은 교형(목을 졸라 죽이는 형벌), 16세 미만의 아들과 어머니, 처첩, 형제자매, 손자, 아들의 처첩은 공신(역모를 밝히거나 고변한 사람) 가문의 노비로 삼고 모든 재산은 몰수하며 백부, 숙부, 조카는 동거 여부를 불문하고 유배 보낸 뒤 거주의 제한을 가하는 안치형에 처했다. 연좌제에 적용된 친인척 중 80세 이상의 남자, 60세 이상의 여자, 중병에 걸린 자, 정혼한 남녀, 다른 가문에 양자로 입적된 경우는 면제되었다.

5　유교사회의 도덕규범이 되는 일상생활의 예의범절. 수양을 위한 격언. 충신·효자의 사적 등을 모아놓은 유학 교육의 입문서로 조선시대 사대부가의 자제들이 8세가 되면 〈소학〉을 공부하며 유학의 기초를 배웠다.

6　조선시대 초야에 은거하는 선비를 찾아 천거하는 인재 등용책.

로 천거되어 마침내 조정에 출사하였다. 김굉필을 천거한 이극균은 이준경의 종증조부이며 김굉필의 제자 중 한 명인 이연경은 이준경의 사촌형이다.

하지만 1498년(연산군 4년) 무오사화가 일어나자 김굉필은 김종직의 제자이자 김일손과 동문이라는 이유로 삭탈관직[7]되어 평안도 희천 지방으로 유배되었다. 이곳에서 김굉필은 아버지의 부임지[8]를 따라온 17세의 조광조를 만나 스승과 제자의 인연을 맺는다. 하지만 김굉필과 조광조의 인연은 길지 않았다. 2년 뒤 김굉필의 유배지가 전라도 순천으로 옮겨졌기 때문이다. 그로부터 4년 뒤인 1504년(연산군 10년) 갑자사화가 일어났고, 김굉필은 유배지 순천에서 51세의 나이로 죽음을 맞았다.

스승 김굉필의 죽음과 연산군의 광기 어린 숙청은 조광조에게 큰 충격을 주었다. 젊은 선비 조광조가 갑자사화를 간접적으로 경험하고 충격을 받았다면, 이준경은 갑자사화를 직접적으로 경험한 피해자였다. 할아버지 이세좌와 아버지 이수정, 숙부 이수원을 비롯하여 집안의 성인 남성들은 모두 죽임을 당했고, 이준경과 그의 형 이윤경, 그의 사촌형 이연경도 연좌되어 유배되었다. 중종반정 때 마침내 유배에서 풀려났지만 친가는 이미 몰락하여 몸을 의탁할 곳이 없었다.

---

7   죄지은 자의 벼슬과 품계를 빼앗고 벼슬아치 명부에서 지워버림.
8   조광조의 아버지 조원강은 당시 평안도 어천의 찰방으로 있었다. 찰방은 조선시대 각 도의 역참(驛站)을 관리하던 종6품의 외관직으로 출세와는 거리가 먼 실무형 하급관리이다.

조광조와의 만남과
기묘사화의 충격

중종반정으로 죄인의 신분에서는 벗어났으나 이준경 앞에 놓인 것은 지독한 가난이었다. 젊은 나이에 남편을 잃은 이준경의 어머니는 아들들을 데리고 친정으로 갔다. 그녀는 아들들에게 직접 〈효경〉과 〈대학〉을 가르치며 이렇게 말했다고 한다.

옛말에 과부의 자식은 남들이 더불어 사귀지 않는다고 한다. 너희들은 이미 아버지를 잃었으니 행동거지 하나만 잘못하여도 세상에서 버림을 받을 것이다. 그러니 남들보다 학문을 열 갑절 더 부지런히 닦아 집안의 명성을 떨어뜨리지 마라.

이준경은 가문을 다시 일으켜 세워야 한다는 사명감을 안고 불우한 어린 시절을 견뎌냈다. 가문의 남자 중에서 가장 먼저 출세한 사람은 사촌형 이연경이었다. 김굉필의 제자이자 조광조와 동문이었던 이연경은 사촌동생 이준경에게 성리학을 가르쳤다. 이준경은 이연경을 통해 조광조의 영향을 받았고, 조광조를 사숙[9]하며 정몽주-길재-김숙자(김종직의 아버지)-김종직-김굉필로 이어지는 사림파의 정통 학맥을 계승하게 되었다.

19세가 되던 해 조광조와 직접 만나게 된 이준경은 그에게서 이상적인 학자의 모습을 발견하고 크게 감명받았다. 그 후 조광조는

---

9   직접 가르침을 받지는 않았으나 마음속으로 그 사람을 본받아서 도나 학문을 닦음.

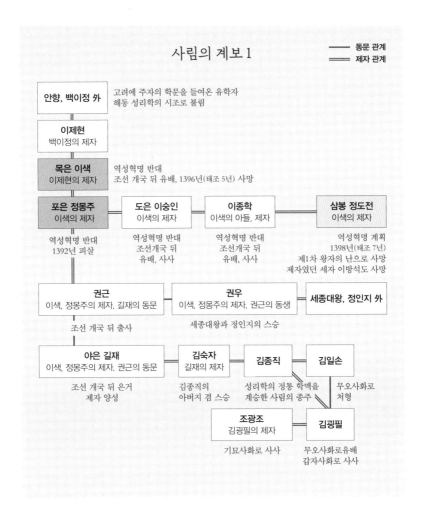

사림의 계보 1

— 동문 관계
═ 제자 관계

안향, 백이정 外
고려에 주자의 학문을 들여온 유학자
해동 성리학의 시조로 불림

이제현
백이정의 제자

목은 이색
이제현의 제자
역성혁명 반대
조선 개국 뒤 유배, 1396년(태조 5년) 사망

포은 정몽주
이색의 제자
역성혁명 반대
1392년 피살

도은 이숭인
이색의 제자
역성혁명 반대
조선개국 뒤
유배, 사사

이종학
이색의 아들, 제자
역성혁명 반대
조선개국 뒤
유배, 사사

삼봉 정도전
이색의 제자
역성혁명 계획
1398년(태조 7년)
제1차 왕자의 난으로 사망
제자였던 세자 이방석도 사망

권근
이색, 정몽주의 제자, 길재의 동문
조선 개국 뒤 출사

권우
이색, 정몽주의 제자, 권근의 동생
세종대왕과 정인지의 스승

세종대왕, 정인지 外

야은 길재
이색, 정몽주의 제자, 권근의 동문
조선 개국 뒤 은거
제자 양성

김숙자
길재의 제자
김종직의
아버지 겸 스승

김종직
성리학의 정통 학맥을
계승한 사림의 종주

김일손
무오사화로
처형

조광조
김굉필의 제자
기묘사화로 사사

김굉필
무오사화로유배
갑자사화로 사사

중종의 총애를 받으며 출세가도를 달렸고, 과감한 개혁 정책을 추진해나갔다. 이준경은 관료 조광조에게 더욱 매료되었다.

하지만 1519년(중종 14년), 중종이 주도한 기묘사화로 조광조를 비롯한 신진 사림들이 하루아침에 목숨을 잃자 이준경은 큰 충격을 받았다. 이준경은 가문이 몰락한 뒤에도 잃지 않았던 입신양명의 꿈을 접고 뒤늦은 방황을 시작했다. 이준경은 도대체 무엇 때문에 중종의 총애를 독차지하며 개혁을 부르짖던 조광조가 버림받아 끝내 사약을 받은 것인지 이해할 수가 없었다.

학문에 뜻을 잃고 낙담의 시간을 보내는 동안 이준경은 기묘사화가 일어난 원인에 대하여 생각하고 또 생각했다. 그리고 마침내 결론을 얻었다. 기묘사화 이후 조광조는 유학자들 사이에서 거의 '성현'으로 추앙받았다. 하지만 입으로는 조광조를 떠받들면서도 방탕하고 문란한 행동을 일삼는 선비들이 넘쳐났다. 이준경은 조광조와 그를 따르는 선비들이 무조건 옳았던 것이 아닐 수도 있다고 생각하였고, 다시 출사를 결심하였다.

입신양명과
현실적인 정치가의 탄생

중종 시대는 유생들의 학문과 교육의 수준이 크게 낮아진 상황이었다. 연이은 사화와 숙청으로 인해 학문보다 뇌물이 성행했고, 몸을 최대한 사리는 분위기가 만연해진 것이다.

이를 증명하듯 1522년(중종 17년) 4월, 제술[10]에 응시한 성균관 생원 300여 명 중 절반 이상이 아예 제술을 하지 못했고, 제대로 된 제술도 없었다. 1536년(중종 31년) 치러진 과거에서는 700여 명의 답안 중 제대로 된 것은 30여 편뿐이었고, 합격자는 겨우 두 명에 불

---

10   시나 글을 짓는 '제술과'의 줄임말.

과했다. 바로 다음 달에 치러진 과거에서는 2천 명의 응시자 중 단 두 명만이 합격하였다. 1538년(중종 33년) 10월, 그나마 똑똑하다는 성균관과 사학[11]의 유생 열 명을 대상으로 임금이 직접 강경을 치렀으나 모두 불합격했다. 그야말로 쓸 만한 인재의 씨가 마른 셈이었다. 이런 혼란한 사회를 목격한 이준경은 방황을 접고 과거 공부에 열중했고, 마침내 결실을 맺었다.

1522년(중종 17년) 초시에 합격한 이준경은 1531년(중종 26년) 식년 문과에 을과[12]의 우수한 성적으로 급제하였다. 덕분에 이준경은 1533년(중종 28년), 출세 코스인 홍문관으로 발령받고 종6품 부수찬에 임명되었다. 홍문관 관원은 말단이라 하여도 경연에 나아갈 수 있었고 임금에게 자문할 수 있었다. 홍문관 부수찬에 임명된 이준경은 경연에서 기묘사화 때 화를 입은 선비들의 무죄를 주장하였다. 임금의 '속마음'을 헤아리지 못한 이준경은 얼마 뒤 모함을 받아 파직되었다. 하지만 권력에 뜻이 없던 그는 개의치 않고 독서와 학문에 매진하였고, 1537년(중종 32년) 조정에 복귀하였다.

---

11 조선시대 국가에서 선비를 양성하기 위해 한양의 동·서·중·남의 4부에 세운 관립 교육기관. 본래 북부까지 포함한 5부 학당을 계획하였으나 4부 학당으로만 존재하게 되었다.
12 정규 시험인 식년과로 치러지는 문과 합격자는 총 33명으로, 성적에 따라 갑과 3명, 을과 7명, 병과 23명으로 구분된다. 갑과 1등은 장원이며, 을과로 합격한 것은 4등에서 10등 사이로 매우 우수한 성적이었다.

원칙과 소신을 지켜나간
관직 생활

이준경이 조정에 복귀한 것은 임금을 능가하는 권력을 가졌던 당대의 권신 김안로가 중종의 밀명에 의해 처형된 이후였다. 김안로같이 한 명의 신하가 권력을 장악하거나 조정이 분열되는 것은 그만큼 왕권이 바로 서 있지 않았기 때문이었다. 즉위 뒤 줄곧 특정 신하에게 권력을 이임하고 마음에 들지 않을 경우 '밀지'를 통해 자신이 내세운 신하를 숙청하는 방법으로 조정을 운영해왔던 중종은 이런 상황을 바로잡을 능력도, 책임질 생각도 없었다.

이준경이 다시 복귀했을 때 조정은 권신 김안로가 움켜쥐고 있던 거대한 권력을 독점하기 위해 경원대군(문정왕후의 아들)의 외삼촌인 윤원로, 윤원형 형제와 세자(인종)의 외삼촌인 윤임이 다투고 있었다. 당시 세자와 윤임을 따르는 세력을 대윤, 문정왕후를 지지하는 세력을 소윤이라고 불렀는데 윤임 쪽은 세자를 보호한다는 명분을, 문정왕후 쪽은 중종과 왕실을 위한다는 명분을 가지고 있었다. 이들은 '외척'이라는 점에서 이미 기득권을 가지고 있었으나 더 큰 권력을 갖기 위해 조정을 분열시키고 있었다.

이런 어지러운 상황에서 조정으로 돌아온 이준경은 어느 한쪽을 지지하는 대신 균형을 잡기 위해 노력하며 무고한 피해를 줄이고자 했다. 이준경이 선택한 처세는 결코 한쪽으로 치우치지 않는 것이었고, 그래서 이준경은 대윤과 소윤, 사림을 비롯하여 그를 경계한 정적들에게 고루 비난을 받았다. 하지만 이준경의 처세는 절조가 있었고 문제가 될 행동을 한 적이 없었기 때문에 살벌한 숙청이 진행되는 조정에서 살아남을 수 있었다. 균형과 화합을 중시하는 일관된 말과 행동, 그리고 관료로서의 능력 덕분에 이준경은 차근차근 승진을 거듭했다.

1544년, 39년 동안 왕위에 있었던 중종이 승하하자 이준경은 임금의 부음을 전하는 사신으로 임명되어 명나라에 다녀왔고, 이후 평안도 관찰사로 임명되었다.

중종의 뒤를 이어 즉위한 제12대 인종의 재위 기간은 9개월이 채 되지 않았다.

이어서 문정왕후의 아들 경원대군이 제13대 명종으로 즉위하자 대윤 세력에 대한 숙청이 시작되었다. 이것이 바로 무오사화, 갑자사화, 기묘사화와 함께 조선 4대 사화로 불리는 '을사사화'다. 무오, 갑자, 기묘사화를 직간접적으로 경험했던 이준경이었지만 을사사화 때에는 외직에 있던 덕분에 화를 면할 수 있었다.

을사사화의 여파가 어느 정도 지나간 1548년(명종 3년), 이준경은 다시 중앙 정계에 복귀하였고 병조판서와 대사헌 등의 요직에 임명되었다. 하지만 1550년(명종 5년) 이기에 의해 대윤의 잔당이라는 탄핵을 받고 충청도 보은에 유배되었다. 이준경은 2년 뒤 이기[13]가 세상을 떠난 뒤에야 결백이 밝혀져 유배에서 풀려났다. 평온한 날을 찾아보기 어려운 시절이었다.

---

13 을사사화 때 소윤 윤원형(문정왕후의 남동생)과 손잡고 대윤의 세력을 꺾은 공으로 보익공신 1등 풍성부원군에 봉해졌다. 하지만 윤원형과 함께 을사사화의 원흉으로 인정되어 선조 초기, 생전에 받은 벼슬과 관작 등이 모두 삭제되고 묘비도 제거되었다.

북방의 반란과
호남의 왜구를 진압하다

　1553년(명종 8년) 명종은 20세가 되었고, 문정왕후는 수렴청정을 거두었다. 임금의 친정은 개혁과 쇄신의 시작일 수도 있었다. 하지만 이미 문란해질 대로 문란해진 탐관오리의 횡포를 견디다 못한 백성들이 토지를 버리고 도적이 되는 일이 잦아졌고, 북방에서는 여진족의 반란이, 남쪽에서는 왜구들의 약탈이 심상치 않게 일어났다. 국방과 재정이 빈약한 상황에서 지휘관과 군사들, 무기들이 제대로 관리되지 않았기 때문에 일어난 일이었다. 오랑캐와 왜구라고 업신여기던 이들의 반란과 약탈을 곧바로 처결하지 못할 만큼 당시 조선의 군사 기강은 엉망이었다.

　외척에 의해 조정이 분열될 때에는 신중하고 중립적인 태도를 지켜나간 이준경이었지만 여진족과 왜구가 국방을 위협하자 한 치의 망설임도 없이 군사를 이끌고 전쟁터로 향했다. 1553년(명종 8년) 함경도 도순변사로 출정한 이준경은 북방 여진족의 반란을 진압하였고, 1555년(명종 10년) 호남지방에 왜구들이 쳐들어와 해안가의 군현이 함락되자 전라도 도순찰사가 되어 내륙 깊숙이 침입한 왜구들을 소탕하였다. 이 사건을 '을묘왜변'이라고 한다. 이준경은 문신 출신이었지만 반란이 일어나자 탁월한 리더십을 발휘하며 군사를 이끌었던 것이다.

　북방의 육군과 호남의 해군을 지휘하면서 이준경은 수군을 줄여 육군에 통합하려는 조정의 정책이 실제로 왜적을 진압하는 데 심각한 위기가 될 것을 직감했다. 실전을 겪으며 현재 조선의 병력에 가장 중요한 문제는 전투에 투입할 인원이 부족하다는 것과 군의 기강이 문란하다는 것이었다. 군사를 이끌 적당한 지휘관이 없다는 것도 문제였다. 만약 이때 다시 국방력 강화를 위해 체계적으로 군사를 정비했다면 임진왜란의 피해를 초기에 예방할 수 있었을지도 모른다. 하지만 시대를 불문하고 이기적인 위정자들은 미래를 대비하기보다 현실의 부귀영화에 안주하는 것을 우선시한다.

1555년(명종 10년), 을묘왜변을 진압한 공을 인정받은 이준경은 우찬성[14] 겸 병조판서로 임명되었고, 1558년(명종 13년) 우의정에 임명되어 마침내 정승이 되었다. 그 후 1560년(명종 15년) 좌의정으로 승진하였다가 1565년(명종 20년) 일인지하 만인지상의 영의정에 올랐다.

하지만 정승이 되었어도 조정은 여전히 외척의 손안에 있었다. 윤원형의 횡포에 질린 명종은 그를 견제하기 위해 왕비(인순왕후 심씨)의 외삼촌인 '이량'을 총애하며 의도적으로 그의 힘을 키워주었다. 하지만 이량은 청렴과는 거리가 멀었고 자신을 지지한 '심통원(인순왕후 심씨의 외종조부)'과도 갈등을 빚었다. 이에 이량의 조카이자 인순왕후 심씨의 남동생인 '심의겸'이 숙부의 행실을 명종에게 은밀하게 고했고, 결국 이량은 권력에서 밀려났다. 비록 이량은 사라졌으나 외척 윤원형과 심통원은 여전히 조정의 실세였다. 하지만 이준경은 정권 교체나 정의 구현을 위해 나서는 대신 묵묵히 자신의 신념에 따라 관료로서 해야 할 일을 해냈다. 임금의 권력이 군

---

14 의정부의 종1품 관직으로 좌찬성, 좌·우참찬(정2품)과 함께 삼정승(영의정, 좌의정, 우의정)을 보좌한다. 정승에 임명되기 바로 전 관직이기도 하다.

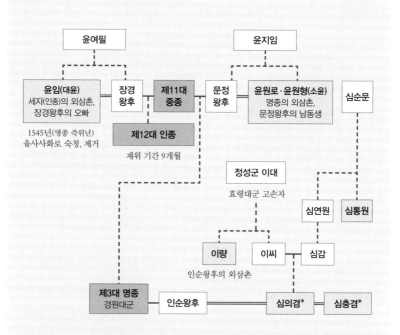

중종~명종 시대의 대표적인 외척

부부 관계 ──────
자녀 관계 ------
형제 관계 ══════

윤여필

윤지임

윤임(대윤)
세자(인종)의 외삼촌,
장경왕후의 오빠

1545년(명종 즉위년)
을사사화로 숙청, 제거

장경
왕후

**제11대
중종**

제12대 인종

재위 기간 9개월

문정
왕후

윤원로·윤원형(소윤)
명종의 외삼촌,
문정왕후의 남동생

심순문

정성군 이대

효령대군 고손자

심연원

심통원

이량

인순왕후의 외삼촌

이씨

심감

제3대 명종
경원대군

인순왕후

심의겸*

심충겸*

* **심의겸·심충겸 형제** 인순왕후의 남동생들로 외척이지만 사림파와 어울렸다. 1572년(선조 5년), 1575년
(선조 8년), 이조정랑의 자리를 놓고 김효원(동인)과 다투게 되면서 동서 붕당의 원인을 제공했다. 당파는
서인이다.

건하고 의지가 튼튼해도 외척 축출과 정권 교체는 어렵다는 것을
알았기에 이준경은 무모하게 정의를 외치기보다 자신의 자리에서
할 수 있는 일을 한 것이다.

하성군을 조선의
제14대 임금으로 세우다

명종은 왕비와의 사이에서 단 한 명의 아들을 두었는데 그가 바로 순회세자이다. 하지만 순회세자는 1563년(명종 18년) 13세의 나이로 세상을 떠났다. 이후 명종은 왕비와 후궁들에게서 자식을 얻기위해 노력하였으나 아들은커녕 딸조차 태어나지 않았고 세자의 자리는 계속 비어 있었다.

명종의 병환이 깊어지면서 이준경을 비롯한 대신들은 후계자를 세울 것을 강경하게 주장하였다. 이때 처음 구체적으로 언급된 인물이 명종의 조카이자 중종의 서7남 덕흥군의 막내아들 하성군이었다. 하지만 병환에서 회복된 명종은 자신이 병상에 있는 동안 후계자 문제를 거론한 것을 불쾌하게 생각하였고 하성군은 후계자로 확정되지 못했다. 대신 명종은 을사사화에 연좌된 죄인들을 대거 방면하고 신원을 회복시켜 주었다. 명종은 자식이 생기지 않는이유를 을사년에 죄 없는 선비들을 너무 많이 희생시켰기 때문이라고 생각했다. 이를 바로잡고자 했던 명종은 명망 높은 재야의 학자 퇴계 이황과 남명 조식에게 다시 한번 벼슬을 내리며 새로운 정치를 펼쳐보고자 했다. 하지만 병환에 시달리던 명종은 혼수상태에 빠졌다.

세자는 정해지지 않았고 임금은 위독했다. 조정 대신들은 잔뜩 긴장할 수밖에 없었다. 영의정 이준경은 밤을 새워 임금의 곁을 지켰다. 상황을 지켜보고 있던 좌의정 심통원도 함께 밤을 새웠다. 왕비 인선왕후의 종조부인 심통원은 전형적인 외척으로 명종이 승하하면 임금을 세워 공신이 될 계획을 세우고 있었다. 이를 알아챈 이준경은 적당한 시기를 엿보다가 심통원에게 약탕을 가져오라 하여 시간을 벌었고, 그사이에 왕비에게서 하성군을 후계자로 삼는다는 교지를 받는 데 성공했다. 그가 바로 제14대 임금 선조이다.

1567년, 명종은 22년 동안의 재위를 끝내고 세상을 떠났다. 명종의 승하를 확인한 이준경은 왕비의 교지를 받들어 하성군이 후계자로 정해졌음을 공표하고 덕흥군의 집으로 가마를 보냈다. 하성군을 태운 가마가 덕흥군의 집에서 출발하자 많은 사람들이 기대에 가득 찬 눈빛으로 가마를 뒤따랐다. 사람들은 중종반정 당시 중종을 뒤따르던 사람들이 모두 공신으로 임명되고, 심지어 중종의 옆집에 살던 사람까지 공신으로 임명되어 떵떵거리며 살았던 것을 기억하고 있었다. 마침내 하성군의 가마가 경복궁 안으로 들어가자 가마를 뒤따르던 이들은 자신들의 이름을 적은 두루마기를 건넸다. 하지만 이 두루마기는 이준경에 의해 불태워졌다. 사실 선조의 즉위에 가장 큰 공을 세운 사람은 이준경이었다. 하지만 그는 "이미 예전에 결정된 일인데 무슨 공신이 있단 말인가!"라고 일축했다. 이에 사람들은 감히 공신을 운운하지 못하게 되었다.

선조의 즉위와
율곡 이이와의 갈등

선조는 어머니의 초상을 치르던 중에 명종의 양자로 입적되어 왕위에 올랐다. 이미 몇 년 전 세상을 떠난 선조의 아버지 덕흥군은 '덕흥대원군[15]'으로 추존되었다. 16세의 선조는 미혼이었고 친부모가 모두 세상을 떠난 고아였다. 즉, 선조의 곁에는 한몫 잡아 출세하려는 일가친척이 하나도 없었다. 긴 외척의 횡포에 질려왔던 사림들은 마침내 조정의 기강을 바로잡을 기회가 왔다며 기뻐했다. 비록 방계승통[16]이라는 신분적 약점이 있긴 했으나 선조는 그 존재만으로 외척과 공신이 없는 깨끗한 군주라는 희망을 선사했다.

명종의 고명대신[17]이자 원상[18]이 된 영의정 이준경은 조광조를 신원하여 영의정으로 추증하고 문묘에 배향하였고, 을사사화 때 '대윤'의 일파로 지목되어 수십 년 동안 억울하게 유배 생활을 했던 노수신 등을 석방하여 등용하였다. 숙청이나 사화의 피바람 없이 구시대의 잔재를 털어내기까지는 이준경의 필사적인 노력이 있었다. 이준경은 이것으로 과거사를 마무리했다고 생각했다.

그는 과거사를 과격하게 정리하려던 신진 사림들의 행동이 빚어낸 결과가 기묘사화라는 것을 잊지 않았다. 과거보다 더 중요한 것은 앞으로의 미래였다. 이준경은 조정의 기강이 바로 서기 위해서는 대신과 신진들의 화합이 무엇보다 중요하다고 생각했다. 지난 수십 년간 조정의 분열을 겪어온 이준경은 진심으로 화합의 정치

---

15 왕위를 계승할 적자손(嫡子孫)이나 형제가 없어 종친 중에서 왕위를 이어받게 되었을 때, 신왕의 생부(生父)에게 주어진 명예직 벼슬이다.

16 왕과 왕비의 아들, 즉 임금의 적동 후계자가 없을 경우 후궁의 아들이나 후궁의 손자, 임금의 조카 등 임금의 직계 아들이 아닌 인물이 왕위를 물려받는 것을 '방계승통'이라고 한다.

17 황제나 국왕의 임종 시 임금의 유언을 받드는 대신으로, 나라의 뒷일을 부탁받는 신하.

18 조선시대에 왕이 죽은 뒤 어린 임금을 보좌하여 정무를 맡아보던 임시 벼슬. 왕이 죽은 뒤 졸곡(卒哭)까지 스무엿새 동안 명망이 높은 원로 재상이 맡았다.

를 원했다.

하지만 신진 사림들의 생각은 달랐다. 그 중심에 1564년(명종 19년) 문과에서 연이어 장원으로 급제하며 이름을 날린 율곡 이이가 있었다. 이이를 비롯하여 명종 말년에 과거에 급제해 조정에 진출한 신진들은 외척의 시대에 정면으로 맞서지 않은 대신들을 비판 어린 시선으로 바라보았고, 조광조를 하늘처럼 떠받들었다. 이들은 명종 시대의 과거사 정리가 미흡하다고 생각했고, 그 이유가 영의정 이준경과 같은 대신들 때문이라고 비판했다. 이준경은 이이를 보면서 화합을 타협이라고 생각하며 지나치게 강한 신념으로 과거의 완벽한 청산을 주장했던 조광조를 떠올렸다. 위훈삭제를 주장했던 조광조와 그를 따르던 젊은 선비들을 결국 기묘사화로 인해 죽음을 맞지 않았던가. 기묘사화를 실제로 경험한 이준경은 지나친 과격함의 문제점을 뼈저리게 알고 있었다. 하지만 이이를 비롯한 혈기왕성한 사림들은 조광조가 무조건 옳다고 주장할 뿐이었다. 이준경은 가슴이 답답했다.

이준경은 선조의 스승으로 퇴계 이황을 추천했다. 퇴계의 명성을 익히 들어온 선조는 기꺼이 이황을 불렀다. 임금의 부름을 받은 이황은 한양으로 상경했다. 이준경보다 두 살 어린 이황은 관직 생활을 하면서 만난 후배이기도 했다. 이준경은 퇴계 이황과 같은 존경받는 학자가 선조에게 바른 군주의 길을 가르치길 원했고, 그가 조정을 이끌어주길 원했다. 하지만 정치에 관여할 뜻이 조금도 없던 이황은 심혈을 기울여 완성한 〈성학십도[19]〉를 바치고 고향으로 돌아갔다. 이준경은 친구도 동지도 없이 홀로 조정에 남았다. 그의 나이는 어느덧 일흔을 바라보고 있었다.

이준경은 이황의 제자 기대승을 홍문관 전한으로 임명하였다. 경연을 통해 선조의 학문 연마를 도와주길 바랐기 때문이다. 하지만 기대승은 선조의 학문을 살뜰히 살피기보다는 과거사 해결을 주장하며 여론을 형성했다. 소년 군주 선조는 임금으로서의 자세는 커녕 학문을 제대로 배워본 적조차 없었지만 신진 사림들은 임금이 판단력을 기를 시간을 주지 않았다. 그들은 기회가 있을 때마다 선조에게 과거사를 해결해야만 성군이 된다며 목소리를 높여 주장했다. 무르익지 않은 임금과 과격함에 빠져드는 신하들의 모습을 보면서 이준경은 걱정을 감출 수가 없었다. 이미 죽은 조광조가 아닌 이상 신진 사림을 제어할 수 있는 사람은 없었다. 게다가 신진 사림의 스승이라고 할 수 있는 퇴계 이황과 남명 조식은 벼슬을 사양한 채 정치에 참여하지 않았다. 이준경은 거침없는 발언으로 지난 시대에 대한 책임을 묻는 율곡 이이의 공격을 받으며 외로운 길을 걸어야 했다.

1571년(선조 4년), 이준경은 노환 등으로 인해 영의정에서 사임하였고, 얼마 뒤 백인걸 역시 신진 관리들의 공격을 받고 파주로 물러났다. 백인걸은 무려 조광조의 제자였음에도 비난의 화살을 피할 수 없었다. 그 후 백인걸은 조정으로 복귀하지 않았다.

이준경과 백인걸이 물러난 뒤의 조정은 온건한 개혁을 주장하는 대신 중심의 노당(老黨)과, 급진적인 개혁을 주장하는 젊은 관료 중심의 소당(少黨)으로 분열되었다. 젊은 관료들은 조광조를 추종하

---

19 1568년(선조 1년) 12월, 퇴계 이황이 선조에게 올린 상소문이다. 당시 이황은 69세로, 〈성학십도〉는 그가 평생토록 연구했던 학문의 정수를 담은 저술이다.

면서 스스로를 군자[20]라 칭하였고, 기묘사화에서 살아남은 대신들을 소인[21]이라고 몰아붙였다. 군자와 소인으로 편을 가르며 상대방을 공격하는 모습을 보면서 이준경은 '붕당'이 시작되고 있음을 느꼈다.

이준경이 남긴
4가지 유언

1572년(선조 5년), 즉위 이듬해부터 곧바로 친정을 시작한 선조는 스무 살의 성년이 되었다. 방계승통이라는 배경과 부족한 학문 지식 등으로 인하여 잔뜩 주눅든 모습으로 왕위에 올랐던 선조는 신하들에게 자신의 영리함을 과시하는 것을 즐기기 시작했다. 즉위 직후부터 신진 사림들의 과격한 상소, 잔소리에 익숙해진 선조는 자신이 진짜 하고 싶은 이야기는 감춘 채 상대방을 공격하여 원하는 것을 얻어내는 사림의 특성을 서서히 파악할 수 있게 되었다. 선조가 스스로 체득한 이 재능은 당쟁의 시대를 여는 데 중요한 열쇠로 작용하게 된다.

이 무렵 한 달 넘게 병석에 있던 이준경의 병세가 위독해졌다.

---

20 유교적 덕성과 교양을 겸비한 인격자로서 훌륭한 학식을 지니고 백성을 사랑하는 정치가를 의미한다. 모든 유학자(성리학자)가 꿈꾸는 이상적인 존재이다. 반대말로는 '소인(小人)'이 있다.
21 마음 씀씀이가 좁고 간사한 사람을 뜻하는 말로, 유학자(성리학자)에게는 매우 모욕적인 말이다. 반대말로는 '군자(君子)'가 있다.

소식을 들은 선조가 의원을 보냈다. 선조는 자신이 왕위에 오르는 데 결정적인 역할을 해준, 자신이 왕이 된 뒤 원상으로서 조정을 이끌어준 이준경에 대하여 고마운 마음을 가지고 있었다. 이준경 또한 세상을 떠나기 직전까지도 선조에 대한 염려의 마음을 거두지 못했다. 마지막까지 조정을 걱정했던 이준경은 붓을 들 기력조차 없는 상황에서 구두로 유언을 남겼다. 이준경의 아들이 아버지의 유언을 적었다.

> 흙속으로 들어가는 신(臣) 모(某)는 삼가 네 가지의 일을 갖추어 올리오니 전하께서는 조금이라도 살펴주소서.

이준경이 선조에게 남긴 첫 번째 유언은 학문에 힘을 쏟으라는 것이었다. 이준경은 선조가 영특한 자질에 비하여 포용력이 부족한 것을 염려하였다. 두 번째 유언은 아랫사람을 대할 때 위의[22]를 갖추어야 한다는 것이었다. 이준경의 유언을 읽은 선조는 자신의 단점을 가차없이 지적하는 것에 당황하였다. 세 번째 유언은 군자와 소인을 분간해야 한다는 것이었고, 네 번째 유언은 사사로운 붕당을 깨뜨려야 한다는 것이었다. 이준경의 첫 번째 유언과 두 번째 유언이 선조의 콤플렉스를 자극했다면 이어진 세 번째 유언과 네 번째 유언은 스스로를 '군자'라 칭하던 신진 관료들을 뒤흔들었다. 이 유언을 끝으로 이준경은 74세의 나이로 세상을 떠났다.

이준경이 세상을 떠난 지 이틀 뒤 신진 관료의 대표 주자인 율

---

22 위엄이 있고 엄숙한 태도나 차림새, 예법에 맞는 몸가짐.

곡 이이가 이준경의 유언을 반박하는 상소문을 올렸다. 율곡 이이가 올린 상소문에는 이런 내용이 있었다.

> 조정이 맑고 밝은데 어찌 붕당이 있겠습니까? 이는 임금과 신하를 갈라놓으려는 것입니다. ……(중략)…… 조정의 신하들이 사사로이 당을 결성하는 것을 알았다면 어찌 정승으로 있을 때 주상께 명백하게 진술하여 그 길을 끊어버리지 않고 임종할 때 이르러서야 감히 말을 꺼낸단 말입니까? 또 어째서 누가 붕당을 맺었는지 분명히 말하지 않고 얼버무림으로써 전하로 하여금 모든 신하들을 의심하게 한단 말입니까?

심지어 율곡 이이는 홍문관 응교[23]에서 물러나겠다는 사직상소를 올리며 "사람은 죽을 때 선한 말을 하는데 이준경은 죽을 때 도리어 악하다"고 하며 이준경의 관직과 작위를 삭제할 것을 주장했다. 이때 홍문관 수찬[24]으로 있던 유성룡이 중재에 나섰다. 유성룡은 이준경의 유언이 옳은 말은 아니지만 잘못을 가리면 될 뿐 이미 세상을 떠난 사람에게 죄까지 청하는 것은 나라에 공이 큰 대신을 예우하는 도리가 아니라고 주장했다.

율곡 이이는 이준경을 비난하며 절대 붕당이 일어나지 않을 것이라고 주장하였지만 1575년(선조 8년) 이준경의 유언은 정확한 예언이 되었다. 조정은 동서 붕당으로 분열되었고, 이를 토대로 당쟁의 꽃이 활짝 피어났다. 자신의 말에 책임을 지기 위해 붕당을 막

---

23 조선시대 홍문관에 두었던 정4품 관직.
24 조선시대 홍문관에 두었던 정5품 관직.

으려던 율곡 이이는 동인의 공격을 받으면서 본의 아니게 서인을 대표하는 인물이 되었다. 그때야 율곡 이이는 비로소 이준경의 통찰력에 감탄하며 그를 비난했던 것을 크게 반성하였고, 당파 간의 화합을 위해 평생 노력하였으나 끝내 실패하였다.

정조 임금의
극찬을 받은 이준경

청탁, 아첨, 뇌물이 일상이던 혼란의 시대에 관료로 살아가며 평생 청빈했던 이준경의 모습을 엿볼 수 있는 것 중의 하나가 바로 그의 '호'이다. 이준경의 호는 '동고(東皐)'였는데, 사람들은 그의 집이 마치 주택이 아니라 창고처럼 보인다고 하여 그를 '동고(東庫, 동쪽 창고)'라고 불렀다. 이준경은 벼슬이 높아질수록 청렴한 삶을 살았다.

이준경이 이조판서로 있을 때 선조의 아버지 덕흥군이 인사 청탁을 부탁하자 "왕자가 사대부의 집에 드나드는 것은 옳지 못하다"며 거절하였고, 영의정으로 있을 때 아들이 홍문관 관리 후보로 올라오자 "내 아들이라서 누구보다 실력이 모자라다는 것을 잘 안다"며 명단에서 삭제하기도 하였다.

이처럼 냉정한 판단력을 지닌 이준경은 인재를 발탁하는 안목도 남달랐다. 병조판서 시절 수하에 있던 장수 '방진'이 사윗감에 대하여 고민하고 있을 때 '이순신'을 적극적으로 추천한 것이다. 방진은 결국 이순신을 사위로 맞았고, 문과를 준비했던 이순신은 장인의 권유로 '무과'에 응시하여 무관의 길을 걸었다. 충무공 이순신이 만약 무관이 아닌 문관이 되었다면 임진왜란 때 조선은 과연 어찌되었을지 아찔하다.

어지럽고 혼란스러운 외척의 시대에 은거가 아닌 출사의 길을 선택한 이준경은 비록 당대에는 많은 비난을 받았으나 후세에는 두고두고 귀감이 되었다. 관리로서 중용과 화합, 청렴과 강직을 단 한 번도 잃지 않았던 삶은 '바른 정승, 현명한 정승'의 모범이 되었다. 이준경이 세상을 떠난 지 약 200년 후 왕위에 오른 정조(제22대 임금)는 자신의 시문집 〈홍재전서〉에 조선을 빛낸 인물로 이준경을 꼽으며 이렇게 기록하였다.

> 그 타고난 성품과 자질이 맑고 높으며 마음 씀씀이가 넓고 공평하다. 한 몸으로 나라의 안위를 맡고 있음에도 목소리와 얼굴빛을 내지 않았고 태산과 반석과 같은 평안함에 국세(國勢)[25]를 두었다. 매번 사림들 사이에서 조정하고 키워내는 것을 일로 삼아 혹 비방이 있어도 그 문장과 조정의 사업이 일대를 빛내었다.

무오사화와 갑자사화로 인한 가문의 몰락과 기묘사화로 스승 조광조의 죽음을 목격한 아픔을 딛고 '출사'의 길을 선택한 이준경은 화합의 리더십으로 혼란의 시대를 이끌었다. 이준경은 조정의 혼란을 바로잡기 위해 퇴계 이황 등의 학자들이 적극적으로 정치에 참여해줄 것을 간절히 원했으나 결국 외척이 득실거리는 혼

---

25 나라가 가지고 있는 힘.

탁한 조정에 홀로 남았다. 그가 선택한 출사의 길은 은거의 길보다 훨씬 외롭고 힘겨웠으나 이준경은 포기하지 않았다. '고고한 선비의 과도한 강직함' 대신 '현실 관료로서의 실용과 화합'을 더 중시했던 이준경은 외척과 사림, 양쪽에서 비난을 받기도 했으나 이를 기꺼이 감수하며 중종과 인종, 명종을 현명하게 보좌하였고 국방의 안전을 지켜냈다. 명종이 후사 없이 승하하자 빈틈없이 선조를 왕위에 올려 외척 정치를 끝내고 조정의 혼란과 분열을 막아냈다.

이준경은 붕당의 시대가 올 것을 통찰했지만 남이 나를 저버려도 나는 남을 저버리지 않겠다는 마음으로 자신의 당파나 세력을 만들지 않았다. 그의 생각과 말, 행동은 평생 한결같았기에 군주의 미움을 살 것을 알면서도 진심이 담긴 유언을 남겼고, 신진 사림들의 비난을 받으면서도 신념을 굽히지 않았다. 학문과 정치, 군사와 외교 등 거의 모든 분야에 걸쳐 당대의 표준이 되었던 이준경은 혼란한 시대의 관료가 가져야 할 미덕과 능력을 고루 갖춘 인물로 역사에 기록되었고, 오늘날까지 많은 사람들이 기리며 그리워하는 정치가로 이름을 남겼다.

같은 시대를 살았던 세 사람의 다른 행보

	동고 이준경(정치가)	퇴계 이황(학자)	남명 조식(실천사상가)
나이	1499년(연산군 5년) 탄생	1501년(연산군 7년) 탄생	1501년(연산군 7년) 탄생
초년 고생	1504년(연산군 10년) 갑자사화로 멸문 유배(당시 6세)	태어난 지 7개월 만에 아버지 사망	없음
스승	이연경(김굉필의 제자) 조광조	없음	아버지 조언형
트라 우마	1519년(중종 14년) 기묘사화 스승 조광조의 죽음	명종 즉위년(1545년) 을사사화 형 이해의 죽음	1519년(중종 14년) 기묘사화 숙부 조언경의 죽음
과거 (소과)	1522년(중종 17년) 소과 합격	1528년(중종 23년) 소과 합격 성균관 입학	1520년(중종 15년) 소과 합격
과거 (대과)	1531년(중종 26년) 대과 합격	1533년(중종 28년) 대과 합격	1525년(중종 20년) 과거 포기
관직	1533년(중종 28년) 홍문관 부수찬	1538년(중종 33년) 홍문관 수찬	
천직	무능한 군주를 보좌하는 유능한 신하	성리학 연구 및 제자 양성	냉철한 비판 뜨거운 실천
별명	조선의 명재상	동방의 주자	지리산 처사
인생의 책	없음 책보다는 필드가 우선!	〈주역〉〈주자대전〉	〈성리대전〉
좌우명	지나친 과격함은 화를 불러온다	기(氣)보다는 이(理)	의(義), 경(警)
은거	1571년(선조 4년) 노환으로 은퇴	1552년(명종 7년) 실질적 은퇴 도산서원 건설 시작	1561년(명종 16년) 지리산으로 거처를 옮기고 제자를 길렀다.
제자		유성룡, 김성일 김효원	곽재우, 정인홍 오건, 김효원

	동고 이준경(정치가)	퇴계 이황(학자)	남명 조식(실천사상가)
이준경 과의 관계		실력을 갖추고도 정치를 멀리하는 것이 서운한 후배	친구 같은 동생 이준경은 조식에게 "너는 바위굴에서 말라죽을 것"이라고 말한 적이 있다.
저술 (글)	선조에게 남긴 유언	선조에게 남긴 〈성학십도〉	명종에게 올린 〈을묘사직상소〉
사망	1572년(선조 5년) 74세	1570년(선조 3년) 70세	1572년(선조 5년) 72세

조선의 4대 사화

'사화'의 사전적 의미는 말 그대로 '선비들이 화를 입은 사건'이다. 조선 최초의 사화는 1498년(연산군 4년)에 일어난 '무오사화'이다. 그 외에 1504년(연산군 10년)에 일어난 '갑자사화', 1519년(중종 14년)에 일어난 '기묘사화', 1545년(명종 즉위년)에 일어난 '을사사화'를 조선의 4대 사화라고 부른다. 사화는 보통 훈구 세력이 주도하여 사림 출신 선비들과 관리들을 정치적으로 숙청한 사건으로 알려져 있다. 그렇다면 '사화'는 정말 선비들만 화를 입은 사건일까?

첫 번째 사화, 무오사화(1498년, 연산군 4년)

연산군이 즉위하자 대간은 젊은 임금 길들이기에 나섰다. 연산군의 모든 말과 행동을 감시하며 잔소리를 퍼붓고 조정의 모든 사안과 모든 인사 정책마다 비난 여론을 조성하여 국정을 마비시켰다. 이들은 작은 일을 크게 부풀려 비난했고 아침부터 저녁까지, 몇 날이고 몇 달이고 같은 사건에 대한 상소를 올렸다. 연산군은 분노했으나 이를 해결할 묘안이 없었다. 대간을 벌주면 언론을 막는다는 비난이 빗발쳤고, 대간을 달래면 승리감에 도취하여 더욱 기세등등해졌기 때문이다. 이때 유자광이 연산군에게 사관 김일손이 작성한 〈성종실록〉의 한 부분을 은밀하게 보여주었다. 연산군은 이를 빌미로 '임금을 능멸한' 세력을 한꺼번에 숙청했다. 김일손을 포함한 사관들과 사림 출신 대간들이 주로 숙청 대상이었다. '무오사화'는 사초를 발단으로 일어난 사건이라 하여 사화(士禍)가 아니라 사화(史禍)라고도 부른다.

두 번째 사화, 갑자사화(1504년, 연산군 10년)

갑자사화의 명분은 연산군의 생모 폐비 윤씨의 억울한 죽음과 관련된 이들에 대한 처벌이었다. 갑자사화의 서막은 연산군이 폐비 윤씨의 죽음에 가장 큰 역할을 했던 할머니 인수대비를 폭행하고, 성종의 후궁 귀인 정씨, 귀인 엄씨를 손수 때려죽이면서 시작되었다. 한밤중 궁중 내원에서 시작된 비극의 불씨는 세조 이후 막강한 권력과 엄청난 재산을 증식해온 훈구 세력과 대간을 가리지 않고 번졌다.

연산군은 공신들의 재산을 몰수하고, 그들의 특권을 박탈했으며, 그동안 자신의 심기를 거슬렸던 신하들을 무차별적으로 숙청했다. 무오사화 당시 사사되지 않고 유배된 선비들도 이때 가중처벌로 사약을 받았다. 임사홍을 비롯하여 갑자사화 당시 화를 입지 않은 훈구 세력은 연산군과 친인척 관계에 있는 소수의 왕실 인척 출신 관리들이었다. 사실 갑자사화 당시 숙청된 이들은 '연산군의 마음에 들지 않은 모든 인물'이라고 할수 있다.

세 번째 사화, 기묘사화(1519년, 중종 14년)

중종 시대에 일어난 기묘사화는 폭군 연산군이 주도한 무오사화, 갑자사화보다 훨씬 중요한 사건이며, 선비들'만' 화를 입은 유일한 사화이다. 중종은 즉위하자마자 100명이 넘는 '정국공신'을 임명했고, 그들에게 연산군이 몰수한 공신들의 재산과 특혜를 나눠 주었다. 중종의 시대는 신하들이 안심하고 부귀영화를 마음껏 누릴 수 있다는 점을 제외하고는 연산군 시대와 크게 달라진 것이 없었다. 게다가 반정으로 왕위에 오른 중종은 항상 신하들의 눈치를 살피며 왕권을 갖지 못했다.

1513년(중종 8년) 반정3대장이라 불린 박원종, 성희안, 유순정이 차례대로 세상을 떠났다. 공신들의 압박에서 벗어나 제대로 된 정치를 하고자 했던 중종 앞에 조광조가 등장했다.

조광조의 존재는 무오사화와 갑자사화 이후 위축되어 한껏 문란해졌던 선비들의 기강과 조정의 기강을 바로 세웠다. 조광조의 등장 이후 사림 출신 관리들이 국정을 장악하며 주도하게 되었고, 자신감이 붙은 조광조는 '정국공신 개정'을 주장했다. 중종반정 당시 공신으로 임명된 사람 중 공이 없는 사람은 공신에서 삭제해야 한다고 요구한 것이다. 이는 반정 임금 중종의 콤플렉스를 건드린 사건이었지만 중종의 총애에 익숙해진 조광조와 그를 추종하는 젊은 선비들은 이를 알아차리지 못했다. 조광조와 삼사의 관리들은 중종을 압박하고 몰아붙여 117명에 달하는 정국공신 중 76명을 삭제하는 데 성공했으나 기쁨은 짧았다. 그로부터 나흘 뒤, 중종은 정국공신 개정을 주장한 조광조와 그를 따르는 젊은 선비들, 관료들을 모두 역적으로 체포하였다. 한 달 뒤 조광조는 유배지에서 사약을 받았고 그를 따랐던 선비들도 처형되었다.

기묘사화가 조선 조정과 조선의 지식인 사회에 일으킨 파장은 무오사화, 갑자사화보다 훨씬 컸다. 기묘사화 이후 뜻있는 선비들과 젊은 유생들은 출사를 포기하고 은거하거나 아예 학문 자체를 포기하기도 했다. 그 후 조선은 심각한 인재 부족 현상을 겪게 되고, 조정은 실력이 아닌 탐욕을 갖춘 간신과 외척들이 장악하게 되었다. 기묘사화는 사림이 화를 입은 사건이지만 훈구파가 주도한 것이 아니라 중종이 주도했다는 점에서 그 책임 또한 중종에게 있다고 할 수 있다.

네 번째 사화, 을사사화(1545년, 명종 즉위년)

중종 말년 조정은 세자(인종)를 지지하는 대윤 세력과 문정왕후와 경원대군을 지지하는 소윤 세력으로 분열되어 있었다. 대윤 세력의 수장은 세자(인종)의 외삼촌인 윤임이었고, 소윤 세력의 수장은 문정왕후와 그녀의 남동생 윤원로, 윤원형 형제였다.

1544년 중종이 세상을 떠나고 인종이 즉위하자 대윤 세력이 조정을 장악했다. 인종은 이언적 등 사림 출신들을 적극 등용하였다. 하지만 사림을 중용하여 새로운 정치를 하고자 했던 인종이 재위 9개월 만에 자식 없이 승하하자 상황은 순식간에 달라졌다. 인종의 뒤를 이어 왕위에 오른 인물은 문정왕후의 아들 경원대군이었다.

경원대군이 왕위에 오르자 권력을 장악한 문정왕후와 소윤 세력은 대윤 세력을 숙청하기 위해 윤임이 '계림군[26]'을 왕으로 옹립하려 했다는 누명을 씌워 역모로 처형한다. 이 사건으로 윤임과 계림군을 포함하여 대윤 세력의 주요 인물들이 제거되었다. 이를 을

---

26 성종의 서3남 계성군의 양자. 계림군은 송강 정철의 매형이었는데, 이 사건으로 정철 일가도 연좌되어 유배되었다.

조선의 4대 사화

	무오사화	갑자사화	기묘사화	을사사화
시기	1498년 (연산군 4년)	1504년 (연산군 10년)	1519년 (중종 14년)	1545년 (명종 즉위년)
주도 인물	연산군, 유자광	연산군, 임사홍	중종, 남곤 심정, 홍경주	문정왕후, 윤원형 그 외 소윤 세력
원인	〈성종실록〉	폐비 윤씨의 죽음과 그 배후 세력	기묘사림의 과격한 개혁 (위훈삭제)	인종을 지지했던 대윤 세력 제거
숙청 대상	김일손, 김종직의 제자들 外 연산군을 압박했던 다수의 사림 출신 대간들	연산군과 친인척 관계가 없는 훈구 세력, 연산군에게 밉보인 사림 출신 대간들, 무오사화 관련 선비들 (예: 김굉필)	조광조와 그를 추종하는 젊은 선비들	윤임(인종의 외삼촌) 인종을 지지했던 세력, 계림군 외척 정치를 반대하는 다수의 사림들
여파			신사무옥	양재역벽서 사건

사사화라고 부르는데 무오, 갑자, 기묘에 비하면 작은 규모였다.

하지만 1년 뒤 소윤 세력은 '양재역벽서(良才驛壁書) 사건'을 일으켜 대윤의 잔여 세력과 사림 출신 선비들을 대대적으로 숙청했다. 1545년(명종 즉위년)에 일어난 '계림군 역모 사건'과 1547년(명종 2년)에 일어난 '양재역벽서[27] 사건'을 합쳐서 '을사사화'라고 부른다. 을사사화의 숙청 규모는 앞선 세 번의 사화보다 훨씬 컸고 명분은 가장 약했다. '계림군 역모 사건'과 '양재역벽서 사건'은 모두 소윤 세력인 윤원형·이기 등이 조작한 것이라는 의견이 지배적이다. 을사 사화를 한마디로 정리하자면 '외척에 의해 종친과 사림이 화를 입은 사건'이라고 할 수 있다.

---

27 1547년(명종 2년) 경기도 과천의 양재역에서 '위로는 여주(문정왕후), 아래에는 간신이 있어 권력을 휘두르니 나라가 곧 망할 것'이라는 내용으로 된 익명의 벽서가 발견된 사건. 윤원형·이기 등은 벽서를 명종에게 바쳤고, 이런 벽서가 붙은 것은 '을사사화' 의 처벌이 미흡하여 화근이 살아 있기 때문이라고 주장했다. 이 사건으로 대윤 세력과 외척 정치를 반대하던 많은 사림 세력이 숙청되었다.

송익필

"당쟁의 역사를 만든
산림의 종주"

이름 **송익필**

국적 **조선**

신분 **양반으로 태어나 노비로 환천(還賤)되었다.**

직업 **유생, 은둔 처사, 얼굴 없는 서인의 수장, 기축옥사의 설계자**

정치 노선 **서인**

결정적 실수 **1591년(선조 24년) 2월, 친구 정철을 앞세워 진행한 왕세자 건저 문제에서 선조의 마음을 파악하는 데 실패하고 서인이 권력을 잃는 데 큰 역할을 했다. 선조의 후궁 인빈 김씨를 이용하여 정치 공작을 펼친 동인의 수장 이산해의 능력을 얕보았기 때문이다.**

애증의 대상 **아버지 송사련**

아버지에게 하고 싶은 말 **"아버지, 저는 당신을 원망하지 않습니다. 당신 덕분에 양반으로 태어났고, 당신 덕분에 이만큼 성장했습니다. 당신이 저지른 죗값을 치르기 위해 제가 가진 모든 능력을 나라에 바치고 싶었습니다. 하지만 나라에서 원한 것은 제가 다시 노비가 되는 것이었습니다. 비록 다시 노비의 신분으로 돌아갔지만 저는 당신을 원망하지 않습니다. 저의 학문은 제자들을 통해 계승될 것이니까요."**

조선시대의 역사를 제대로 이해하기 위해서는 중종 시대를 잘 살펴보아야 한다. 중종은 조선의 임금 중에서도 손꼽힐 정도로 긴 재위 기간(39년, 역대 5위)을 기록했음에도 우리에게 잘 알려지지 않았다. 중종의 존재감이 처음 드러난 것은 아마도 한류 열풍을 일으킨 사극 드라마 〈대장금〉일 것이다. 드라마 속 중종은 장금이가 수라간[28] 나인으로 지낼 때 그녀가 만든 음식을 먹을 때마다 "맛이 참 좋구나"라는 칭찬을 해준다. 우리가 중종을 어렴풋이 그저 '착한 임금'이라고 기억하는 이유다. 하지만 〈대장금〉의 주인공은 어디까지나 장금이일 뿐 중종이 아니며, 실제 역사에서 중종은 결코 어질고 훌륭한 임금이 아니었다. 그렇다면 왜 우리는 중종의 실체를 제대로 마주하지 못하는 것일까?

무책임한 군주의 전형을 세운 중종

중종은 '폭군' 연산군이 폐위된 뒤 신하들의 옹립으로 왕위에 올랐다. 조정의 모든 신하들에게 공포의 대상이었던 연산군 직후 즉위한 임금이라는 반사 효과가 컸다. 중종 이후에 즉위한 인종은 하늘이 내린 효자였다. 그는 아버지 중종의 죽음을 슬퍼하다가 9개월이라는 짧은 재위 끝에 승하하였다. 인종의 짧은 재위는 그가 만약 일찍 승하하지 않았다면 성군이 되었을 것이라는 아쉬움으로 남

---

28 임금이 먹는 음식을 만드는 주방.

았고, 인종의 지극한 효도를 받은 중종은 후광 효과를 보게 되었다.

인종 승하 뒤 12세의 나이로 즉위한 명종은 22년의 재위 기간 동안 대부분의 시간을 어머니 문정왕후에게 권력을 맡긴 채 외척의 전횡으로 인해 국정이 문란해지는 것을 무력하게 지켜보았다. 불효한 임금이 될 수는 없었기 때문이다.

인종과 명종의 뒤를 이은 임금은 중종의 서(庶)손자인 하성군, 선조였다. 선조는 임진왜란으로 인하여 무능하고 파렴치한 임금으로 오늘날까지 공공연하게 지탄의 대상이 되고 있다. 그래서 중종은 또 후광 효과를 보았다. 즉, 중종은 신하들에게 최악의 임금으로 손꼽히는 연산군과 백성들에게 최악의 실망을 준 선조 사이에 있는 임금이기 때문에 상대적으로 그럭저럭 괜찮은 군주로 짐작되는 것이다.

하지만 실상은 전혀 달랐다. 중종의 시대는 화담 서경덕, 토정 이지함, 남명 조식 등 다양한 분야에 걸쳐 출중한 능력을 발휘한 재야의 학자들이 활동한 인재의 시대였다. 중종은 무려 39년 동안 임금의 자리에 있으면서도 이런 인재들을 발굴하지도 활용하지도 못했다. 조정에서는 반정공신들을 비롯하여 조광조와 김안로를 비롯한 거물급 정치가들의 활약이 두드러졌다. 중종이 왕위를 지키기 위해 사용한 방법은 다소 비열했다. 그는 특정 인물을 총애하며 권력을 몰아주다가 한순간 숙청하는 방식으로 조정을 분열시켰다. 중종은 신하들끼리의 대립, 불신, 갈등을 조장함으로써 군주로서 자신의 존재를 부각했다. 이는 잘못된 방법이었으나 중종 이후 왕으로서의 자질과 위엄을 갖추지 못한 졸렬한 임금들이 자주 응용하는 수법이 되었다.

중종은 신하들 앞에서 자신을 낮추었으나 결코 신하들을 신뢰하지 않았다. 그는 항상 신하들에게 휘둘리는 것 같았지만 위협을 느끼면 가차 없이 숙청을 단행하였다. 특이한 것은 왕권에 위협이 되는 인물들을 매번 단호하게 제거했음에도 조정의 기강이 바로잡히는 일은 없었다는 것이다. 겸손한 모습으로 자신을 포장한 중종은 이를 핑계로 조정의 모든 문제에 대하여 책임을 회피하였다. 그래서 중종의 시대에는 임금과 신하가 서로 책임을 전가하면서 힘든 상황은 외면하고 이윤만 취하는 뻔뻔함이 만연하였고, 이런 풍조는 사회 전체가 부정부패와 비리로 가득하게 만들었다. 중종은 이런 결과에도 역시나 책임을 느끼지 않았고 책임을 지지도 않았다.

중종은 연산군이 추구했던 사치와 향락을 멀리하며 검소하게 지냈다. 그러나 중종의 검소함은 본인에게만 해당하는 사항이었을 뿐 그를 제외한 공신과 외척, 왕자와 공주들은 연산군 시대를 능가하는 부귀영화를 축적하며 사치스럽게 생활했다. 지배층은 온갖 특권 속에서 풍요를 마음껏 누렸으나 백성의 고통은 오히려 연산군 때보다 더 심했다. 중종 승하 후 즉위한 인종은 재위 9개월 만에 세상을 떠났고, 그 뒤를 이은 명종의 재위 기간 동안 '임꺽정의 난' 등 대규모 민란이 일어난 것은 이와 무관하지 않다. 다만 이 또한 중종이 승하한 '후'에 일어난 사건이기 때문에 중종은 책임질 필요가 없었을 뿐이다.

무책임한 군주의
전형을 완성한 선조

중종은 세 명의 왕비와 아홉 명의 후궁에게서 9남 11녀를 얻었다. 그중 첫 번째 아내였던 신씨는 중종반정 직후 폐출되어 왕비가 되지 못했고 자식도 없었다. 그녀가 '단경왕후'의 시호를 얻고 왕비로 추존된 것은 제21대 영조 때이다. 중종의 두 번째 왕비 장경왕후는 효혜공주와 인종을 낳고 세상을 떠났고, 중종의 세 번째 왕비 문정왕후는 네 명의 공주와 경원대군(명종)을 낳았다. 중종이 승하한 뒤 이복형제인 인종과 명종이 차례대로 왕위에 올랐다. 인종은 자식이 없어 이복동생 명종에게 왕위를 물려주었으나 명종도 하나뿐인 아들 순회세자가 요절한 후 자식을 두지 못했다. 명종이 승하하자 '중종의 서손자'이자 인종과 명종의 '서조카'인 하성군이 왕위에 올랐다. 선조는 조선의 개국 이후 임금의 직계 자손이 아닌 방계에서 왕위를 계승한 최초의 왕이었다.

이런 배경 때문에 우리는 선조가 출신에 대한 콤플렉스에 시달렸을 것이라고 쉽게 단정하곤 한다. 하지만 선조의 행보는 '출신 콤플렉스'에 시달렸다고 보기 어렵다. 왕실에서 성장하지 않았고, 세자 수업을 한 번도 받지 않은 채 16세의 나이로 곧바로 왕위에 오른 선조는 즉위 1년 만에 친정 체제를 구축했다. 이는 조정 장악력이 뛰어났으며, 신하들에게도 인정을 받았다는 뜻이다. 선조는 아버지와 어머니가 모두 세상을 떠난 고아의 몸으로 왕위에 올랐기 때문에 특혜를 나눠주고 왕권을 실추시킬 변변한 친족이나 외척이 없었다. 대비(명종의 왕비 인순왕후)는 정사에 관여하지 않았고, 왕비

(선조의 왕비 의인왕후)는 총애를 받지 못했으므로 당연히 외척의 발호 또한 원천적으로 차단되었다. 게다가 선조는 영민하고 눈치가 빨랐다. 그래서 그는 방계승통이라는 약점에도 불구하고 직계 적통이었던 중종이나 인종, 명종보다 훨씬 강력한 왕권을 세우고 누렸다.

선조는 궁에서 자란 적이 없었고 정치를 배운 적도 없었다. 사가에서 지내다가 왕위에 오른 선조는 '자신만의 방법'으로 조정을 다스렸다. 선조는 16세의 나이로 왕위에 오른 덕분에 대비의 섭정을 받았고 퇴계 이황, 기대승 등 출중한 신하들에게 학문을 배울 수 있었다. 왕족 출신이었기 때문에 제대로 공부를 할 수 없었던 선조에게 이는 천금 같은 기회였다. 하지만 학문이 채 무르익기도 전 임금의 권위에 중독된 선조는 평생 자신보다 뛰어난 자식과 신하들에게 열등감을 느껴야 했다.

선조의 시대는 '당쟁의 시대'라고도 불린다. 하지만 당쟁을 만든 것은 선조가 아니었다. 훈구 세력과 사림 세력 사이에서 오래전부터 꾸준히 존재하던 문제가 선조의 시대에 그 모습을 명확하게 드러낸 것뿐이다. 선조가 받아야 할 비난은 당쟁을 '만든' 것이 아니라 당쟁을 '부추긴' 것이다. 선조의 시대에는 사화가 없었다. 하지만 조선 4대 사화로 불리는 무오사화, 갑자사화, 기묘사화, 을사사화로 피해를 본 선비들을 다 합친 것보다 많은 수의 사람들이 희생된 '기축옥사'가 있었고, 백성들을 고통으로 몰아넣은 '임진왜란'이 있었다.

겸손한 모습으로 신하들에게 연민을 얻어낸 뒤 개혁 의지를 보이며 특정 인물에게 권력을 몰아주다가 왕권을 위협한다는 명분으로 가차없이 숙청을 단행했던 선조의 이기적인 정치 스타일은 어떤 임금에게 물려받은 재능일까? 우리는 선조가 '방계승통'이라는 덫에 걸려서 그의 근본 없는 정치 감각이 도대체 어디서 튀어나왔는지 의아해한다. 화합보다는 분열을 추구하고, 백성의 안위보다는 왕위의 안전을 추구하며 41년간 재위한 선조의 모습은 '총애와 숙청'으로 왕권을 지켜 39년간 재위한 중종의 모습과 매우 닮았다.

어쩌면 선조는 처음부터 할아버지였던 중종에게서 '편협하고 이기적인 유전자'를 가장 많이 물려받았는지도 모른다. 그렇기에 중종과 선조를 함께 비교해보는 것은 의미가 있다. 사화와 당쟁이 꽃을 피운 중종과 선조 시대를 이해하기 위해서는 당시의 굵직한 주요 사건과 긴밀하게 연결된 '송익필'을 알아야 한다.

조광조와
안당의 인연

조광조는 반정3대장인 박원종, 성희안, 유순정이 세상을 떠나 권력에 공백이 생긴 1515년(중종 10년), 원자의 탄생을 축하하는 알성시[29]에 장원으로 급제하며 중종의 눈을 사로잡았다. 당시 조광조는 이조판서 '안당'의 천거로 종이제조를 담당하는 조지서에서 재직 중인 초보 관리였다. 그 후 알성시에 급제한 조광조는 성균관 전적과 사간원 정언을 거쳐 마침내 홍문관에 입성한다. 홍문관 관

---

29 국왕이 문묘에 가서 제례를 올릴 때 성균관 유생들을 대상으로 시험을 치르고 성적이 우수한 몇 사람을 선발하는 것. 1414년(태종 14년)에 처음 실시하였고, 시험 당일 합격자를 발표하였다.

리가 된 조광조는 중종의 뜨거운 총애를 받으며 승진을 거듭했고, 개혁을 주도하며 젊은 선비들의 우상으로 떠올랐다.

조광조는 특히 엉터리로 임명된 반정공신들과 부정부패가 만연한 훈구대신들에 대하여 날선 비판을 하였는데, 그를 추종하는 삼사의 관리들과 성균관의 젊은 유생들도 이에 동조하였다. 이때 비판의 대상이 된 대신들 중에서 단 한 명의 예외가 바로 이조판서 '안당'이었다. 조광조와 젊은 선비들은 자신들을 지지해주는 안당이 정승이 되어야 한다고 생각했다. 이는 조광조를 중심으로 그를 따르는 젊은 선비들의 자발적인 뜻이었다. 안당은 원로대신이면서 신진 사림들의 지지와 존경을 받는 귀한 인재였다. 이를 증명하듯 1518년(중종 13년) 5월, 안당은 우의정으로 임명되어 정승의 반열에 올랐다.

1519년(중종 14년), 조광조와 신진 사림들은 위훈삭제[30]를 주장했다. 중종반정의 공신 규모는 정공신 117명(1등 8명, 2등 13명, 3등 31명, 4등 65명)에 원종공신(큰 공을 세운 정공신을 정할 때 그에 따라 작은 공을 세운 사람에게 준 공신 칭호) 52명으로 총 169명에 달했다. 공신으로 봉해진 이들 중 4촌 이내의 근친은 무려 45명으로 장인과 사위, 숙부와 조카, 처남과 매부, 사촌, 사돈 등이 알차게 포함되어 있었다. 조광조와 신진 사림들은 공이 없는데도 연줄 덕분에 공신으로 봉해져 벼슬이 높아지고, 아들과 손자가 음서로 관리가 되고 면책권을 받는 등 많은 혜택을 누린 이들을 가짜 공신, 즉 '위훈(僞勳)'이라 주장하

---

30 중종반정 때 공을 세운 정국공신 중 자격이 없다고 평가된 사람들의 공신 작위를 박탈하고 토지와 노비를 환수해야 한다는 주장.

였고 삭제할 것을 요구한 것이다. 삭제 명단은 1~3등 공신 12명과 4등 공신 65명 전원을 포함한 76명이었다. 중종은 대간과 홍문관의 압박을 이기지 못해 이를 허락했으나 이내 마음을 바꿨다. 어쨌거나 공신들은 중종을 임금으로 세워준 이들이었고, 미우나 고우나 중종과 공신 집단은 공동운명체였다.

나흘 후, 중종은 밀명을 내려 조광조와 그를 추종하는 관리 전원을 체포하였다. 중종은 조광조를 곧바로 제거하고자 했으나 영의정 정광필과 우의정 안당이 필사적으로 이들을 변호하자 일단 유배에 처했다. 하지만 결국 중종은 조광조에게 사약을 내렸고, 그를 추종했던 선비들도 모두 처형했다. 이를 '기묘사화'라고 하며, 조광조와 그를 추종했던 젊은 선비들을 '기묘사림'이라고 한다. 조광조가 사사되자 그를 천거했던 안당에 대한 탄핵의 목소리가 높아졌고, 결국 안당은 고신[31]을 빼앗겼다.

신사무옥과 노비의 손자 송사련의 벼락출세

조광조의 추종자들로 넘쳐났던 삼사는 기묘사화 이후 조광조를 비난하기에 여념이 없었다. 조광조를 비롯한 기묘사림과 친밀했던 안당은 집중적으로 탄핵을 받았다. 안당을 비난하는 가장 큰 근거는 그의 세 아들이 모두 현량과에 급제하였다는 것이다. 현량

---

31 관원에게 품계와 관직을 임명할 때 주는 임명장.

과는 조광조의 건의에 따라 시행된 관리 등용 제도로 학문과 덕행이 뛰어난 인재를 천거 받아 시험을 치르고, 합격한 사람은 임금과 대신들 앞에서 심층 면접을 본 뒤 곧바로 벼슬을 내리는 방식이었다. 조광조와 기묘사림이 부정부패가 만연한 과거제도를 폐지하고 현량과를 실시하자고 주장했을 때 영의정 정광필 등은 과거제도를 갑자기 폐지하는 것은 옳지 않으니 두 가지 방법을 함께 사용하며 인재를 발탁해야 한다고 주장했다. 이때 우의정 안당은 영의정 정광필이 아닌 대사헌 조광조의 손을 들어주었고, 현량과가 시행되자 안당의 세 아들 안처겸, 안처함, 안처근을 포함하여 조광조와 친밀한 젊은 선비들이 대거 관리로 발탁된 것이다.

현량과 실시 후 조광조는 자신을 지지하는 특정 세력을 집중 합격시켜 '붕당'을 만들었다는 혐의를 받게 되었다. 하지만 이것만으로 안당을 비난하는 것은 무리가 있었다. 현량과가 실시된 지 얼마 뒤 안당의 아내가 세상을 떠나는 바람에 안처겸, 안처함, 안처근 형제들은 초상을 치르기 위해 사직했고, 기묘사화가 일어나면서 현량과가 폐지되는 바람에 합격도 취소되었다. 위훈삭제 당시 관직에 있지 않은 덕분에 죽음은 면했으나 혜택을 받지도 못한 채 조광조의 역당 취급을 받자 안처겸 형제들은 불만이 쌓여갔다.

기묘사화로부터 3년이 지난 1521년(중종 21년), 안처겸 형제들의 삼년상도 끝이 났다. 탈상하는 날, 안처겸 형제들은 비슷한 처지의 선비들과 모여 세상을 한탄하였고, 조광조를 숙청한 조정 대신들을 비난하며 울분을 달랬다. 안당은 아들들의 이런 생각이나 행동이 문제가 될 수 있다는 것을 알았기에 주의를 주었으나 혈기왕성한 아들들은 아버지의 말에 귀를 기울이지 않았다. 계속 조정에 머물면 기묘사화의 여파에 휘말릴 수 있었기에 안당은 한양을 떠나 고향으로 내려갔다. 바로 이때 안당의 집안사람인 '송사련'이 안처겸 형제를 역모로 고발한 사건이 발생했다.

안당의 아버지 '안돈후'는 정실부인 박씨가 세상을 떠나자 재혼을 하는 대신 데리고 있던 집안의 노비 '중금'을 비첩[32]으로 삼았다. 중금은 안돈후와의 사이에서 딸 '감정'을 낳았다. 감정은 어머니가 노비였기에 신분은 천출이었으나 안당과는 아버지가 같은 이복남매였다. 안당은 감정의 노비 문서를 없애고 신분을 양인으로 바꿔주었고, 이후 감정은 평민 출신 군인 '송인'과 혼인하여 아들 '송사련'을 낳았다. 즉, 송사련은 안당에게 이종조카였고, 그가 고발한 안처겸과는 이종사촌 사이였다. 안당은 신분이 다른 조카 송사련을 가족처럼 대해주었다. 그런데 배은망덕하게도 송사련이 안처겸을 역모로 고발한 것이다.

반정으로 왕위에 오른 중종은 역모에 민감했다. 곧바로 친국[33]이 열렸고 모진 고문 끝에 관련자들이 속출했다. 안처겸, 안처근 등 7명은 사지가 찢기는 능지처참형을 받았고, 역모와 직간접적으로 관련된 20여 명이 숙청되었다. 왕조 국가에서 역모 사건은 가장 큰 죄였기 때문에 일가친척도 처벌을 피할 수 없었다. 고향에 내려가 있던 안당은 연좌제에 따라 교형[34]을 받았고, 남은 가족들은 변방으

---

32 여자 종(노비)에서 첩이 된 사람.

33 의금부에서 왕명을 받고 중죄인을 심문하는 '추국'의 하나로, 임금이 중죄인을 몸소 신문하는 것을 '친국(親鞫)'이라고 하였다. 주로 역모 사건 및 종실 관계 범죄자의 경우 친국이 이루어졌다.

34 죄인의 목에 형구를 사용해 죽이는 형벌로 교수형을 말한다. 신체의 훼손이 적어 비교적 온건한 사형제도에 속했다.

송익필 가계도

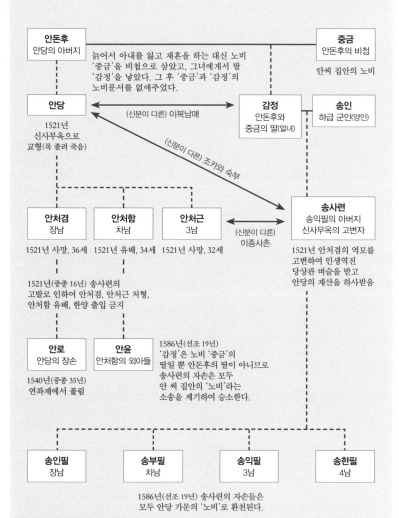

안돈후
안당의 아버지

중금
안돈후의 비첩

안씨 집안의 노비

늘어서 아내를 잃고 재혼을 하는 대신 노비
'중금'을 비첩으로 삼았고, 그녀에게서 딸
'감정'을 낳았다. 그 후 '중금'과 '감정'의
노비문서를 없애주었다.

안당

1521년
신사무옥으로
교형(목 졸려 죽음)

←(신분이 다른) 이복남매→

감정
안돈후와
중금의 딸(얼녀)

송인
하급 군인(양인)

(신분이 다른) 조카와 숙부

송사련
송익필의 아버지
신사무옥의 고변자

1521년 안처겸의 역모를
고변하여 인생역전
당상관 벼슬을 받고
안당의 재산을 하사받음

안처겸
장남

1521년 사망, 36세

안처함
차남

1521년 유배, 34세

안처근
3남

1521년 사망, 32세

(신분이 다른)
이종사촌

1521년(중종 16년) 송사련의
고발로 인하여 안처겸, 안처근 처형,
안처함 유배, 한양 출입 금지

안로
안당의 장손

1540년(중종 35년)
연좌제에서 풀림

안윤
안처함의 외아들

1586년(선조 19년)
'감정'은 노비 '중금'의
딸일 뿐 안돈후의 딸이 아니므로
송사련의 자손은 모두
안 씨 집안의 '노비'라는
소송을 제기하여 승소한다.

송인필
장남

송부필
차남

송익필
3남

송한필
4남

1586년(선조 19년) 송사련의 자손들은
모두 안당 가문의 '노비'로 환천된다.

※ 서얼이란? 서자와 얼자의 차이는 무엇인가?

서자(서녀)란 양반과 양인 신분의 첩 사이에서 태어난 자식을 말하고, 얼자(얼녀)란 양반과 천민 신분의 노비 사이에서 태어난 자식을 말한다. 서자는 정식 첩에게서 얻은 자식이고, 얼자는 첩의 지위조차 차지할 수 없는 천민(노비)에게서 얻은 자식을 의미한다.

로 쫓겨나는 형벌을 받았다. 이 사건을 '신사무옥'이라고 한다.

신사무옥은 조광조를 추종하던 마지막 세력까지 숙청한 사건이자 안당의 가문을 풍비박살낸 사건이었다. 신사무옥으로 가장 큰 이득을 본 사람은 역모를 고변한 26세의 송사련이었다. 종5품 관상감 판관으로 재직 중이던 송사련은 공신으로 봉해졌고, 신사무옥이 마무리된 지 열흘 만에 다섯 품계를 뛰어넘어 정3품 중추부[35] 첨지사로 승진하였다. 뿐만 아니라 몰수한 안당의 재산은 고스란히 송사련의 차지가 되었다.

송사련의 아들 송익필,
과거 응시의 길이 막히다

신사무옥 당시 유일하게 살아남은 사람은 안당의 둘째 아들 안처함이었다. 아버지 안당의 성품을 닮은 그는 형 안처겸과 동생 안처근이 시절을 한탄하며 세상을 뒤집어볼까 하는 마음을 먹었을 때 극구 말렸던 인물이다. 덕분에 유배형을 받아 목숨을 부지할 수 있었다. 신사무옥 이후 경상도 청도에 유배된 안처함은 항상 행동을 조심한 덕분에 1522년(중종 17년) 유배지에서 풀려났다. 죽을 때까지 벼슬을 할 수 없고 한양으로는 돌아올 수 없다는 조건이 붙었지만 어쨌거나 자유의 몸이 된 것이다. 안처함은 처가가 있는 경기

---

35 조선시대에 있던, 관장하는 직무도 없고 소임도 없는 문무 당상관을 우대하기 위한 관청.

도 용인에 거처를 마련하고 여생을 조용히 보내다가 1543년(중종 38년) 세상을 떠났다.

반면 안당 일가를 고발한 송사련은 삼청동에 있던 안당의 집을 차지하고 명사들과 교류하며 스스로 쟁취한 부귀영화를 마음껏 누렸다. 송사련은 양반으로 승격했고 벼슬도 높아졌으나 유생들과 사림들은 그를 인정하지 않았다. 1534년(중종 29년) 송사련의 셋째 아들로 태어난 송익필은 어려서부터 비범함을 드러냈으나 학문을 이끌어줄 스승을 구할 수가 없었다. 안당의 가문을 몰락시킨 송사련과 교류하고자 하는 선비는 아무도 없었기 때문이다. 사대부들은 주인을 팔아 양반이 된 송사련을 양반으로 인정하지 않았다. 송익필은 실력으로 과거에 급제하여 정정당당하게 입신양명하는 것만이 아버지의 오명을 씻고 주류 사회의 일원이 될 수 있는 길이라 여겼고, 독학으로 성리학을 공부하며 과거시험에 매달렸다. 마침내 송익필의 노력은 결실을 맺었다. 1558년(명종 13년) 다섯 살 아래의 동생 송한필과 나란히 초시[36]에 합격한 것이다.

하지만 송익필 형제가 과거시험에 합격한 것이 알려지자 '송사련은 예의를 저버린 죄인이며 그 자식들 역시 얼손(노비의 자손)들이니 과거에 나아감은 부당하다'는 상소문이 올라왔다. 송익필의 과거급제가 송사련의 죄를 씻기는커녕 다시 들추는 계기가 된 것이다. 송사련을 공신으로 봉하고 그의 출셋길을 열어준 중종은 이미 오래전에 승하했기에 사대부들은 거침없이 송사련을 비난했다. 송사련에 대한 비난 여론이 거세지자 1559년(명종 14년) 결국 송익필의

---

36 조선시대에 시행되던 과거시험 중 1차 시험을 말한다.

초시 합격은 취소되었고 대과 응시 자격도 박탈되었다. 이때 송익필의 나이는 스물여섯, 그의 아버지 송사련이 안처겸을 팔아 '양반'의 신분을 얻었을 때와 같은 나이였다.

입신양명의 꿈이 꺾인 송익필은 우울한 마음에 한양과 멀리 떨어진 파주 구봉산 자락으로 거처를 옮겼다. 비난의 눈초리가 없는 그곳에서 송익필은 마음이 맞는 친구들을 만나 의기투합했는데, 그들이 바로 율곡 이이와 우계 성혼이었다. 율곡 이이는 송익필처럼 특별한 스승 없이 독학으로 학문을 연마했다는 공통점이 있었고, 우계 성혼은 조광조의 제자였던 아버지 성수침에게 사사한, 학풍을 갖춘 명문가의 자제였으나 입신양명보다 학문에 뜻을 둔 청년이었다. 아무리 실력이 뛰어나도 대과에 응시할 수 없었던 송익필은 합격을 위한 공부가 아닌 학문을 위한 독서에 매달렸고, 본디 총명했던 그의 실력은 깊이를 더해갔다. 학문이 익어갈수록 율곡 이이와 우계 성혼과의 우정도 깊어졌다.

1560년(명종 15년) 가을, 송익필이 첫 제자를 받았다. 이이를 통해 알게 된 김계휘가 아들 '김장생'을 데리고 그를 찾아온 것이다. 제자를 받는다는 것은 관리가 되겠다는 꿈을 완전히 포기함을 의미했다. 송익필은 고심 끝에 김장생을 제자로 받았다. 산림[37] 최초의 사제 관계는 이렇게 단출하게 시작되었다. 과거 응시가 막힌 절망적인 상황을 학문으로 승화시킨 송익필의 명성은 점점 세상에 알려졌고, 김장생을 시작으로 전도유망한 젊은 유생들이 그의 제자가

---

37 조선 중기 민간에서의 학문적 권위와 세력을 바탕으로 정치에 참여한 인물들. 특히 서인 세력과의 연합을 통해 반정으로 왕위에 오른 제16대 인조 때부터 파격적 대우를 받으며 국가 운영 및 국왕과 세자의 교육에 참가했다.

되기 위해 파주 구봉산을 찾아오기 시작했다.

조선 예학의
종주가 되다

1565년(명종 20년), 외척의 정점에 서 있던 대비(문정왕후)가 세상을 떠났다. 이어서 무소불위의 권력을 휘둘렀던 대비의 남동생 윤원형과 그의 애첩 정난정도 세상을 떠났다. 젊은 선비들은 이제야 사대부의 세상이 오는가 싶어 들뜬 마음을 감추지 못했다. 하지만 사대부의 세상이 반듯하게 설수록 송익필은 설 자리가 없었다.

1566년(명종 21년) 안처함(안당의 차남)의 아들 '안윤'이 할아버지 '안당'의 신원을 청하는 상소문을 올리자 명종은 안당의 고신과 직첩을 돌려주었다. 안당에게 죄가 없음을 인정한 것이다. 거의 50년 만에 선조의 명예를 회복한 안당의 후손들은 기쁨의 눈물을 흘렸으나 송사련 일가는 가시방석일 수밖에 없었다. 하지만 이미 관직에서 물러난 송사련은 명사들과 교류를 즐기며 한가로이 시간을 보냈다. 세간의 비난이나 손가락질은 그에게 아무런 장애가 되지 않았다. '노비의 손자'로 태어났으나 양반이 되어 한세상 떵떵거리며 살았으니 아쉬울 것도 속죄할 것도 없는 행복한 인생이었다.

하지만 송사련과 송익필은 달랐다. 송익필은 '양반'이자 '공신'의 아들로 태어났고, 실력은 출중했으나 과거에 응시할 수 없었으며, 사대부들에게 온전히 인정받지도 못했다. '송사련의 아들'이라는 꼬리표를 달고 있는 한 잘못이 없어도 정정당당하게 살아갈 수 없었다. 송익필이 할 수 있는 것은 학문을 연구하고 제자를 가르치는 것뿐이었다.

송익필은 성리학 중에서도 특히 예학을, 그중에서도 '가례(家禮)'를 집중적으로 연구했다. 그의 아버지 송사련은 비난받아 마땅한 인물이었지만 송익필은 아버지를 미워할 수도, 고발할 수도, 버릴 수도 없었다. 가정에서 행하는 일상적인 예절을 총망라한 가례를 연구하는 것은 송익필이 스스로에게 지운 숙제이기도 했다. 자신의 부끄러움과 아픔을 양분으로 삼은 송익필의 가례 연구는 점차 경지에 이르렀고, 그에게 학문을 배운 김장생은 훗날 조선 예학의 종주로 성장하게 된다.

김장생은 스승의 그늘을 떠난 후 아들 '김집'에게 학문을 계승했고, 늘그막에 '송시열'을 제자로 받았다. 김집은 큰형 김은이 임진왜란 중 실종되자 가업을 물려받아 아버지와 더불어 학문에 일가를 이루었다. 그는 정실부인이 세상을 떠난 뒤 율곡 이이의 서녀를 부실[38]로 맞았는데, 율곡 이이는 슬하에 적자를 두지 못했기에 그의 사위인 김집은 송익필과 율곡 이이의 학문을 정통으로 계승한 상징적인 인물이 되었다.

그 후 송익필·율곡 이이-김장생-김집-송시열로 이어지는 학맥은 그대로 서인의 계보가 되었다. 이러한 인연으로 인조반정[39] 이후

---

38 '부실(副室)'은 첩을 높여 부르는 말로, '부(副)'는 버금이라는 뜻으로서 굳이 말하자면 '둘째 부인'이라는 의미가 있다. 비슷한 말로는 '작은 부인'을 뜻하는 '소실(小室)' 등이 있다.

39 1623년 이귀, 김유 등 서인 일파가 정변을 일으켜 광해군을 폐위시키고 선조의 후궁 인빈 김씨의 셋째 아들인 정원군의 장남 능양군을 왕위에 앉힌 사건.

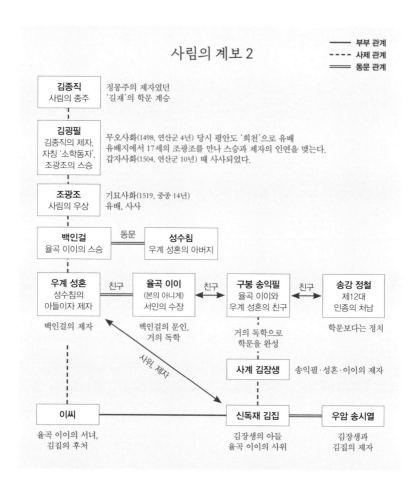

사림의 계보 2

―――― 부부 관계
‐‐‐‐‐ 사제 관계
═══ 동문 관계

김종직
사림의 종주

정몽주의 제자였던
'길재'의 학문 계승

김굉필
김종직의 제자,
자칭 '소학동자',
조광조의 스승

무오사화(1498, 연산군 4년) 당시 평안도 '희천'으로 유배
유배지에서 17세의 조광조를 만나 스승과 제자의 인연을 맺는다.
갑자사화(1504, 연산군 10년) 때 사사되었다.

조광조
사림의 우상

기묘사화(1519, 중종 14년)
유배, 사사

백인걸
율곡 이이의 스승

동문

성수침
우계 성혼의 아버지

우계 성혼
성수침의
아들이자 제자

백인걸의 제자

친구

율곡 이이
(본의 아니게)
서인의 수장

백인걸의 문인,
거의 독학

친구

구봉 송익필
율곡 이이와
우계 성혼의 친구

거의 독학으로
학문을 완성

친구

송강 정철
제12대
인종의 처남

학문보다는 정치

사위, 제자

사계 김장생

송익필·성혼·이이의 제자

이씨

율곡 이이의 서녀,
김집의 후처

신독재 김집

김장생의 아들
율곡 이이의 사위

우암 송시열

김장생과
김집의 제자

정계에 진출한 송시열은 산림의 종주이자 서인의 영수로 추앙받게
된다. 당대 최고의 학자이자 예학에 정통한 선비로 추앙받은 송시
열은 조선 역사상 가장 치열했던 예법 논쟁이라 할 수 있는 두 번
의 '예송논쟁'을 통해 역사에 이름을 남겼다.

아버지 송사련의 죽음과
동서 붕당의 탄생

1567년 명종이 후계자 없이 승하하자 중종의 서손자 '하성군'이 조선의 제14대 임금으로 즉위했다. 그가 바로 선조이다. 선조는 미혼인 데다 부모가 모두 세상을 떠난 고아였고, 명종의 유언이 담긴 대비의 교지에 따라 왕위에 올랐기에 즉위에 공을 세운 공신 집단도 없었다. 실로 오랜만에 외척과 공신 세력이 부재한 정권이 성립된 것이다. 기묘사화 이후 한껏 위축되었던 사림들은 다시 날개를 달고 지난 정권에 부역했던 공신들을 맹렬히 비난했다. 선조를 옹립한 영의정 이준경은 조정의 화합을 위해 노력하였으나 사림들은 을사사화[40] 이후 '위사공신'으로 임명된 사람들을 가짜라고 주장하면서 대신들과 대립하였다. 그 중심에 율곡 이이가 있었다.

기묘사화(1519년, 중종 14년)를 겪은 이준경은 대신들에게 티끌 하나 없는 결백을 요구하는 젊은 관리와 유생들의 과격함 때문에 자칫 사림이 화를 당하는 역사가 반복될 것을 염려하였다. 1572년(선조 5년)이준경은 세상을 떠나면서 선조에게 사사로운 붕당을 깨뜨려야 한다는 유언을 남겼다. 이준경의 유언은 젊은 사림들의 반발을 샀고, 특히 율곡 이이는 그를 맹렬하게 비난하였다.

같은 해, 남명 조식의 제자였던 이조정랑 '오건'이 사직했다. 이조정랑은 정5품의 관직으로 품계가 높지는 않으나 하급 관리(7품

---

40 1545년 명종 즉위 직후부터 1547년(명종 2년) '양재역벽서 사건'까지, 약 3년 동안 문정왕후의 남동생 윤원형이 주도하는 '소윤' 세력이 인종의 외삼촌 윤임이 주도하는 '대윤' 세력을 숙청하면서 사림이 크게 화를 입은 사건.

이하)의 임명권을 책임지는 중요한 자리였다. 즉, 조정에 인맥을 형성하여 세력을 키워나가기에 더할 나위 없는 요직 중의 요직인 셈이었다. 오건은 강직한 성품이었기에 아첨과 청탁이 수없이 오가는 중앙 관리가 적성에 맞지 않았다. 다행히 이조정랑은 그 특수성 때문에 재임 기간이 1년에 불과했다. 사직이 받아들여지자 51세의 오건은 미련 없이 고향으로 내려갔다. 그런데 한 가지 문제가 있었다. 이조정랑은 전임자가 후임자를 추천하면 그대로 임명되는 것이 관례였는데 오건은 후임자를 추천하지 않은 채 낙향했던 것이다.

조정에서는 공석이 된 이조정랑의 자리에 누구를 임명할 것인가에 대한 논의가 열렸고, 대사간으로 있던 김계휘(김장생의 아버지)가 김효원을 추천했다. 김효원은 당시 31세의 젊은 인재로 퇴계 이황과 남명 조식의 제자였다. 그는 성균관 유생을 거쳐 1565년(명종 20년) 문과에 장원으로 급제하였기에 실력은 말할 것도 없거니와 동문수학한 선비들과 성균관 동기, 급제 동기 등 조정 안팎으로 많은 인맥을 가지고 있어 이조정랑으로 적격이었다. 그런데 인순왕후(명종의 왕비)의 남동생 '심의겸'이 반대하며 그 근거로 김효원이 척신 '윤원형(문정왕후의 남동생)'의 문객이었다고 주장했다. 심의겸은 윤원형의 집에서 김효원을 직접 본 적이 있었기에 그를 비난한 것이었다.

사실 김효원은 윤원형의 사위이자 처가살이 중이던 '이조민'과 친분이 있었을 뿐 윤원형의 문객은 아니었다. 하지만 심의겸의 의견은 받아들여졌고, 김효원은 '이조정랑'에 임명되지 못했다. 이에 김효원을 지지하던 젊은 선비들과 유생들은 반발했다. 외척 심의겸이 감히 고결한 선비 김효원의 트집을 잡는 것은 권력 남용이자 적

폐라는 것이었다. 이 사건은 사림과 외척을 포함한 대신들의 갈등으로 서서히 불거져갔다.

1574년(선조 7년), 김효원이 다시 이조정랑에 천거되었다. 그가 윤원형의 문객이었다는 혐의는 이미 벗은 후였기 때문에 심의겸도 반대하지 않았다. 부임한 지 채 1년이 되기 전인 1575년(선조 8년) 1월, 김효원은 홍문관 부교리[41]로 자리를 옮기게 되었고, 관례에 따라 후임자를 추천하였다. 이때 후보로 천거된 인물이 바로 심의겸의 동생 '심충겸'이다. 심의겸에게 묵은 감정이 있던 김효원은 조정 대신들이 모두 모인 자리에서 "이조는 외척의 전유물이 아니다"라고 주장하며 반대했다.

하지만 김효원의 반대에도 불구하고 심충겸이 이조정랑에 임명되자 조정은 김효원을 지지하는 젊은 사림과 심충겸을 지지하는 이들로 분열되었다. 김효원의 집이 경복궁을 중심으로 한양 동쪽(동대문 근처)에 있었기에 심충겸을 반대하는 이들을 '동인(東人)'이라 불렀고, 심충겸의 집은 경복궁을 중심으로 한양 서쪽(정릉[42] 근처)에 있었기에 심충겸을 지지하는 이들을 '서인(西人)'이라고 불렀다. 1575년 을해년, 조선 당쟁의 역사는 이렇게 사소한 감정 대립에서 시작되었다.

조정이 동서 붕당으로 갈라져 대립하기 시작했을 때, 송사련이 세상을 떠났다. 당시 그의 나이는 80세였으니 천수를 누린 셈이었다. 송익필은 율곡 이이에게 아버지의 신주[43]를 써달라고 부탁했

---

41 조선시대 홍문관의 종5품 관직.
42 중종의 왕릉.
43 죽은 사람의 위(位)를 베푸는 나무패.

다. 아버지를 원망하지도 못하고 조정에 출사할 수도 없는 송익필의 처지를 안타깝게 생각한 율곡 이이는 그의 부탁을 차마 거절하지 못했다. 율곡 이이는 누구보다 조광조를 존경해왔고, 송사련이 사림들에게 어떤 비난을 받고 있는지도 잘 알았다. 누구보다 원칙을 중시했던 율곡 이이가 송사련의 신주를 써준 것은 사사로운 정을 외면하지 못하는 성품 때문이었다.

이런 친구가 있기에 송익필은 외롭지 않을 수 있었고, 당쟁이 본격화된 후 송익필의 당색은 자연스럽게 '서인'이 되었다. 그 후 당쟁의 갈등을 줄이기 위해 고군분투하던 율곡 이이가 동인들의 공격으로 수세에 몰리게 되자 송익필은 서인 세력의 숨은 브레인으로 활약을 펼치게 된다.

승승장구하는 친구들과
자괴감에 빠진 송익필

김효원과 심의겸의 대립으로 동서 붕당의 갈등이 과열되자 율곡 이이는 이준경의 유언을 비난했던 것을 크게 후회하며 깊이 반성하였다. 그리고 조정이 분열되는 것을 막기 위해 논쟁의 당사자인 김효원과 심의겸을 모두 외직으로 발령할 것을 건의하였다.

선조는 율곡 이이의 의견을 받아들여 심의겸은 개경유수로, 김효원은 함경도 부령부사로 임명하였다. 그러자 심의겸은 너무 가까운 곳에, 김효원은 너무 멀고 험한 곳에 발령했다며 당쟁은 더욱 격렬해졌다. 이에 선조는 심의겸을 전주부윤으로, 김효원을 강원도 삼척부사로 임명했다. 그러자 심의겸은 편안한 곳에, 김효원은 척박한 곳에 발령했다며 율곡 이이를 향해 비난이 쏟아졌다. 서인들은 율곡 이이가 너무 동인의 편을 든다며 불만이었고, 동인들은 율곡 이이가 결국은 서인의 편이라며 비난했다. 1576년(선조 9년) 2월, 율곡 이이는 결국 사직서를 올리고 파주로 돌아갔다.

당쟁의 원인을 제공한 김효원과 심의겸은 지방으로 내려갔고, 당쟁의 중재를 위해 노력하던 율곡 이이는 쏟아지는 비난을 감당할 수 없어 조정을 떠났다. 다행히도 선조는 율곡 이이의 빈자리를 빠르게 체감했다. 비난을 감수하며 중재를 자처하던 율곡 이이가 없는 조정에서 당파를 만들려는 신하들을 막기란 역부족이었다.

1580년(선조 13년), 선조는 율곡 이이를 대사간[44]으로 임명하고 성혼을 사헌부 장령[45]으로 임명하였다. 과거시험을 본 적이 없던 성혼에게 관직을 내린 것은 조정으로 돌아올 율곡 이이에게 힘을 실어주기 위해서였다. 율곡 이이에 대한 선조의 각별한 마음이 담긴 인사 발령이었다.

송익필은 율곡 이이와 정철, 성혼이 조정에서 정치적 곤경에 처하면 조언을 아끼지 않았다. 이는 송익필이 할 수 있는 유일한 정치 참여였다. 관리 집단이나 당쟁의 이해에 직접 관련되지 않았기에 송익필은 오히려 상황을 객관적으로 바라볼 수 있는 통찰력이 있었다. 그는 파주 구봉산 자락에 앉아 선조의 심리를 읽어냈고, 동인들의 목표와 방향을 파악했다. 송익필의 조언은 율곡 이이와 서

---

44 조선시대 사간원의 수장으로 품계는 정3품이다.
45 사간원, 홍문관과 함께 언론삼사로 불린 사헌부의 정4품 관직.

인 세력에게 큰 힘이 되었다. '서인의 그림자이자 얼굴을 드러낼 수 없는 조언자'라는 한계 때문에 답답할 때도 많았으나, 그럴수록 송익필은 좌절하기보다 마음을 다잡고 제자들을 가르치며 학문을 연구했고, 친구들을 통해 정치에 영향을 주는 것으로 대리만족을 하고자 하였다.

송익필의 친구 중 가장 먼저, 가장 빠르게 출세가도를 달린 이는 율곡 이이였다. 1580년(선조 13년) 12월, 대사간으로 조정에 복귀한 율곡 이이는 이듬해 대사헌[46]으로 승진하였고, 3개월 뒤 호조판서[47]로 재차 승진했다. 1582년(선조 15년) 율곡 이이는 이조판서와 형조판서를 거쳐 병조판서에 임명된다. 하지만 율곡 이이의 승승장구를 손놓고 지켜보고 있을 동인이 아니었다.

임금의 마음을 뒤흔든
한 장의 상소문

1583년(선조 16년), 조정에서는 병조판서 율곡 이이에 대한 탄핵이 열흘째 계속되고 있었다. 당시 이이는 과로가 누적된 상태였다. 평소처럼 출근하여 병조의 업무를 처리한 이이는 선조를 알현하러 가던 중 심한 어지럼증을 느꼈다. 그날 이이는 선조를 알현하지 못한 채 퇴청하여 몸조리를 했다. 이를 빌미로 삼사의 관리들은 '이이

---

46 조선시대 사헌부의 수장으로 품계는 종2품이다.
47 조선시대 6조의 하나. 인구, 토지, 부역, 조세 등을 담당하는 '호조'의 수장으로 품계는 정2품이다.

는 임금을 업신여겼으니 용서치 못할 죄를 지었고 나라를 그르칠 소인'이라며 일제히 탄핵을 시작했다.

동인과 서인은 조정의 주도권을 잡기 위해 첨예하게 대립한 상황이었다. 선조가 이이를 총애한다고 하지만 서인이 실세는 아니었고, 이이에 맞설 만한 인물은 없다지만 퇴계 이황의 제자 대부분이 동인에 속했기에 논쟁이 있을 때마다 동인의 기세는 서인에 비할 바가 아니었다. 만약 탄핵이 받아들여져서 이이가 파직된다면 서인이 위축될 것은 불 보듯 뻔했다. 선조는 '너희의 주장대로 이이가 임금을 업신여긴 대죄를 지었다면 파직 정도의 약한 처벌을 제시한 너희들도 죄인'이라는 논리로 이이를 변호했다. 이어서 선조는 분통을 터트리며 한마디를 덧붙였다.

조정이 각기 분당[48]이 되어 나랏일이 날로 잘못되고 있는데도 대신들이 그것을 밝혀내지 못한다면 장차 이 나라가 어떻게 되겠는가?

선조의 분노에 놀란 홍문관 관리들은 자신들이 붕당으로 몰렸다며 일제히 사직하는 것으로 맞섰다. 상황이 임금과 신하 간의 기싸움으로 바뀌자 대신들이 중재에 나섰다. 이이를 파직하는 대신 병조판서를 교체하자는 타협안을 제시한 것이다. 선조는 일단 대신들의 의견을 수렴하기로 했다. 열흘이 넘게 이어진 공방에 지친 것이다. 이이는 병조판서에서 파직되었다. 이이의 파직은 곧 동인의 승리이자 서인의 패배였다. 이에 조정 일에 적극적으로 나서지 않

---

48 당파가 서로 나뉜 것.

았던 성혼이 상소문을 올렸고, 이 상소문은 선조의 심금을 움직이게 된다.

> 신하로서 나라를 위해 일을 담당하게 되면 원망이 한 몸에 모여 화를 입는 일이 즉시 오기 마련입니다. ……(중략)…… 지금 이이는 자기 몸을 잊고 원망을 받아가면서 온몸의 힘을 다 하고 있는데, 하루아침에 이러한 중상모략을 받아 장차 여생을 보전할 수 없게 되었으니 다른 날 위급한 일이 있을 때 누가 전하를 위해 일을 맡으려 하겠습니까? ……(중략)…… 공론이 중한 곳에는 서로 친구라는 혐의도 피하지 않는 것입니다. 신은 이이의 친구입니다. 신이 비록 옛사람에게는 미치지 못하나 그렇다고 감히 아래에 붙고 위를 속여가면서 전하를 저버리지는 못합니다.

성혼이 올린 상소문의 초안을 작성한 사람은 바로 송익필이었다. 상소문을 읽은 선조는 삼사를 장악한 동인과 타협하려 했던 마음을 바꿔 강경하게 나섰다. 탄핵을 주도한 대사간 송응개와 도승지 박근원, 신진 관리 허봉을 유배에 처한 것이다. 1583년 계미년, 율곡 이이를 조정에서 몰아내려 했던 동인의 중심인물 세 명이 나란히 유배에 처한 이 사건을 '계미삼찬'이라고 한다. 선조의 행동을 이끈 것은 빈틈없는 문장으로 어심을 공략한 송익필과 성혼의 상소문이 결정적인 역할을 했다. 동인은 패배를 곱씹으면서 서인에게 숨은 책략가가 송익필이라는 것을 확인했다. 계미삼찬 이후 동인이 율곡 이이와 성혼이 당파를 만들었다는 비판을 하자 선조는 이렇게 답했다.

나는 주희(＝주자)의 말을 본받아 이이, 성혼의 당에 들어가길 원한다. 지금부터 너희는 나를 이이, 성혼의 당으로 부르도록 하라.

율곡 이이의 죽음과
송익필의 환천

계미삼찬 이후 선조는 율곡 이이의 복직을 명하는 간절한 비답을 여러 차례 내렸다. 하지만 이이는 선조의 부름에 응할 수 없었다. 병조판서에서 파직된 지 석달 후인 1584년(선조 17년) 1월, 49세의 아까운 나이로 세상을 떠났기 때문이다. 율곡 이이의 죽음은 당파를 초월하여 조정에 엄청난 영향을 미쳤다. 서인은 늘 이이에게 동인의 편을 든다며 원망했고, 동인은 율곡 이이가 어차피 서인의 편이라며 비난하곤 했다. 하지만 서인 중에서 율곡 이이를 대체할 인물은 어디에도 없었고, 동인 중에서 율곡 이이처럼 선조의 신뢰를 받으며 조정의 화합을 이끌 인물도 없었다. 무엇보다 선조는 이후 어떤 신하들에게도 이이에 보인 것과 같은 총애와 신뢰를 주지 않았다. 동인과 서인은 선조의 마음을 잡기 위해 고군분투했고, 군신 간의 예의는 더욱 깍듯해졌다. 하지만 화합의 정신은 사라졌고, 옳고 그름이 아니라 당파에 따라 서로를 견제하고 비난하는 분위기가 정착되었다.

송익필이 느낀 상실과 슬픔 또한 상상 이상이었다. '양지'에서 활동하던 수장을 잃은 서인 세력은 음지의 수장 송익필에게 의지할 수밖에 없었다. 하지만 송익필이 아무리 교묘한 수가 있다 해도 서인 중에서 이이처럼 선조의 마음을 얻을 수 있는 인물은 없었기에 조정의 주도권은 자연스럽게 동인에게로 넘어갔다. 오랫동안 기회를 기다려온 동인은 서인의 기세를 누르기 위해 심의겸을 목표로 삼았다. '외척'이라는 심의겸의 배경은 최상의 공격 조건이었다.

동서 당파의 원인을 제공했으나 김효원과 화해를 했고 인순왕후의 죽음[49] 이후 별다른 갈등을 일으키지 않았던 심의겸은 1585년(선조 18년) 동인의 공세로 인해 파직되었다. 대세가 동인에게로 기울자 율곡 이이의 제자였던 정여립은 당적을 동인으로 바꾸고 스승을 비난했다. 송익필은 제자들과 친구들을 통해 이이를 옹호하는 상소를 지속적으로 올렸으나 조정의 상황과 선조의 생각을 알 길이 없어 답답했다. 그러던 중 송익필의 운명을 바꾼 사건이 일어나고야 말았다.

1586년(선조 19년), 안당의 손자 '안윤'이 송익필의 집안을 상대로 소송을 제기했다. 소송의 내용은 송익필의 외할머니 '감정'이 안돈후(안당의 아버지)의 딸이 아니라 노비 중금(안돈후의 비첩)과 그녀의 전남편(노비) 사이의 딸이라는 주장이었다. 이 주장에 따르면 송익필 일가는 안당 집안과 혈연관계가 전혀 없는, 안당 집안의 사노비였다. 송익필은 이미 노비의 신분에서 벗어난 지 60년이 넘었기에 해당 사항이 없었지만 안당의 후손들은 집요했다. 사헌부를 장악한 동인은 송익필을 제거하여 서인의 기세를 꺾어놓기 위해 안윤의 편을 들어주었다. 송익필 일가에 대한 소송은 국법을 무시한 채 일사천리로 진행되었고 1586년(선조 19년) 7월 15일, 판결문이 나왔다.

---

49 인순왕후는 1575년(선조 8년) 세상을 떠났다.

송사련의 후손 송익필 형제와 그 자손들을 원래대로 안씨 가문의 사노비로 되돌려라.

판결이 나오자마자 송익필 집안의 일가친척 70여 명은 전국 각지로 흩어져 도망 노비가 되었다. 송사련의 무덤은 사정없이 파헤쳐졌고 시신은 훼손되었다. 송사련에 대한 안당 가문의 증오가 얼마나 컸는지를 보여주는 사건이었다. 송익필도 안당 가문 사람들의 눈을 피해 도망을 쳤다. 그가 숨은 곳은 첩첩산중이 아니나 대궐에서 가까운 한양, 그것도 동인의 수장 이산해의 집이었다. 아무도 송익필이 이산해의 집에 숨었을 것이라고는 생각하지 못했다. 송익필을 숨겨준 이산해는 그가 동인의 편으로 돌아서기만 하면 모든 고초를 해결해 주겠노라고 회유했다. 평생 음지에서 살아왔던 송익필로서는 참으로 거절하기 힘든 유혹이었다. 하지만 송익필은 끝내 이를 거절하였다.

기축옥사와
서인의 복귀

송익필이 다시 노비로 환천되자 제자들과 친구들은 그를 구하기 위해 갖은 노력을 다하였으나 선조의 마음은 요지부동이었다. 성혼과 정철은 송익필의 노비 문서를 사기 위해 돈을 모으기도 했다. 당시 사노비는 주인의 재산으로 '매매'가 가능했기에 주인이 노비 문서만 없애면 양인이 될 수 있었다. 하지만 안당 가문에서 이를 받아들일 리가 없었다. 소송을 진행한 것도 판결을 내린 것도 동인이었지만 이들은 서인의 기세를 완전히 꺾은 것에 만족할 뿐 송익필을 쫓지 않았다. 감정은 공노비가 아닌 사노비였기에 도망노비를 찾는 것은 주인의 책임이라는 것이었다. 동인 중에는 송익필과 학문적·문학적 교류가 깊었던 이들도 많았기에 차마 송익필을 직접 나서서 사지로 인도할 수는 없었다.

1587년(선조 20년) 심의겸이 세상을 떠나고, 1589년(선조 22년) 율곡 이이를 진심으로 아꼈던 박순까지 세상을 떠나자 서인의 입지는 더욱 좁아졌다. 동인의 독주를 원치 않는 선조로 인하여 명맥을 유지하고 있을 뿐이었다. 이제 서인의 거물 정치가는 정철 정도밖에 남아 있지 않았다. 송익필은 정철과 함께 상황을 단번에 반전시킬 거사를 계획했다. 그리하여 동인으로 전향한, 떠오르는 동인의 차기 주자 정여립의 역모 사건이 선조의 귀에 들어가게 되었다.

총명하고 장부의 기질이 다분한 정여립은 서인에서 동인으로 당적을 바꿀 만큼 출세욕이 강했다. 하지만 서인으로 있을 때는 율곡 이이가, 당적을 바꾼 후에는 동인의 중진 이발 등이 적극적으로 천거했으나 선조의 눈에 들지 않아 요직에 오르지 못했다. 능력과 야망은 넘치는데 기회가 주어지지 않자 1585년(선조 18년) 정여립은 고향 전주로 내려갔고, 이내 지역의 유력 인사가 되었다. 고향에 정착한 그는 인근의 무사와 사노비 등을 모아 '대동계'를 조직하여 무예와 학문을 연마하였다. 정여립의 거처에 문객이 되기를 청하는 사람들의 발길이 끊이지 않았고 지방관들도 그를 존중했다.

1587년(선조 20년), 정여립은 전주부윤 남경언의 부탁을 받고 '대동계'의 계원들과 함께 군대를 조직, 관군을 대신하여 왜구를 물리쳤다. 이러한 행적들은 평소 정여립이 자주 말했던 '천하는 모든 사람의 것이지 주인(임금)이 따로 있지 않다'는 불순한 사상의 증거가 되었다.

1589년(선조 22년) 10월, 황해도 감사 '한준'이 올린 비밀장계가 대궐에 도착했다. 정여립의 역모를 고발하는 장계였다. 선조는 역도 정여립을 압송해올 것을 명했으나 그를 데려가기 위한 관군이 도착했을 때 정여립은 이미 자결한 후였다.

주모자인 정여립이 이미 죽었으나 사건은 그때부터가 시작이었다. 죽은 자는 말이 없기에 공모자들의 명단이 끝도 없이 밝혀졌다. 정여립과 가까웠던 인물들은 거의 다 끌려와서 문초를 받았고 사건은 점점 확대되었다. 사건을 책임진 우의정 정언신은 동인으로 정여립과 먼 친척이었다. 송익필은 생원 '양천회'를 통해 역모를 일으킨 정여립과 역모를 해결해야 하는 정언신이 친척 관계임을 지적하고 정여립과 가까웠던 동인 유력자들의 실명을 거론하며 이들이 역모 사건을 축소하려 한다는 내용의 상소를 올렸다. 상소는 즉위 이후 처음으로 '역모' 사건을 겪으며 불안감이 고조되어 있던 선조의 마음을 크게 흔들었다. 정언신은 우의정에서 파직되었고, 서인 정철이 우의정 겸 사건 책임자로 임명되었으며, 성혼이 이조참판에 임명되면서 서인의 인물들이 조정에 복귀했다. 기세를 잡은 정철은 동인의 유력 인사들을 대거 숙청하였는데, 이를 '정여립의 난' 혹은 '기축옥사'라고 한다.

기축옥사 이후 조정에 남은 동인의 유력 인물은 이산해, 좌의정 유성룡 정도에 불과했다. 동인이 역당으로 몰렸음에도 이산해와 유성룡을 정승으로 임명한 것은 하나의 당파가 조정을 장악하게 하지 않겠다는 선조의 의지였다. 선조는 당쟁을 이용할 줄 아는 노련한 임금이었다. 하지만 송익필은 서인의 이름을 빌려 계속하여 강경하게 이산해를 탄핵하고 유성룡까지 비난하는 상소를 올렸다. 서인의 정권 장악에 급급한 나머지 선조의 어심을 파악하지 못한 것이다.

이산해와 유성룡이 사직을 청했을 때 선조는 서인에게 '배후의 존재'가 있음을 알아차렸다. 선조는 '송익필'이 배후라고 생각했고 서인에게 괘씸한 마음이 들었다. 선조는 사직을 청하는 이산해와 유성룡을 만류하며 이렇게 말했다.

사주한 간인은 반드시 잡아내겠으니 경들은 대죄치 말고 마음을 편히 가지라.

같은 해 12월, 선조는 다시 한번 송익필을 언급하는 전교를 내렸다.

사노 송익필, 송한필 형제가 조정에 대한 원망이 쌓였으니 반드시 일을 내고야 말 것이다. 간귀 조헌의 상소 또한 모두 송익필의 사주에 의한 것이었다 하니 극히 통분할 일이다. 더욱이 노비로서 주인을 배반하고 도망쳐 다니는 죄가 강상에 관계되니 더욱 해괴하다. 체포하여 엄중히 다스려라.

정철의 몰락과
임진왜란

수백 명의 사람이 목숨을 잃은 기축옥사는 개국 이후 가장 큰 규모의 옥사였다. 이를 주도한 정철은 서인이 주도권을 잡았을 때 '차기 임금'인 세자를 세워 서인의 세력을 반석 위에 올려놓고자 했다. 그리하여 1591년(선조 24년) 영의정 이산해, 좌의정 정철, 우의정 유성룡이 함께 모여 세자를 세우는 문제를 논의하였다. 당시 선조는 마흔이었고 재위 24년을 맞았으나 왕비 의인왕후에게서 아들이 없다는 이유로 세자를 세우지 않고 있었다. 인종과 명종은 30대의 젊은 나이로 승하하였고, 두 임금은 후계자로 세울 아들이 없었다. 그러나 선조에게는 비록 후궁 소생이긴 하지만 왕자들이 여러 명 있었음에도 불구하고 이렇게 오랫동안 세자의 자리를 비워둔 것은 일찍이 없던 일이었다.

세 명의 정승은 공빈 김씨 소생의 왕자 광해군을 세자로 세울 것을 건의하자고 입을 맞췄다. 비록 광해군은 서자이나 생모가 세상을 떠났기에 왕비 의인왕후와 모자의 정이 각별했고, 인품과 자질도 왕자들 가운데 발군이었으며, 나이도 적당했다. 정철은 선조가 세자 세우는 것을 주저하고 있으나 정승들이 함께 건의하면 마음을 바꿀 것이라고 생각했다. 하지만 다음 날, 이산해는 건강을 핑계로 조정에 나오지 않았다. 이산해는 선조의 마음이 인빈 김씨의 차남 신성군에게 있다는 것을 알았기에 괜히 광해군을 세자로 세우자고 하여 밉보일 생각이 없었던 것이다.

한편, 정철은 이산해가 오지 않자 유성룡과 둘이 선조를 찾아가 세자 문제를 꺼냈다. 그러자 선조는 자신이 정정한데 굳이 세자를 세우라는 의도가 무엇이냐며 분노했다. 유성룡은 침묵했고, 정철 홀로 선조의 의심과 분노를 정통으로 받았다. 결국 정철은 동인의 탄핵을 받아 유배되었는데, 그가 받은 처벌은 사형을 간신히 면한 위리안치[50]형이었다. 이어서 동인은 송익필에 대한 처벌도 주장하였다. 소식을 들은 송익필은 도망쳐 있던 부여에서 자수하였고, 한양으로 압송되어 유배에 처해졌다.

1592년(선조 25년) 1월, 송익필이 유배지 '희천'에 도착한 지 3개월 뒤 임진왜란이 발발했다. 부랴부랴 광해군을 세자로 삼아 한양을 떠나 피난길에 오른 선조는 개경에 도착하자마자 정철을 방면했다. 광해군을 세자로 세우자고 했던 것도, 전쟁이 일어날 것이라고 주장했던 것도 모두 서인이었다. 무엇보다 백성들이 정철의 방면을 요구하고 있었다. 임진왜란으로 서인은 명분과 민심을 얻었고, 1593년(선조 26년) 송익필은 유배에서 풀려났다.

전쟁과도 같던 동서 당쟁은 막상 진짜 전쟁이 일어나자 힘을 잃었다. 얼마 뒤 선조의 명을 받고 민심과 행정을 다독이기 위해 남쪽으로 향했던 정철은 강화도에서 세상을 떠났다. 이어서 유랑하던 형과 동생도 전쟁 중 세상을 떠났다는 소식을 전해 들은 송익필은 아무것도 이루지 못한 채 그저 살아남은 것이 허무했다. 가족을 잃은 송익필은 갈 곳조차 없었다. 하지만 송익필에게는 제자가 있었다.

스승의 소식을 듣고 찾아온 김장생은 충청도 당진에 송익필의

---

50 중죄인에 대한 유배형 중의 하나이다. 죄인을 배소에서 달아나지 못하게 하기 위해 귀양 간 곳의 집 둘레에 가시가 많은 탱자나무를 돌리고 그 안에 사람을 가둔다.

거처를 마련해주었다. 이곳에서 송익필은 친구들과 주고받은 편지를 모은 〈현승편〉을 엮어 편찬하였고, 주자의 저서 〈가례〉를 해석한 〈가례주설〉을 저술하며 여생을 보냈다. 당쟁에도 정치에도 미련을 버린 송익필은 1599년(선조 32년) 66세의 나이로 세상을 떠났다. 성혼은 송익필보다 1년 먼저 세상을 떠난 뒤였다.

송익필의 죽음으로 서인의 명맥은 완전히 끊어진 것처럼 보였고 조정은 다시 동인의 차지가 되었다. 하지만 24년 뒤 세상은 다시 뒤집혔다. 1623년 조선의 제15대 임금 광해군이 인조반정으로 폐위된 것이다. 폐위된 광해군을 보좌했던 북인(동인 강경파)과 동인 세력들은 대거 축출되었고, 와신상담하며 기회를 기다려온 '서인 세력'이 그 자리를 채웠다. 그렇다면 조정에서 외면당했던 서인 세력은 어떻게 명맥을 유지한 것일까?

인조반정 당시 서인의 종주는 송익필의 직계 제자 김장생이었다. 광해군 시절 조정에서 활약은 하지 못했으나 김장생은 제자를 부지런히 길렀고 재야에서 명성을 떨쳤다. 반정의 명분과 인재가 필요했던 인조는 서인 세력과 손을 잡았고, 인조반정이 성공한 뒤 서인은 완벽하게 조정을 장악하였다. 그 후 김장생은 상소를 올려 스승 송익필을 복권했다. 송익필의 학맥은 김장생을 통해 계속 이어졌고, 그의 제자들은 조선 후기까지 엄청난 영향력을 행사하였다.

아버지 송사련이 저지른 악업을 평생 짊어지고 살아야 했던 송익필. 그의 삶은 영광보다 고난이, 명예보다 비난이 가득했다. 송익필은 부친의 불명예를 학문으로 승화시켰고, 입신양명이 좌절되자 기꺼이 친구들의 그림자가 되었다. 배후에서 서인 세력의 책략가로 활약한 송익필은 당쟁의 역사를 만들었고, 스승을 하늘처럼

서인의 대표 인물

	구봉 송익필	율곡 이이	우계 성혼	송강 정철
탄생	1534년 (중종 29년)	1536년 (중종 31년)	1535년 (중종 30년)	1536년 (중종 31년)
공통점	일명 파주4걸, 경기도 파주에서 만나 우정을 키워 나갔다.			
주요 가족	아버지 송사련	어머니 신사임당	아버지 성수침	큰누나 귀인 정씨 (인종의 후궁)
과거 시험	1558년(명종 13년) 초시 합격 25세 1559년(명종 14년) 대과 응시 자격 박탈, 파주 구봉산에 은거, 학문 연마 및 제자 양성	1548년(명종 3년) 진사시 장원급제 13세 1564년(명종 19년) 대과 초시, 복시, 전시 장원급제	1552년(명종 7년) 진사·생원시 합격 18세 대과 응시 포기 학문 연마와 제자 양성에 집중, 주로 '천거'로 관직을 받음	1561년(명종 16년) 진사시 합격 26세 1562년 (명종 17년) 별시 문과 장원급제
당파	서인	본의 아니게 서인	서인 온건파	서인 강경파
역할	음지의 수장	양지의 수장	조용한 조력자	요란한 행동파
약점	신분이 천민임 (외할머니가 노비 출신)	정에 약함, 주모 출신 계모의 구박과 괴롭힘	정치에 약함	술에 약함 (조선 최고의 술고래)
장점	학문, 정치 등 거의 모든 분야에서 탁월한 능력 보유	임금(선조)을 사로잡은 맑고 곧은 기상의 정치가	온화한 성품을 지닌 학자	빼어난 문학적 재능, 유배를 갈 때마다 임금을 그리워하는 시를 지어 사면됨, 가사 문학의 대가
학문	독학	독학	아버지 성수침의 제자	적당한 사교육의 수혜를 받았다

	구봉 송익필	율곡 이이	우계 성혼	송강 정철
제자	김장생 (송시열의 스승)	김집 外 다수 (김장생의 아들)	김장생, 김집 外 다수	
사망	1599년(선조 32년) 66세	1584년(선조 17년) 49세	1598년(선조 31년) 64세	1593년(선조 26년) 58세

존경하는 제자들을 길러내어 산림의 종주가 되었다. 이는 송익필의 쟁쟁한 친구들이나 그와 대립각을 세웠던 동인의 인물 그 누구도 이루지 못한 업적이었다. 송익필의 행동이 모두 옳았다고 할 수는 없다. 다만 송익필을 알면 가려졌던 조선의 한 부분을 생생하게 볼 수 있다.

정규직 관리가 되는 법, '과거시험' 제2탄

조선의 양반들은 누구나 같은 꿈을 꾸었다. 그것은 바로 과거시험에 합격하여 관료가 되는 것이었다. 이를 '입신양명(立身揚名)'이라고 하는데, 과거에 합격하여 국가의 녹을 먹는 것은 사대부에게 가문의 영광이자 선비가 할 수 있는 궁극의 효도였다.

율곡 이이는 과거에 무려 9번이나 장원으로 급제하여 '구도장원공'으로 명성을 떨쳤다. 누군가 그에게 "왜 그토록 과거시험에 집착하느냐?"고 묻자 율곡 이이는 "과거급제에 대한 부모님의 간절한 소망을 이루어 드리고 부모님을 맛있는 음식으로 봉양하기 위해서"라고 대답했다. 이처럼 과거에 급제하는 것은 선비가 할 수 있는 몇 안 되는 경제활동이기도 했다. 하지만 '과거'에 합격하는 것은 매우 힘든 일이었다. 최종합격까지 적어도 5번(소과 초시와 복시, 대과 초시, 복시, 전시)의 시험을 치러야 공무원이 될 수 있었던 조선시대의 과거제도는 어떤 구조였을까?

문과(대과) 완전 정복 – 초시, 복시, 전시는 무엇일까?

문과(대과)는 크게 3가지로, 8도의 관찰사가 주관하는 '향시', 한성부에서 주관하는 '한성시', 성균관에서 주관하는 '관시'가 있었다. 향시는 말 그대로 지방의 선비들을 대상으로 하였고, 한성시는 서울에 거주하는 선비와 당하관 이하의 관리들을 대상으로 했으며, 관시는 성균관 유생들이 대상이었다. 문과는 기본적으로 소과에 합격하여 생원이나 진사가 된 사람들을 대상으로 진행되었는데, 이들 중에는 추천이나 천거로 이미 관리로 임명된 사람도 있었다. 이런 경우 비록 현직 관리일지라도 응시생의 자격이 주어졌다.

문과 '초시'는 240명을 선발하였고, 이들을 대상으로 한 '복시'에서는 33명만을 선발했다. 그야말로 살인적인 경쟁률이었다. 복시에 합격한 33명은 다시 대궐에 들어가서 시험을 치렀는데, 이것이 문과의 마지막 시험인 '전시'였다. 전시는 합격과 불합격이 결정되는 것이 아니라 시험 성적에 따라 석차(등수)가 정해졌는데, 이때 장원을 결정하는 최종 권한은 임금에게 있었다. 따라서 장원이 되면 관료 생활의 시작과 동시에 임금에게 자신의 이름을 알릴 수 있었다.

모든 선비들의 꿈, 장원급제

전시가 끝나면 33명의 등수가 발표되었는데 이 중 갑과 1등이 바로 전체 수석, 즉 장원이다. 일단 문과(대과)에 최종 합격하면 그때부터는 성대한 환영연이 열렸다. 합격자들은 경복궁에서 임금에게 사배례를 올린 뒤 문무백관 앞에서 합격증(홍패)과 어사화 그리고 일산을 받았다. 이어서 축하연회가 벌어졌는데 합격자들은 문무대신들과 함께 술을 마시고 기생과 광대의 공연을 관람했다. 이때 합격자들은 성적순으로 앉아서 누가 장원인지 한눈에 구분할 수 있었다. 다음 날 합격자들은 다시 정식으로 대궐에 나아가 임금에

과거(문과) 종류 및 단계별 합격자

	초시(합격자 수)	복시(합격자 수)	전시(성적 발표)
1. 향시 지방의 유생 대상 (생원, 진사)	향시 150명 (경기도 20명) (경상도 30명) (충청도 25명) (전라도 25명) (강원도 15명) (평안도 15명) (황해도 10명) (함경도 10명)	33명 (붉은 종이로 만든 합격 증서 '홍패' 증정)	갑과 3명(1~3등) (전체 수석 '장원' 전체 차석 '방안' 전체 3등 '탐화') 을과 7명(4~10등) 병과 23명(11~33등)
2. 한성시 하급 관리 및 한성 거주 유생	한성시 40명		
3. 관시 성균관 유생 대상	관시 50명		

게 감사의 인사를 올렸고, 셋째 날에는 성균관 문묘에 나아가 공자의 위패에 참배하는 알성례를 치렀다.

3일간의 축하연이 끝나고 나면 관직이 제수되었다. 병과 급제자에게는 정9품, 을과 급제자에게는 정8품, 갑과 2등과 3등에게는 정7품의 관직이 내려졌다. 그리고 대망의 장원에게는 곧바로 종6품의 관직이 내려졌다. 일반적으로 9품에서 6품으로 승진하려면 약 8~10년 정도가 걸리는 것을 감안했을 때 장원은 동기들과 출발선부터가 다른 셈이었다. 일단 장원으로 급제하기만 하면 관료 생활이 전반적으로 평탄하고 순조로웠다.

율곡 이이의 전설, 9번의 장원급제

　과거에 합격하는 것은 어려웠다. 동방의 성현이라 불렸던 퇴계 이황도 소과에 세 번이나 낙방하였고, 신동이라 불렸던 백사 이항복도 소과에 낙방하여 성균관 유생이 되지 못했다. 반대로 과거에 응시만 하면 장원으로 급제한 인물도 있다. 그가 바로 조선 최고의 입시 천재로 불리는 율곡 이이다. 가문이나 스승의 후광 없이 독학으로 공부한 율곡 이이는 '외척의 시대'라고 불린 명종 시대에 과거를 치렀음에도 무려 9번이나 장원으로 급제하는 대기록을 세웠다. 이이는 평생 10번의 과거에 응시하였고 그중 9번 장원을 차지했다. 이는 세계사에서도 찾아보기 힘든 전무후무한 기록이다.

　율곡의 첫 번째 장원기록은 13세 때 응시한 진사시(소과 초시)였다. 문장이 가장 뛰어나서 장원으로 뽑혔는데 선정하고 나니 어린 아이여서 시험관이 깜짝 놀랐다는 이야기가 전설처럼 전해진다. 응시 연령에 제한은 없었다. 3년 후 정기 시험인 식년시가 치러졌을 때 율곡은 16세였다. 이 시험에서 그동안 갈고닦은 학문을 마음껏 발휘하여 합격한다면 첫 번째 장원이 우연한 행운이 아님을 증명할 수 있었다. 하지만 그해 어머니 신사임당이 세상을 떠나면서 율곡은 상을 치르는 3년 동안 과거시험에 응시할 수 없었다.

　3년이 지나서도 어머니를 잃은 슬픔에서 헤어나오지 못한 율곡은 19살에 금강산으로 들어가 불교에 심취하기도 했다. 하지만 불경보다 유교 경전에서 궁극의 의미를 찾은 그는 하산하였고, 1556년(명종 11년, 21세) 응시한 식년시 진사과 복시에서 다시 한번 장원의 영광을 거머쥔다. 소과 초시와 복시에 모두 합격한 율곡이 성균관에 입학하러 왔을 때 당시 선배들은 율곡이 이단인 불교에 빠졌던

전설의 수험생, 율곡 이이의 과거 합격

종류(소과, 대과)		회수	응시	시행	율곡 이이가 장원급제한 나이
소과[51] (생원·진사) 초시 합격자 전국 700명 복시 합격자 전국 150명 (복시 합격률 약 21%)	진사과	초시	1548년 (명종 3년)	3년에 한 번	첫 장원(13세)
			1564년 (명종 19년)		장원(29세)
		복시	1556년 (명종 11년)		두 번째 장원(21세)
			1564년 (명종 19년)		유일하게 장원 아님(29세)
	생원과	초시	1564년 (명종 19년)		장원(29세)
		복시			장원(29세)
대과 초시 합격자 240명 복시 합격자 33명 (복시 합격률 약 13.7%)	식년시 (정기 시험)	초시[52]	향시 (150명 선발)		
			한성시 (40명 선발)		장원(29세)
			관시 (50명 선발)		
		복시			장원(29세)
		전시			장원(29세)
별시		초시	1558년 (명종 13년)	수시	세 번째 장원(23세)
		복시			

※ 율곡은 29세 때 총 7개의 과거에 응시하여 6개의 장원을 거머쥐었다.

것을 지적하며 입학을 보이콧했다고 전해진다. 그러나 율곡은 1558
년(명종 13년, 23세) 성균관 입학 후 치른 별시[53]에서 다시 한번 장원을
차지하며 논란을 잠재운다. 이때 율곡이 작성한 답안은 지금까지도

학자들 사이에서 회자될 만큼 뛰어났다고 한다.

1561년(명종 16년, 26세) 율곡의 아버지 이원수가 세상을 떠났다. 율곡은 다시 3년 동안 과거에 응시할 수 없었다. 1564년(명종 19년, 29세) 삼년상을 마친 율곡은 식년시 소과(진사·생원시)와 대과(초시·복시·전시)에 모두 응시하여 무려 6개의 장원을 거머쥐었다. 그리하여 율곡은 13세, 21세, 23세에 장원을 차지한 것을 포함해 9번이나 장원을 차지한 전설이 되었고 '구도장원공(九度壯元公)'이라는 별명을 얻었다.

---

51 소과의 경우 생원, 진사 중 하나만 최종 합격해도 대과 응시 자격이 주어짐.
52 대과 초시 중 향시는 지방 유생을 대상으로 하며, 한성시는 한양에 있는 유생과 현직 하급 관리들이 대상이고, 관시는 성균관 유생을 대상으로 한다.
53 국가의 경사가 있을 때 치르는 비정기 시험.

재야의 선비는 어떻게 정치의 중심이 되었는가?

같은 해에 태어난 성리학의 거두, 퇴계 이황과 남명 조식

16세기가 시작된 1501년은 중국에서 태어나 성리학을 집대성한 주자가 세상을 떠난 지 꼭 300년이 되던 해였다. 같은 해 조선에서는 퇴계 이황과 남명 조식이 태어났다. 중국이 아닌 조선에서 선비들을 매료시켰던 성리학은 퇴계 이황과 남명 조식이라는 두 학자를 통해 꽃을 활짝 피웠고, 이들의 제자들은 이후 300년 동안 조선의 정치와 사회를 이끌게 된다.

아버지의 부재 속에서 자유롭게 독서를 즐겼던 '이황'

퇴계 이황은 경상도 예안 온계리에서 좌찬성[54] 이식의 7남 1녀 중 막내로 태어났다. 그는 태어난 지 일곱 달 만에 아버지를 여의는 바람에 홀어머니 손에서 자라게 되었다. 이황은 아버지의 부재로 인해 선비 가문의 남자라면 대략 5세부터 시작되는, 입신양명을 위한 체계적인 입시 교육을 생략한 채 이웃집 노인으로부터 간신히 천자문을 깨쳤고, 12세가 되던 해 숙부에게서 〈논어〉를 배우며 비로소 학문의 세계에 입문하게

---

54 조선시대 의정부의 종1품 관직으로 삼정승(영의정, 좌의정, 우의정) 바로 아래 품계였다.

된다.

당시 조선시대 양반가 자제들의 보편적인 교육 과정은 〈소학〉에서 시작하여 〈대학〉〈논어〉〈맹자〉〈중용〉으로 진행되는 것이 통례였다. 하지만 이황은 한문을 읽고 쓸 줄 알게 되자마자 〈논어〉로 들어간 것이다. 배움을 검토해주고 진도를 알려주는 스승이 없었던 이황은 과거급제를 위한 맞춤형 공부에서 벗어나 자유롭게 독서를 즐겼다. 덕분에 이황은 14세 무렵에는 도연명의 시에 심취하기도 하였고, 20세가 되어서부터는 〈주역〉에 몰두하여 몸이 쇠약해질 정도였다고 한다.

부친을 스승으로 삼았던 '조식'

남명 조식은 현재 경상남도 합천군에 속해 있는 삼가현 토동에서 태어났다. 이곳은 조식의 외가였는데 풍수적으로 상당히 명당이었다고 전해진다. 야사에 따르면 한 풍수가가 이곳을 지나며 말하길 "신유년(1501년)에 이곳에서 태어나는 아이는 커서 반드시 성현이 될 것이다"라고 예언했다고 한다. 친정에서 지내던 조식의 어머니는 누런 용 한 마리가 방으로 들어오는 태몽을 꾸고 그를 임신하였고 열 달 뒤 아들을 낳았다.

조식은 5세 때까지 외가에서 자라다가 한양으로 상경하였다. 그의 아버지 조언형(1469~1526)이 생원시와 식년문과에 급제했기 때문이다. 조언형은 사간원 정언과 사헌부 지평을 거쳐 요직 중의 요직이라 불리는 이조정랑을 지내는 등 순조롭게 관직 생활을 이어가며 순조롭게 출셋길을 걸었다. 조언형이 중앙 관리로 부임한 시기는 갑자사화가 일어났던 1504년(연산군 10년) 즈음이었다. 즉, 한양

생활을 하는 동안 조식은 갑자사화와 중종반정을 직접 목격했다. 조식은 현실 정치에 일찍 눈을 떴고, 아버지를 스승으로 모시며 학문을 시작했다.

서울 생활 10년째 되던 해, 조언형은 함경도 단천군수로 부임했고 조식도 아버지를 따라 단천으로 갔다. 단천에서 보낸 3년 동안 조식은 서울과는 다른 지방 백성의 어려움을 생생하게 목격했다. 피 끓는 청년이었던 조식은 뜻을 세운 선비라면 마땅히 백성의 어려움을 해결해야 한다고 생각하였고 그 방법을 학문에서 찾았다. 지방관아에서 군수의 아들로 지내는 동안 조식은 천문·지리·의학·병법까지 가리지 않고 책을 읽으며 지식을 쌓았다.

기묘사화 목격 뒤 입신양명을 스스로 포기한 조식

청운의 꿈을 품었던 조식은 19세가 되던 1519년(중종 14년) 기묘사화[55]를 목격하고 큰 충격을 받았다. 이듬해 과거시험에 응시한 조식은 진사 생원 초시와 문과 초시에 모두 급제하며 집안의 자랑이 되었다. 하지만 문과 초시 합격자 중 33명을 선발하는 문과 복시에 낙방하였고, 다시 독서에 열중하게 되었다. 그러던 중 인생을 바꿔 놓을 한 권의 책, 〈성리대전〉을 만나게 된다.

〈성리대전〉을 읽던 조식은 원나라 학자인 허형이 쓴 '대장부가 벼슬길에 나가서는 아무 하는 일이 없고, 초야에 있으면서는 아무런 지조도 지키지 않는다면 뜻을 세우고 학문을 닦아 장차 무엇을

---

55 1519년(중종 14년) 남곤, 홍경주 등의 훈구파에 의해 조광조 등의 신진 사림이 숙청된 사건.

하겠는가?'라는 구절을 읽고 크게 감동하였다. 조식은 책에서 받은 감동을 실천하기로 했다. 그것은 바로 유학의 근본을 깨우치는 것이었다. 그때 조식의 나이는 25세였다.

얼마 뒤 아버지 조언형이 세상을 떠나자 초상을 치른 조식은 친구 '성우'와 함께 지리산을 유람한다. 이때 조식은 친구 성우의 학문이 크게 진전한 것에 충격을 받아 유람을 마치고 돌아오자마자 어머니의 허락을 구한 뒤 입산하여 2년 동안 치열하게 홀로 학문을 연마했다. 어느 정도 학문이 이루어졌다고 생각한 조식은 산에서 내려와 가족들과 함께 처가가 있는 김해에 정착했다. 목표를 정한 그는 그곳에 산해정(山海亭)이라는 독서당을 짓고 유학의 성현인 주렴계, 정명도, 주자의 초상화를 그려서 걸은 후 아침마다 절을 올리며 학문에 매진하였다. 조식의 학문은 점차 세상에 알려졌고 마침내 조정에서 부름을 받기에 이르렀다.

을사사화를 겪으며 벼슬을 버리고 학자로서의 삶을 시작하다

한편 이황은 24세가 되던 해 처음으로 향시에 응시하였는데, 운이 없었는지 향시에만 무려 세 번 연속으로 낙방한다. 하지만 28세가 되던 1528년(중종 23년) 드디어 진사에 합격했고, 2년 뒤 문과 초시에서 2등으로 합격하였다. 이후 성균관에 들어간 이황은 비로소 고향을 벗어났고 한양에서 견문을 넓힐 수 있었다. 성균관 유생의 신분이었던 1532년(중종 27년), 34세의 나이로 마침내 문과에 급제한 이황은 승문원 부정자가 되어 관직 생활을 시작한다.

이황이 중앙 관리로 첫발을 내딛을 당시 조정은 권신 김안로가 장악하고 있었다. 권력자에게 아부할 줄 몰랐던 신임 관리 이황은 김안로의 눈 밖에 나는 바람에 약간의 고난을 겪긴 하였으나 순조롭게 승진하여 호조좌랑을 거쳐 홍문관 부수찬에 임명된다. 그 후 여러 벼슬을 거쳐 성균관 사성에 임명되었다. 학문을 닦으며 후배들을 양성하는 성균관은 이황의 성품에 딱 맞는 자리였다. 마침내 그와 꼭 어울리는 맞춤 관직에 임명된 것이다.

이황은 출세보다는 학문에 충실하고 싶은 바람이 있었다. 주자학의 정수인 〈주자대전〉을 읽은 이황은 주자의 이론에 입각하여 성리학을 더욱 심도 깊게 이해하게 되었다. 그러던 중 1545년(명종 즉위년) 을사사화가 일어나자 이황은 병을 핑계로 고향으로 내려왔다. 이후 낙동강 상류 토계(마을 이름)에 거처를 정한 이황은 토계를 '퇴계'로 바꿔 자신의 호로 삼고 학문에 매진했다. 이때 이황의 나이는 46세였다.

퇴계, 최초의 사원을 세워 사림의 시대를 열다

비록 낙향하긴 했으나 이황은 자주 조정의 부름을 받았다. 임금의 청을 물리칠 수 없었던 그는 외직을 자원하였고 단양, 풍기 등의 군수를 역임하며 지방관으로서 경험을 쌓게 된다. 1550년(명종 5년) 군수직을 받고 풍기로 내려간 이황은 전임 군수였던 주세붕이 주자를 본받아 설립한 백운동서원에 편액과 학전, 서적을 하사해줄 것을 조정에 청하여 허락을 받는다. 이것이 바로 조선 최초의 사액서원[56]인 소수서원이다.

---

56 조선시대 국왕으로부터 서원 이름을 쓴 현판과 노비, 서적 등을 하사받아 권위를 인정받은 서원.

지방관으로 있으면서 향촌 사회의 피폐함을 경험한 이황은 향촌의 질서를 바로잡을 필요성을 느꼈는데, 그는 향촌 사회에서는 '법률'로 백성을 다스리는 관아만큼 '교육과 도덕'으로 백성들을 도닥여줄 수 있는 공간이 중요하다고 생각했다. 그 역할을 하는 곳이 바로 서원이었다. 이후 이황은 서원 보급과 사림 육성에 주력하는데, 그의 이런 노력 덕분에 조선 서원의 기능과 전형이 완성되고 국가 경영이나 사회 운영을 주도할 사림들이 속속 탄생한다. 이후 서원은 전국적으로 널리 퍼졌고 이내 사림 세력의 근거지로 자리매김하게 된다.

조정을 경악시킨 조식의 상소

1538년(중종 33년) 조식은 헌릉[57] 참봉[58] 벼슬을 제수받지만 거절한다. 이에 사람들은 '참봉'이 말단관리여서 거절했다고 생각했으나 그 후에도 조식은 조정의 부름을 모두 사양했고, 1553년(명종 8년)에는 벼슬에 나아가라는 이황의 권고마저 물리쳤다. 그는 평생 벼슬길에 나가지 않는 것으로 출세에 대한 의혹을 단호하게 물리쳤다.

1555년(명종 10년) 조식은 단성현감에 제수된다. 단성은 그의 거처와 멀지 않은 곳이었기에 사양하기 어려웠다. 하지만 조식은 이를 거절하면서 자신의 의견을 강력한 이조로 담은 사직상소를 올린다. 이것이 바로 조정을 뜨겁게 달구고 그의 명성을 드높인 〈단

---

57 태종과 원경왕후 민씨의 무덤으로 서울시 서초구 대모산 자락에 있다.
58 조선시대의 종9품 벼슬. 조식에게 제수된 능참봉의 경우 왕릉을 지키며 관리하는 일이었다.

성소(丹城疏)〉라 불리는 을묘사직상소이다.

> 전하의 나랏일은 이미 잘못되었고, 나라의 근본은 이미 없어졌으며, 하
> 늘의 뜻도 이미 떠나버렸고, 민심도 이반 되었습니다. 낮은 벼슬아치들
> 은 아랫자리에서 히히덕거리며 술과 여자에만 빠져 있습니다. 높은 벼
> 슬아치들은 빈둥거리며 뇌물을 받아 재산 모으기에만 여념이 없습니
> 다. 온 나라가 안으로 곪을 대로 곪았는데도 누구 하나 책임지려고 하
> 지 않습니다.
> ……(중략)…… 대비(문정왕후)는 구중궁궐의 한 과부에 불과하고, 국왕
> 은 아직 어리니 돌아가신 왕의 한 고아일 뿐입니다.

임금의 부름에 감읍하는 대신 거침없는 어조로 명종의 국정과
대비까지 비난한 조식의 상소에 관리들은 간담이 서늘했다. '고아'
와 '과부'라는 표현에 경악한 명종은 조식을 불경죄로 처벌하라고
명했다. 그러나 죽음을 불사한 선비의 기개로 임금에게 직언을 올
린 조식은 재야 사림의 영수로 우뚝 서게 되었다.

이황과 조식의 제자, 당쟁의 시대를 열다

이황은 60세 되던 해 도산서원을 짓고 사색과 독서에 정진했다.
도산서원에는 그의 명성을 듣고 후배들이 몰려들었고, 이황은 제자
가 되기를 청하는 후배들을 모두 다정하게 받아주었다. 사제와 동
문 선후배 간의 정이 두텁고 화기애애했기에 훗날 정계에 진출하
여 관리가 된 이황의 제자들은 자연스럽게 하나의 붕당을 형성하
게 되었다.

비슷한 시기에 조식도 지리산 산청으로 이사하여 산천재(山天齋)를 짓고 후학을 가르치며 말년을 보냈다. 실천하는 선비 조식이 지리산에 자리를 잡았다는 소문을 들은 제자들과 친구들이 그를 찾아와 학문을 청했다.

1567년 선조가 즉위하면서 외척의 시대는 끝이 나고 사림의 시대가 왔다. 선조의 부름을 받고 한양으로 상경한 이황은 필생의 힘을 기울여 완성한 〈성학십도〉를 선조에게 바치고 낙향하였다. 명망 높은 재야의 선비 조식에게도 다시 벼슬이 내려졌으나 그는 끝내 사양하였다. 1570년(선조 3년) 이황은 70세의 나이로 세상을 떠났고, 2년 뒤인 1572년 조식도 72세의 나이로 세상을 떠났다.

벼슬길에 나가긴 했으나 학문에 뜻을 두고 성현의 도를 추구하는 데 주력했던 이황과 평생 벼슬을 하지 않았으나 대쪽 같은 기개를 보여준 조식의 제자들은 정계에 진출한 뒤 당쟁의 시대를 열었다.

4년의 기다림 끝에 드디어 완성된
『조선의 권력자들』이 온다!

이이첨

임진왜란을 출세의 발판으로 삼고 역모를 조작해
권력을 휘두른 간신

김자점

인조반정으로 공신의 지위를 누리고
병자호란 이후 임금과 조정을 농락한 반역자

송시열

반백 년 동안 당쟁의 물길을 내어놓고
이백 년 넘게 당쟁의 파도를 일으킨 산림 정승

홍국영

사대부 300년의 풍습을 무너뜨리고 임금을 제외한
모든 권력자에게 갑질을 행사한 척신

생생한 욕망의 민낯을 드러낸
조선의 권력자들은 누구인가!

김조순
선왕의 의리를 저버린 이들을 숙청하고
안동 김씨 세도정치의 시대를 만든 외척

흥선대원군
한 번 맛본 권력을 되찾기 위해 왕실을 능멸한
모든 세력과 손을 잡은 임금의 아버지

명성황후
권력을 쥐기 위해 목숨을 걸었으나 더 큰 권력의
제물로 쓰러진 조선의 마지막 왕비

김홍집
세 번이나 내각의 주인이 되었으나
끝내 조선 백성의 손에 죽은 총리대신

조선의 2인자들

그들은 어떻게 권력자가 되었는가 (개정증보판)

© 2020 조민기

1판 1쇄 2016년 4월 27일
2판 2쇄 2020년 6월 10일
ISBN 979-11-87400-50-9 (03910)

지은이. 조민기
펴낸이. 조윤지
P   R. 유환민
디자인. 최우영 박인규
일러스트. 신영훈(blue-muk@hanmail.net)

펴낸곳. 책비
출판등록. 제215-92-69299호
주   소. 13591 경기도 성남시 분당구 황새울로 342번길 21 6F
전   화. 031-707-3536
팩   스. 031-624-3539
이메일. readerb@naver.com
블로그. blog.naver.com/readerb

'책비' 페이스북
www.FB.com/TheReaderPress

책비(TheReaderPress)는 여러분의 기발한 아이디어와 양질의 원고를 설레는 마음으로 기다립니다.
출간을 원하는 원고의 구체적인 기획안과 연락처를 기재해 투고해 주세요.
다양한 아이디어와 실력을 갖춘 필자와 기획자 여러분에게 책비의 문은 언제나 열려 있습니다.
readerb@naver.com

책값은 뒤표지에 있습니다. 잘못된 책은 구입처에서 교환해 드립니다.